어제와 같은 날에
당신이 있어서

어제와 같은 날에 당신이 있어서

발행일	2025년 9월 19일
지은이	장효임
펴낸이	손형국
펴낸곳	(주)북랩

출판등록	2004. 12. 1(제2012-000051호)		
주소	서울특별시 금천구 가산디지털 1로 168, 우림라이온스밸리 B동 B111호, B113~115호		
홈페이지	www.book.co.kr		
전화번호	(02)2026-5777	팩스	(02)3159-9637
ISBN	979-11-7224-847-5 03810 (종이책)		979-11-7224-848-2 05810 (전자책)

잘못된 책은 구입한 곳에서 교환해드립니다.
이 책은 저작권법에 따라 보호받는 저작물이므로 무단 전재와 복제를 금합니다.
이 책은 (주)북랩이 보유한 리코 장비로 인쇄되었습니다.

작가 연락처 문의 ▶ ask.book.co.kr

전용 게시판에 문의를 남기시면 저자에게 직접 전달됩니다.

(주)북랩 성공출판의 파트너

북랩 홈페이지와 SNS에서 다양한 출판 솔루션을 만나 보세요!

홈페이지 book.co.kr • 블로그 blog.naver.com/essaybook • 출판문의 text@book.co.kr
카톡채널 북랩

어제와 같은 날에
당신이 있어서

장 효 임
에 세 이

북랩

일상
7
-
평범한 하루하루

친구
309
-
보고 싶은 친구, 그리운 친구, 다시 만날 친구

부모님
405
-
낳아주신 부모님, 길러주신 부모님,
사회적 성장을 가르쳐 주신 부모님

익숙한 공간에서 벗어나 보자

한 달, 일주일, 하루 동안 나는 비슷한 패턴에서 움직이고 있었다. 매주 화요일이면 80% 이상 비슷한 일상에서 같은 패턴으로 살아가고 있었다.

그런데, 오늘은 달랐다. 마음을 먹고, 지난주 내가 하고 싶었던 일을 지인분께 상의드리고 방문일정 약속을 어제 고민 없이 해버렸다. 그저 문자 메세지 한 통이었는데, 오늘 아침은 더 분주하게, 시간을 쪼개서 생활하고 있는 나를 발견하였다. 분명 어제도 똑같은 집안일이었는데, 더 빠른 시간 내에 신속·정확하게 할 일을 다 한 것이다.

몇 달 전부터 아침 집안일 15분 내에 다 끝내기를 실천하고 있는데, 생각보다 효율적인 것 같다. 물론, 내 기준에서 집안이 깨끗하다고 생각되는 것이지만…. 나름 정리도 되어 있고, 바닥도 그럭저럭 깨끗하다. 여기에, 로봇청소기와 건조기가 열일 중이다. 일상생활은 변하지 않았지만, 오늘은 처음 만나는 사람이 3명이나 되었다.

처음 만나자마자, 내가 가장 좋아하는 따뜻한 커피를 내려주시고, 내가 하고자 하는 일에 대해 아낌없이 격려해주셨다. 회사가 아닌 곳에서, 제2의 나의 일터이자 삶터가 될 곳에서 나는 왠지 모르게 뿌듯함을 느끼고 있었다. 그 어떤 것과도 바꿀 수 없는 동기부여가 마음속에서 조금씩 피어오르고 있다.

 사람들은 익숙한 환경에서 생활할 때 편안함을 느끼고, 그곳에서 휴식을 취한다. 나 또한, 변화보다는 단골 가게를 항상 찾게 된다.

 하지만, 이제는 생활편의시설 이용으로 만나는 사람 외 나와는 다른 환경, 다른 조건에서 일하고 생활하는 사람들과 소통하며, 또 다른 인생의 경험이 흥미롭다.

 불과 몇 년 전까지만 해도 하기 싫은 일들이 더 많았는데, 어느 순간 새로운 아침이 상쾌하다고 느끼고 있는 걸 보면, 분명 내 마음속에서 새로운 내가 태어나고 있는 듯하다.

밥

 여보~~ 밥 좀 해줘요. 라는 말로 하루를 시작했다.

 남편이 출근 전 밥을 해주면, 나는 첫째와 따뜻한 이불 속에서 잠시나마 꽁냥꽁냥할 수 있는 시간이 생긴다.

 아이들은 잘 때가 예쁘고, 깨기 전에 부비적할 때도 너무 귀엽다.

 아침을 먹고, 과일도 먹으면서 나도 후다닥 외출준비를 했다. 요즘은 화장보다는 간단히 엷은 립스틱이나 색깔 있는 립글로즈를 바르는 것으로, 외출준비를 끝낸다.

  아직은 활기차 보여… 내 얼굴 괜찮아. 스스로 자신감을 불어넣어 줘 본다.

  짧은 헬스를 하고, 씻으니… 너무 상쾌하다. 운동을 좋아한다고 생각했는데… 한 살 한 살 나이가 드니… 만사가 귀찮아진다. 그래서 생각한 것이 힘들지 않은 만큼만, 운동을 하는 것이다. 땀을 뻘뻘 흘리는 운동은 그날 하루는 뿌듯하지만, 그다음 날 운동 가기가 부담스럽다.

  그래서… 딱 땀이 송글 맺힐 때까지만 운동을 하는 것이다. 그것만으로도 상쾌한 하루가 시작된다.

  찬 바람을 맞으며, 지하철을 타고 지인분을 만나러 간다. 곧 출국하시는 지인분과 시장에 있는 수제비 한 그릇 먹을 생각에 벌써부터 가슴이 설렌다.

  친구는 나이가 한두 살 차이가 나야… 친구라고 생각했는데, 2년 전부터 내 생각은 완전히 바뀌었다.

  친구는 동갑이 친구가 아니라… 서로의 마음을 서로 교류할 수 있는 사람이 친구인 것 같다. 내가 겪어보니 그렇다.

  20년 이상 차이가 나지만, 커피 한 잔에 수많은 이야기가 오가고, 모임을 하고 돌아오는 길은 항상 에너지가 가득하다.

감기

  코끝에 감각이 둔해진 걸 보니… 골치 아픈 감기가 오려나 보다. 아침에 눈을 뜨면, 내 몸 컨디션을 살피고 상태가 어떤지 대충 감이 오는 걸 보니… 이제 마냥 젊지만은 않은 나이인 것 같아, 살짝 서글퍼진다.
  엄마가 매번 흘러가는 이야기로 '서글프다'라는 말씀을 하셨는데 그 말의 의미를 아주 조금은 이해가 가는 것 같은 아침이다.
  감기라는 것이 처음에는 오는 건지, 아닌 건지 모르게 오다가 갑자기 훅~~~ 하고 들어오는 펀치처럼 아주 많이 아프게 된다. 처음에 물도 많이 마시고, 휴식을 충분히 취하면 그나마 살짝 아프고 지나가니 감기가 온다 싶으면, 열 일을 제자리에 두고 무조건 쉬어야 한다.
  삶도 그런 것 같다. 매일 매일 상쾌하고, 활기차기만 한다면 얼마나 몸이 힘들까… 가끔은 쉬어가라고, 감기도 오고, 다치기도 하고 그런 것은 아닐까 생각해본다.

  삶은 하루하루가 모여서 이루어지는 수많은 시간의 집합체이다. 그 하루에 내가 좋은 일들만 생각하고, 항상 긍정적으로 생활한다면, 내 노후의 삶은 더 행복해질 것 같다. 무슨 일이든 당황하지 말고, 낙담하지 않으면 앞으로 나아갈 수 있는 힘이 생겨난다.

슬퍼할 시간을 줄이고, 우선 밖으로 한발만 나아가본다면 인생의 큰 파도는 무섭지도, 두렵지도 않을 것이다. 그렇게 믿고 싶다.

와인 한 잔

어제 오랜만에 와인 한 잔으로 하루를 마감했다. 술을 잘하지는 못하지만, 더운 여름에 마시는 시원한 맥주 한 잔과 비 오는 날 부침개랑 같이 먹는 막걸리 한 잔은 큰 기쁨이다.

이야기가 통하는 친구랑 함께라면, 더 좋은 술자리가 된다. 삶 속에 이런 작은 행복들 덕분에, 지치고 힘든 일이 있어도 다시 한 번 일어날 힘이 생기는 건 아닌가 생각해본다.

오늘 아침 공기는 내가 가장 좋아하는 초겨울 날씨다. 패딩조끼를 입고, 뛰어도 덥지 않은 그런 청량한 겨울 날씨이다. 붕어빵도 생각나고, 김이 모락모락 나는 찐빵도 너무 맛있는 이 계절… 나이가 들면 겨울이 싫어진다고 하는데, 나는 아직 겨울이 좋다.

이번 주말에는 크리스마스 트리 장식을 달아야 할 것 같다. 작년에는 11월 1일에 달았는데, 올해는 조금 늦었다.

전구에 불이 반짝반짝 들어오면, 연말 분위기가 2배는 더 나고,

내 마음도 차분해진다.

  올해도 이제 한 달 반 정도 남은 시점에서 작년 하반기보다, 올해는 개인적으로 추억할 만한 일들이 너무 많다.

  좋은 사람들 덕분에 풍요로운 마음의 안식처를 찾고, 지금까지 하지 않았고, 크게 관심도 없었던 공부를 시작하였고 이제 첫 단추를 잘 끼웠다.

  12월 연말이 되면 중간 정도 진행되어 있을 테니, 정말 시작이 반이라는 말이 너무 맞는 말인 것 같다.

  처음 시작하기가 어렵고, 망설여져서 그렇지 일단 집 밖으로 나와, 약속을 잡으면 어느 순간 그 장소에 내가 앉아있었다.

  그리고, 꼭 정답은 없다. 중간에 다소 미흡하고, 중단되더라도 그 경험으로 충분한 수업료를 내었다고 생각한다. 수업료는 비싸면 비쌀수록 기억에도 오래 남고 똑같은 실수를 반복하지 않을 가능성이 크다.

  이 겨울이 다 가기 전에 내 스스로 인생의 새로운 경험을 한장 한장 채우고 싶다.

겨울의 향기

　아침 일찍부터 커피 향이 생각나서, 서둘러 아침 일과를 끝내고 커피숍으로 왔다. 요즘은 티를 많이 마시는데, 오늘은 아메리카노 라지를 시켜서 탁자 위에 잠시 대기시킨 뒤 글을 적고 있다.
　글을 쓰면서 내가 생각한 것은 너무 많은 생각을 하지 않는다는 것이다. 그저 블로그에 내 일상생활과 지금 내 감정을 숨김없이 적어보는 것으로 매우 만족한다.
　푸릇푸릇하던 나무의 옷도 이제는 짙은 갈색으로 변했다. 정말 2023년 겨울이 왔다.
　겨울의 향기는 아주 급작스럽게 찾아와서, 미리 대비하지 않으면 혹독하게 당하기 쉽다.
　예를 들면 수도의 동파위험, 눈길의 자동차 운전, 눈길 산행 등 가을까지는 아무 문제가 없었던 일들이
　더 조심스러워지고, 미리 대비가 필요하다.
　그럼에도 겨울의 향기가 반갑고, 기다려지는 이유는 소복소복 내리는 눈을 바라보고, 새벽 일찍 걸어보는 눈길 첫 발자국이 너무 낭만적이라서 그런 것 아닐까.
　생각해본다.
　손이 꽁꽁 얼고, 발도 동상이 걸릴 정도로 썰매도 타고, 겨울 낚시도 즐겼던 내 어린 시절⋯ 옷이 더러워져도 그저 웃으며 딸을

반겼던 어머니의 모습도 참 정겨웠다.

 나는 조금만 더러워진 아이들 옷을 보면, 한숨부터 푹 쉬었는데… 지나고 보니 그 시절 그렇게 옷이 더러워지게 놀았기에 지금 이렇게 건강한 체력이 되었던 것 같다.

 추위 속에 단련된 몸과 마음은 웬만한 더위와 비바람 속에서도 굳건하게 나 스스로를 잘 지킬 수 있다. 그런 사람은 주변 사람들에게도 에너지를 나누어주는 사람이 될 수 있다.

독감 환자의 급증

 병원마다 독감 환자가 급증한다더니, 진짜 병원에 사람이 넘친다. 어른, 아이 모두 고열을 동반한 기침을 하고 있다. 참 매번 느끼는 것이지만, 병원은 자주 올 곳은 아닌 것 같다.

 아픈 아이를 걱정스럽게 바라보는 부모의 얼굴에 근심이 가득하고, 바쁜 직장생활에 힘든 젊은 직장인들도 소파에 기대어 차례를 기다리고 있다.

 평소에는 모르던 건강한 삶의 고마움을 잠시 느끼며, 물도 많이 마시고, 휴식을 취하며 지독한 감기와 빠른 이별을 준비해보는 주말이다.

병원에 다녀온 뒤 뜻밖에 좋은 소식이 와 있었다.

그냥 기분 좋게 기다릴 뿐이었는데, 생각보다 더 빨리 좋은 소식이 와서 기분이 좋았다. 맛있는 점심까지 먹고, 짧지만 산책을 한 뒤 집으로 돌아왔다.

그 무엇 하나 부족함이 없는 오전 일과였다.

분명 아침에 집을 나설 때까지만 해도 병원 갈 생각에 이런저런 걱정이 많았는데, 불과 몇 시간 만에 걱정거리가 하나도 없어졌다. 많은 책에서 근심은 마음먹기에 달려있다고 말들을 많이 하는데, 요즘 들어 더 마음에 와닿는다.

머리 싸매고 꽁꽁 누워서, 걱정하고 화를 낸다고 누구 하나 내 마음을 알아주지도… 해결해주지도 않는다.

결국은 나 스스로 원인을 파악하고, 해결 방법을 궁리할 때 비로소 마음의 근심이 조금씩 풀리는 것이다.

이렇게 단순하게 생각하면 될 것을… 하지만 사실 살다보면, 그렇지가 않더라. 주변환경과 사람들 사이에서 자꾸 방황하다보면, 더 근심은 깊어지고, 근심의 시간이 길어지는 것이다. 인생은 공짜로 주어지는 게 하나도 없다. 그나마 순리대로 살아갈 때 큰 탈이 없으며, 큰 걱정거리가 없으니, 오늘 하루도 사고 없이 무사하게 보낸 것에 감사함을 느끼며 살아보려고 한다.

밥

밥 더 먹어, 빨리 먹고 학교 가야지, 많이 먹어라~~ 엄마가 해주는 따뜻한 사랑의 말이었다.

엄마는 일이 참 많았지만, 식구들의 밥을 한 번도 빼먹거나, 늦게 차리는 일이 없었다. 내가 결혼을 하고 보니… 매 끼니 밥 차리는 일은 참 번거로운 일이라는 걸 알게 되었다. 지금은 배달도 잘 되고, 즉석 음식들도 많아서 한 끼 정도는 외부 음식을 먹어도 되지만, 그 옛날에는 그 많은 식구의 식사 음식을 어떻게 혼자서 다 하셨는지… 존경스럽다. 특히, 매 끼니 다른 반찬을 푸짐하게 만드신 것은 엄마가 아니면, 못하는 일인 듯하다.

〈응답하라 1988〉에 보면, 저녁 반찬을 주변 이웃들과 나눠 먹는 모습이 보이는데, 그 옛날에는 정말 그랬다.

김치는 물론이고, 국도 한 냄비씩 이웃 아주머니가 가지고 오셨다. 그때는 그냥 그런가 보다 했는데, 그것도 사랑인 것이다. 이웃 아주머니 식구들도 많은데, 우리 집까지 반찬이 온다는 것은 더 많은 시간을 부엌에서 종종거리셨을 것이다. 참 고마운 분이시다.

반찬을 해보니, 참 손도 많이 가고 먹고 남은 반찬을 어찌 해야 하나, 고민도 많아진다. 버리기에는 만든 정성과 식재료가 아깝고, 내가 먹기에는 양이 많고… 큰 고민이다. 그렇게 내가 며칠을 냉장고 속에서 비벼 먹고, 김에 싸서 먹다보면, 나는 살이 찌고~~

결국 남은 것은 버리게 된다.

  한동안은 반찬 가게에서 조금씩 사서도 먹어보았는데, 한 번씩은 괜찮지만, 매번은 조금 질리는 게 사실이었다.

  엄마가 해주시는 반찬은 며칠을 먹어도 질리지 않고, 끝까지 맛있게 먹는데 말이다. 참 신기하다.

  그러고 보니 엄마의 냉장고에 식재료가 풍성하다 못해 넘쳐났던 것은 아마 매 끼니 다른 반찬을 해주려고 하셨던 엄마의 사랑이 넘치는 것이었다는 사실을 이제 조금 알 것 같다.

기상 시간

  오늘은 6시 30분쯤 일어났다. 어제 늦게 잠들었는데, 오늘 아침은 왠지 모르게 눈이 반짝 떠어졌다. 이런 날이 1년 중 종종 있는 것 같다. 다음날 중요한 업무나 시험이 있으면, 몸이 긴장해서 그런지 자명종 소리를 듣기 전에 일어난다. 참 신기한 일이다.

  내가 자주 가는 커피숍은 아침에 아이들이 등교하는 모습을 볼 수 있다. 봄, 여름, 가을, 겨울 커피숍 근처에 심어놓은 나무들의 변화도 보기 좋지만, 색색깔 가방을 매고 종종걸음으로 등교하는 아이들의 모습도 참 보기 좋다.

이 와중에 9시에 헐레벌떡 뛰어가는 고학년 학생들도 있고, 등교 시간 임박에도 아주 느긋하게 세상 구경 다 하고 등교하는 아이들의 모습도 보인다.

나는 어떤 학생이었을까… 생각해 보니, 그래도 등교 시간은 딱딱 지키는 학생이었던 것 같다. 지금도 약속 시간에 늦는 일이 없으며, 약속된 시간보다 10~15분 일찍 와서 기다리는 습관이 있다. 이건 회사생활을 하다 보니, 더 잘 지키는 습관이 되었다.

그런데, 잠시 엉뚱한 생각이 든다. 등교 시간 딱딱 지키는 것도 좋지만, 등굣길 호기심 많은 눈으로 이곳저곳 눈길 주며, 여유롭게 등교하는 것도 좋은 것 같다는 생각 말이다. 물론 지각이라는 생활기록부에 작은 실수가 남겠지만, 100세 시대에 그 작은 실수가 뭐 그리 큰일일까 싶다.

옛날에는 등교 시간을 어기며, 벌도 서고, 화장실 청소도 하고 이것저것 일이 많았다. 지나고 보니 그것 또한 귀한 추억이다.

조금 다른 길로 간다고, 큰일이 나는 것도 아닌데 그동안 작은 일도 큰일처럼 큰일은 더 큰 일처럼 내 마음을 온통 힘들게 했던 나 스스로에게 톡톡 위로를 보낸다.

괜찮아 조금 늦어도… 쉬어가면 되지… 돌아가면 되지….
인생에 지각 한 번 한다고, 큰일은 아니야. 알겠지.
내 마음을 따스하게 다독이며, 오늘도 활기찬 하루를 시작해본다.

대충대충

대충해도 된다고 생각하고, 말하고 행동하면 나 자신이 너무 게으르고, 남들에게 부족한 사람으로 까 봐보일까 봐 빠득빠득 시간을 쪼개면서 생활했던 적이 있다.

어떤 광고 글에 영어는 학습하는 것이 아니라, 습득하는 것이라고 하던데, 나도 모르게 습득해버린 습관들이 스스로를 피곤하게 만들었다.

잠시 일터에서 내려와 쉬면서 돌아보니, 하루 이틀 청소를 깨끗하게 하지 않아도 큰일은 일어나지 않았다.

특히, 부엌 정리, 화장실 청소는 그저 그때그때 짧은 시간을 투자해 정리해두면, 괜찮았다. 매번 닦고, 쓸고~~ 어지럽혀진 집안을 보며, 짜증을 냈던 나를 뒤돌아보게 된다.

집이라는 공간에 사람이 다니다보면, 당연히 더워지고 정리는 반복적으로 해야 하는 것인데… 뭘 그리 툴툴대며, 정리정돈을 했는지 모르겠다.

요즘은, 아침 15분 살림법으로 최소한의 정리를 한 후 곧장 집을 나온다. 그러면 하루가 참 알차게 지나가는 것 같다. 휴식 시간도 아주 긴 것 같고, 집도 내 눈에 괜찮아 보인다. 참 신기하다.

불과 작년 이맘때에도 정리정돈, 청소를 의무적으로 딱딱 지켜서 했는데 말이다.

현대 신기술 덕분에 오늘 입은 옷을 내일도 건조해서 입을 수 있으니, 내 옷도 몇 벌 필요하지 않게 되었다. 또, 알아서 구석구석 청소해주는 이모님 덕분에 바닥에 먼지는 없으니, 집안이 볼 만은 하다.

물론 모든 것은 내 기준에서 한참 낮아졌고, 반복되는 집안일보다 더 새로운 일들에 초점을 맞추니, 삶이 다채로워졌다. 몸은 그대로인데, 정말 생각을 바꾸니, 삶이 풍족해졌고, 하고 싶은 일들이 계속 생겨난다.

다음 주부터 정말 새로운 곳에 가서, 처음 만나는 분들과 하루 4~5시간 정도를 지낼 것 같다.

잘할 수 있을까 걱정이 많았는데, 이제 시작점을 넘어서 중간 가까이 가고 있다. 내년 이맘때쯤이면, 내가 인생에 필요로 하는 일에 퍼즐 한 조각을 또 맞추게 되는 것이다. 해야 하는 일을 꾸역꾸역하는 것이 아니라, 즐겁게 그 일을 기다리는 이 순간이 참 좋다. 오랫동안 같은 업무를 반복했던 나에게… 새로운 전환점이 되길 바라본다.

투정

사람들은 누구나 투정 아닌 투정을 부린다. 나도 그랬다.

심기가 불편해지면 내 마음속에는 꽈배기가 하나 있어서, 계속 스스로를 꼬게 만들고, 주변 사람들을 힘들게 할 때가 있었다.

오늘 아침에는 딸아이가 업어달라고, 생떼를 쓰기 시작했다. 화를 버럭 하고 내고 싶었지만, 요즘 해야 하는 일들이 많아서, 그런가보다, 하고 속으로 꾹 숨을 쉬었다.

숨을 한번 쉬는 것만으로 짜증이 반 이상 내려가니, 좋은 방법인 것 같다. 그보다 더 화가 나면, 시원한 냉수 한 잔도 큰 도움이 되는 것 같더라…

사람이 살면서 왜 짜증 나는 일이 없고, 화가 나는 일이 없겠는가… 그러나, 그럴 때마다 화산처럼 폭발하는 사람이 있고, 일정 시간 혼자만의 시간을 가지며, 되짚어보는 방법을 가지는 사람, 산책을 하며 머릿속을 비우는 사람 등 다양한 방법을 가지고, 스스로를 다잡는다.

어제 인간극장에 나온 노부부는 평생을 서로에게 존칭을 쓰면서, 언쟁이 높아질 때는 서로의 시간을 가지는 모습을 보았다. 50년 이상 같이 삶을 나누고, 서로 배려하고 살아왔지만, 서로 견해가 달랐을 때는 절대 물러서지 않는다는 말도 와닿았다.

아침에 부인이 일어나기 전 고소한 토스트를 굽고, 그 위에 크림을 바르고, 갓 내린 커피가 완성되면 부인을 깨우러 가는 노인의 모습이 참 근사했다.

어느 순간부터는 아침은 남편이 차리고, 주방 공간은 부인이 담당하게 되었다는데, 남편분은 행복이라고 하셨다.

전날 주무시기 전에 다음날 먹을 식기까지 준비하고, 복용해야 하는 약과 가위까지 정갈하게 올려두시는 모습은 아름다웠다.

그 노부부의 모습에서는 투정이라는 단어를 찾아볼 수 없었다. 오히려, 서로 간의 배려가 넘쳐나서, 사랑이 충만해 보였다. 살아가다보면, 내가 몸과 마음이 힘들면 가장 가까운 사람들에게 투정을 부리게 되는데, 그러지 말아야겠다. 생각하게 만드는 다큐였다.

생각이 실천이 되기 위해서, 가장 가까이에 있는 사람들에게 좋은 미소, 좋은 얼굴로 대하는 모습도 연습이 필요한 것 같다. 처음 보는 사람에게 친절한 모습으로 대하는 연습도 중요하지만, 친한 사람들이 다소 투정을 부리더라도, 그러려니… 하면서 한 박자 쉬어가라고, 작은 마음을 나눌 수 있는 오늘이 되기를 바란다.

웃음

웃음은 큰 전파력이 있어서, 한 명이 웃으면 주변 사람들도 미소 짓게 된다. 지루하게 생각된 강의도 강의자가 어떻게 강의하느냐에 따라 순식간에 지나가는 재미있는 강의가 된다. 오늘 내가 들었던 강의가 그랬다.

몇 시간 동안 들었던 강의가 순식간에 끝나는 듯했다.

사람들은 잘난 척을 하는 사람을 조금 이상하게 보는데, 오늘 강의자는 어떻게 하면 사람들을 웃게 만드는 잘난 척을 보여주셨다. 화이트 조크를 조금씩 과하지 않게 하시는 모습에서는 나도 본받고 싶었다. 적당한 사람들과 거리를 유지하되, 멀어서 교감을 못 하지도 너무 가까워서 부담되지 않을 정도의 목소리 톤, 속도, 제스처 연륜이 있는 분이셔서, 농담도 적절하셨던 것 같아, 듣는 사람이 아주 편안한 분위기 속에서 들을 수 있었다.

어떤 자리에서든 유머가 있는 사람은 모든 사람들이 꼭 와주었으면 한다. 유머는 그냥 만들어지는 것이 아니라서, 많은 인생의 경험도 필요하고, 어법도 잘 사용해야 듣는 사람들이 불쾌하지 않으면서, 박장대소 하게 된다.

그 경계선에서 균혁을 잘 맞추는 것이 매우 어렵지 않을까… 그래서 코미디언들이 15분 콩트를 위해 일주일을 밤을 새고, 연습 또 연습을 하는 것이 아닐까 생각된다.

강의 중 던진 농담을 강의 흐름에 방해되지 않게 하기 위해, 나도 농담을 조금 이어갔더니… 분위기가 조금 더 좋아진 것을 볼 수 있었다.

웃음은 그렇게 전파력이 크고, 강하다.

행복을 나눠주는 사람이 제일 부자라고 하는 사람들이 이해가 가지 않을 때가 있었는데, 이제 조금은 그 의미를 알 것도 같다. 내가 가진 것 중 제일 좋은 것을 선물로 주는 것처럼 삶에서 꼭 필요한 순간 도움을 주고받을 때 세상은 조금 더 살 만한 세상이 될 것 같다.

오늘 하루 뜻밖에 강의 시간 덕분에 흐뭇한 하루를 마감했던 것처럼, 하루하루 그렇게 살아가고 싶다.

대회

떨림이 가득한 콩쿠르 대화장은 대회에 참석한 참가자보다 부모님들이 더 긴장하는 듯하다.

정작 아이는 천진난만한 표정으로 대회장 이곳저곳을 둘러보고, 선생님들과 정답게 이야기를 나누고 있다.

예쁜 꽃을 들고, 그저 실수하지 않고, 실수를 하더라도 끝까지 완주하기를 바라는 마음이 모든 사람의 마음일 것 같다. 내가 대회에 나가는 것도 아닌데, 쿵쾅거리는 마음은 어쩔 수 없다. 오히려, 아이에게서 잠시 떨어져서, 평소 학원에서처럼 해주는 것이 가장 좋을 듯해서 밖에서 구경하고 있다.

나의 두근거림은 인생에 많은 심사를 거치면서, 이런 떨림을 많이 겪어서 더 그런 것 같다. 익숙해지지 않는 시작전 떨림과 걱정 끝나고 나서 후련함은 그동안 연습한 것을 아주 잠깐의 시간 동안, 심사위원들에게 보여주는 자리인데, 과연 떨리지 않고 열심히 연습한 것을 최대한 보여주는 비법은 없을까…

회사에 다니면서 수많은 발표를 해왔는데, 그때마다 느낀 것은 내가 준비를 많이 했고, 열심히 한 부분을 이야기할 때는 나도 모르게 목소리에 힘이 들어가는 것이다.

이것이 자신감이 아닐까.

반대로 미흡하게 준비한 것은 어김없이 실수를 많이 하게 된다. 그리고, 질문에 대한 대답도 잘 못 하게 된다.

발표 후에도 후회하면서, 여러가지 핑곗거리를 찾았다.

오늘 아이의 모습에서는 걱정보다는 친구들과 신나는 하루를 보내는 모습을 보고, 많은 생각이 든다.

다음에 내가 다시 심사를 받을 때가 오면, 오늘처럼 즐기는 모습과 조금은 여유로운 모습으로 하루를 보내야겠다는 생각을 해본다. 자녀의 말과 행동에서 배우고, 느끼는 것이 많아 나는 행복하다.

브런치

오랜만에 식구들 모두 브런치를 먹으러 왔다. 결혼하기 전에는 친구들과 많이 먹었는데, 결혼하고 아이들 식사 위주로 다니다 보니, 한식만 주로 먹었던 것 같다.

은은한 커피와 신선한 샐러드는 집에서 먹는 것과는 다른 입맛을 만들어준다. 한 번씩 이런 음식을 먹으면, 기분 전환도 되고 행복해진다.

사실 내가 조리한 음식보다 다른 사람의 정성이 들어간 음식을 깔끔하게 먹으면, 세상 맛있게 생각된다.

자동차 중 남이 태워주는 차가 제일 좋은 자동차이고, 음식은 남이 해주는 음식이 맛있다고 생각된다.

그렇게 가리는 음식이 없어서, 그런지 학교에 다닐 때도 친구네 집에 반찬도 잘 먹었다. 엄마가 해주시는 음식도 물론 맛있지만, 가끔 먹는 외부 음식이 별식처럼 생각되는 것이다. 결혼해서 반찬을 해보니, 손질부터 세척하는 과정이 생각보다 손도 많이 가고, 시간도 많이 소요되었다. 식구들이 먹는 시간은 30분 정도인데, 그 몇 배의 준비시간이 필요한 것이다. 사랑이 없다면, 매 끼니를 음식을 차려내는 것은 스트레스였을 텐데, 우리 어머니는 자식들 온다고 하면 좋아하는 반찬하실 때 힘이 나신다고 하신다. 지금도 바리바리 반찬을 싸들고 오시는 정성에 감사하다고 생각되면서도, 준비하시는 과정을 알기에 오히려 무겁게 왜 들고 왔냐고, 반대의 마음으로 툭~ 하고 볼멘소리를 해버린다. 다음에 오실 때도 두 손 무겁게 뿌듯한 표정을 하고, 반찬을 가지고 오시겠지…

비

비가 내리는 월요일 아침이다. 주말에 일정이 많아서 그런지, 조금은 피곤한 아침이지만 오늘 해야 하는 일들이 많으니 힘을 내야 한다.

살면서 내 몸이 힘들고, 아플 때 그냥 푹 쉴 수 있는 시간이 얼마나 될까 결혼을 했으면 가족들을 챙겨야 하고, 회사 일도 있으니 마냥 쉴 수 없는 게 어른인 것 같다.

오늘처럼 비가 내리는 날에는 농촌에서는 쉬는 날이다. 비가 오니, 밭에 나가서 일 할 수 없고 집에서 쉬면서 맛있는 부침개도 해 먹고, 하루를 충전하는 시간을 가진다.

갑작스럽게 내리는 비 때문에 당황하기도 하지만, 대부분 비는 참 고마운 존재이다. 비는 만물을 소생시키고, 도시이든 농촌이든 꼭 필요한 존재이다. 소금처럼 비는 우리 생활 곳곳에 사용되고 있으니 참 고마운 존재이다.

  나도 비가 내리는 아침을 좋아한다. 혼자만의 자유시간에 커피 한 잔과 외부에 테이블이 있는 커피숍에서 뜨거운 커피 한 잔을 하면 너무 좋다.

  비를 머금은 촉촉한 공기와 비를 맞아 풀풀한 풀냄새 토닥토닥 떨어지는 빗소리 이 모든 오감을 만족시켜주는 게 비가 내리는 날인 것 같다. 외부 일정이 있을 때 가끔 차를 세우고, 빗소리를 듣고 있으면 자장가 소리 같아서 참 듣기 좋다. 오늘 내리는 이 비가 어디서 시작해서 왔으며, 지금쯤 어디로 흘러가고 있을까 궁금해진다.

  비는 출발지도 없고, 정착지도 없으니 매 순간 짧게 그곳에서 여행을 했다가 또 다른 곳으로 이동하니 참 많은 곳들을 볼 수 있겠다 싶어 내심 부러워진다.

  여행 한번 하려면 교통, 숙소, 먹거리에 커다란 짐까지 여행 가기 전부터 준비해야 할 것이 너무 많다.

  그런 반면 비는 너무 심플하구나 싶다.

  방울방울 나뭇잎마다 맺히는 물방울도 화려한 부분 하나 없어도 예쁘고, 졸졸 흐르는 시냇물도 귀를 즐겁게 하는 오늘도 행복한 생각으로 하루를 시작해본다.

시작

　오랜만에 신입사원 같은 생각이 들었던 하루였다. 모든 것이 새로웠던 18년 전 첫 직장의 공기와 분위기는 잊을 수가 없다. 지하철에서 내려서 20분 정도를 걸어, 회사에 도착하니 아무도 없었다. 너무 일찍 출근한 것이었다. 늦으면 안 된다는 생각에 잠도 설치고, 부지런히 준비하여 출근했던 그 시간이 오늘따라 더 생각이 난다.
　시간이 지나면서 선배들이 한두 명씩 출근을 하고, 출근하는 사람들마다 인사를 하고, 신입사원이라는 것을 밝혔다. 몇 달 동안은 그렇게 회사 내 사람들을 알아가고, 조직을 이해하는 것만으로도 내 역할은 다했었다.
　출근해서 믹스 커피 한 잔을 꼭 마시곤 했는데, 지금도 습관이 남아서 믹스 커피를 한 잔 꼭 마신다.
　지하철역 믹스 커피 자판기가 이제는 많이 없어지고, 조금 지저분하다는 사람들의 생각이 있지만 나는 외부에 승강장이 있는 지하철역에서 동전을 댕그랑 넣고 마시는 믹스 커피를 참 좋아한다.
　그 시절 그 향기가 그대로 믹스 커피에 녹아 있는 것 같아서, 가끔 그 생각을 하면서 마신다.
　어제도 직장생활 다음으로 설레면서, 가슴도 좀 아픈 곳에 가서 하루를 보내었는데… 만감이 교차했다.

그 속에서 살아가는 사람들이 한눈에 들어와서, 스스로도 놀랐다. 조금은 경력직인 내 눈에 그 모습이 들어온다는 것에, 내가 직장생활을 그냥 하지는 않았구나… 또 회사에서 배웠던 워크샵 내용이 그대로 적용되는구나… 참 신기하고, 흥미로웠다.

그리고 또 하나… 회사에서 계셨던 분들 중 비슷한 성향의 사람들이 그곳에 한 분씩 계셨다는 것도 신기했다.

그분들을 생각하며 오늘도 파이팅해 본다.

쉼

무리하게 진행되는 일을 하다보면, 몸이 아파 오기 시작한다. 좀 쉬었다 가라는 싸인인데, 이때는 꼭 하던 일을 잠시 멈추고 몸에 좋은 음식을 먹고 충분히 쉬는 게 다음 일을 할 수 있는 힘이 생긴다.

앞으로 나아가기 위해서는 조금만 여유를 가지고 내 스스로를 잘 달래서 가는 것도, 멀리 가기 위한 지혜인 것이다. 20대에는 그걸 잘 몰랐다. 그냥 열심히만 하면, 좋은 건 줄 알고 오로지 일만 했다. 주말에도 혹시 월요일 일과에 지장이 있을까 봐, 집 근처에서 산책을 하고, 커피 한 잔 정도로 내 휴식을 채웠다. 친구들 만나서 놀고 싶은 마음도 있었으나, 그때느는 그렇게 해야 하는 줄만 알았다.

시간이 지나고 보니, 그때 조금은 나에게 충분한 휴식을 주었다면 어떤 삶이 바뀌었을까 생각해본다.

그런데 다시 그 시간으로 돌아가도 나는 새벽 별 보기 운동을 하는 사람처럼 새벽 일찍 출근하여, 늦게 퇴근하는 직장이었을 것 같다. 왜냐하면, 출근하는 게 재미있다고 느끼면서 직장을 다녔으니까 말이다.

설레는 출근길 보다는 오늘 업무에 대해 고민해보고 또 생각해 보는 시간을 가지며, 새벽 버스를 타고다니다보면 참 즐거웠다. 쉼 이라는 것은 지금 이만큼 시간이 지나고 보니, 조금씩 생기는 여유와 연륜이 아닐까 생각도 해본다. 오늘 아침에도 따스한 커피 한 잔을 들고, 행복이 가득한 곳으로 운전을 해서 왔다. 오늘은 또 어떤 일이 있을까… 함께 하고 있는 동료들을 위한 간식도 잔뜩 가지고 오니, 그 출근길이 더 가볍다.

고집

고집스럽다는 표현을 많이 한다. 누군가 나한테 그런 말을 했다. 참 고집스럽다. 그 말이 다소 나쁘게 들렸을 때가 있는데, 이제는 그렇지 않다. 고집스럽다는 것은 무슨 일이든 끈질기게 집중해서 한다는 것이고, 스스로 만족할 때까지 일을 그만두지 않고, 끝까지 마무리한다는 것이다. 요즘은 특히나, 한 가지 일에 몰두하는 게 어려운 사람들이 많고, 재미있는 것들이 너무 많다.

그래서 더욱더 장인정신을 요하는 직업들은 다음 세대에 물려줄 제자가 없어서, 고민이 많다고 한다.

옹기 제작이나, 전통음식을 만드는 것은 종이 한 장에 적힌 순서대로 한다고, 완벽하게 완성되는 것이 아니다.

그 날의 날씨나 제작자의 컨디션도 굉장히 변수가 되기 때문에 그때마다 온 힘을 기울여야 하며, 생각도 많이 해야 하는 것이다. 이런 하나하나의 케이스가 모여서 비로소 수십 년 내공의 장인이 탄생하는 것 같다.

누구나 만들 수 있는 그런 공산품이 아니고, 공장에서 기계조작만 해도 똑같은 제품을 수천 개 만들 수 있는 그런 물건이 아니라, 세상에 단 하나뿐인 물건을 만드는 고집스러움이 자랑인 장인들을 존경한다.

세상을 살아가는 데는 다양한 사람들이 필요하다.

각자 성향도 다르고, 잘하는 분야도 다르기 때문에 서로 도움을 받으며 살아가게 된다. 사람은 혼자 살아갈 수 없으며 도움을 받으며 살아갈 일이 많다.

인간극장

인간극장 한 장면이 머릿속에 맴돈다. '그대 그리고 나'라는 제목으로 한평생을 부부로, 오랜 친구처럼 지내온 두 노부부가 나온다. 평생을 안 선생, 한 선생이라고 서로를 존칭하며 살아오신 두 부부의 모습은 너무나 아름답게 나왔다. 백발의 노부부는 서로를 존중했고, 항상 서로의 컨디션을 챙겼다. 기침만 해도 물을 떠다 주고, 길을 걸을 때는 서로를 의지하며 두손 잡고 나란히 걸어갔다.

안 선생님은 매일 아침 일찍 토스트와 직접 내린 커피와 신선한 채소를 준비한 뒤 한 선생님을 깨우러 가신다.

행여 한 선생님이 달그락거리는 접시 소리에 깰까 봐 조심조심 아침을 차리는 모습에서는 존경스럽기까지 하였다. 어떤 사람들은 동화 속의 한 장면 같다며, 감동적이라고 했고 그렇게 살아가고 싶다고 말하는 이도 있었다.

  남편에게 두 노부부의 이야기를 했더니, 본인도 백발이 되면 나에게 아침을 그렇게 차려주겠다는 농담 섞인 말을 하였다. 결혼해서 지금까지 무슨 일이든 요청하면 한마디 거절도 없이 내 의견을 존중해주는 남편이니, 나이 들어서도 그렇게 해줄 것이라는 믿음도 생겼다.

  두 노부부는 오랫동안 내 마음에 남아서, 나도 남편을 존중하며 화가 나는 일이 있어도 참고, 인내하고 어려울운 일이 다가왔을 때는 함께 이겨내야겠다는 작은 각오도 다져본다. 인생을 살아가다보면, 많은 풍파를 겪는데, 이럴 때 혼자보다는 둘이서 함께 그 풍파를 맞으면 쉽게 그 산을 넘을 수 있다. 젊었을 때보다 더 남편을 존경하고, 서로의 존재를 귀하게 생각해야겠다고 생각하는 오늘이다.

신입사원

  오랜만에 신입사원 같다는 생각을 했다. 18년 전쯤 모든 것이 새로운 것 투성이었던, 회사에서 나는 두 눈을 동글동글 굴리면서 눈치를 살피고 있었다.

그때 그 공기, 그 분위기가 아직도 생각이 나는거 보니 참 강렬했던 첫 직장이었나 보다.

대학에서 농담을 주고받고, 장난을 칠 수 있는 복학생들과 지내다가 극존칭을 쓰게 되는 사람들 사이에서 나는 굉장히 움츠러들었다. 겉으로는 씩씩한 척을 했지만, 속으로는 마음을 다 잡고 있었다. 그때 기억을 떠올리니 입가에 미소가 생긴다. 고생도 했지만 풋풋했던 20대를 생각하니, 절로 기분이 좋아진다. 그렇다고 그 시절로 다시 돌아가고 싶지는 않다. 그만큼 최선을 다해 살았고, 최선을 다해 일해서 후회도, 미련도 없다.

가끔 티브이에 나오는 연예인들이 토크쇼에 나와서, 젊은 시절로 돌아가면 갈 거냐고 MC가 물어보면 10명 중 8명은 돌아가지 않는다고 했다. 처음에는 이해가 가지 않았는데, 나이가 들고 보니 이제는 공감이 간다.

오지 않을 젊음보다 더 값진 것은 지금 이 순간을 행복하게 즐기며 사는 것이라는 것을 알아버린 것이다. 신입사원 때 어제를 뒤돌아보지 않고, 다가올 내일을 걱정하지 않고, 오직 앞만 보고 열심히 살았던 나처럼… 지금 이 순간에도 그렇게 최선의 선택을 하면서 즐겁게 살아가면 되는 것이다. 지금 내 앞에 김이 모락모락 나는 베이글과 크림치즈, 따뜻한 롱블랙 한 잔이 내 아침을 가득 채우는 것처럼 그렇게 소소한 일상을 지내본다.

말

 말은 강력한 힘을 가진다. 내가 하고 싶은 것을 다른 사람에게 의사전달을 할 수도 있고, 다른 사람의 컨디션을 파악할 수도 있다.

 오해가 생길 수 있는 표정 변화도 말을 통해서, 그냥 조금 피곤해서 그런 것뿐이라고 설명할 수 있다. 그런데 말은 때로는 피곤하게 하는 일들이 많아진다. 사람들과 더불어 살아가기 위해서는 참 많은 말들을 해야 한다.

 가끔 혼자 있고 싶을 때도 시도 때도 없이 걸려오는 전화와 문자에 응해야 하고, 혹시 부재중이 되면… 마음은 더 불편해지고, 초조해진다. 일을 잠시 쉬면서, 가정에서의 대화 이외에 회사 사람들과 일정 부분 거리두기를 하니, 어딘가 모르게 편안함이 다가왔다. 똑같이 반복되는 업무와 크게 마음에 와닿지 않는 이야기를 듣고 있으면, 반응을 해주는 내가 참 피곤하구나 느끼곤 했다.

 죽고 사는 문제 아니면, 큰일 아니다. 라는 말을 많이 하지만, 막상 본인이 닥친 상황이 제일 급하고, 힘든 일이라고 이야기하는 사람들이 많다. 사실 지금 당장은 힘들지만, 시간이 지나고 보면… 누구에게나 닥칠 수 있는 일이고… 크게 걱정할 일이 아닌 경우도 많다. 이렇게 생각하기까지 나 또한 많은 수업료를 지급했다. 사람은 그렇게 타인과 수많은 대화를 하면서 성장해가는 듯하다.

누구는 혹독하게, 누구나 나름 부드럽게 그 고비를 넘기는데, 나는 어땠나 돌이켜 보니… 그냥 그랬다.

결론은 젊었을 때 큰일이라고 생각했던 일들은 큰일이 아니었고, 앞으로 비슷한 일들을 겪는다면 그냥 그럴 수도 있지 하고… 무덤덤할 것 같다. 이런 것들이 나이를 들면서 겪는 경험이 아닐까 싶다.

그 속에서 내가 한 말 때문에 혹여 마음이 아팠던 사람이 있으면, 사과하고 추후에는 같은 실수를 반복하지 않기를 바라본다.

참

살다보면 참 억울하다고 생각되는 경우가 종종 있다. 상대방이 잊어버리고, 왕왕 따지는 경우도 있고 실수인데 너무 크게 화를 내는 사람도 있다. 가끔 이런 일을 겪으면 그냥 이참에 인연을 그만 이어갈까 고민도 든다. 사실 귀찮다는 생각도 들고, 피곤해서 그만 만나고 싶다는 생각도 든다. 하지만 옆에 있는 사람들이 있으니, 쉽게 인연의 끈을 끊기도 쉽지는 않다.

쉽게 화를 내는 사람에게 맞대응하는 건 더 큰 싸움으로 이어질 수 있기에, 그냥 먼저 사과하는 선택을 했다.

그 선택 덕분에 짧은 시간 내에 오해의 시간은 지나가지만, 사실 내 마음속에는 작은 불만의 씨앗이 자리잡고 있다. 한번은 그냥 넘어갈 수도 있지만 여러 번 반복이 되다보면, 그냥 넘어가지 않는 것이다. 사람인지라 앙금 같은 게 있나 보다. 아직 덜 성숙해서 그렇겠지. 내가 그릇이 큰 사람이 아니라서 그렇지 하고… 스스로를 다 잡아본다. 사람들은 대부분 자신의 감정을 제일 소중히 생각한다. 겉으로는 상대방을 배려하는 것이 좋은 사람이라고 생각하기에 우선은 내 나쁜 감정을 뒤로 하고 상대방의 마음을 먼저 살핀다. 처음 보는 사람에게 양보를 하는 것도, 어쩌면 몸에 밴 착한 사람 증후군이 아닐까 생각된다. 그런데, 이런 행동들 때문에 스스로가 피곤해진다면… 굳이 착한 사람 증후군을 안고 살아갈 일이 있을까… 나는 그러고 싶지 않다. 배려는 상대방이 감사함을 알고 있고, 서로 배려가 몸에 자리 잡고 있을 때 지속가능해진다. 일방적인 배려는 오히려, 부담이 될 수도 있고, 눈덩이처럼 커진 불만이 한 번에 쏟아져 나올 수도 있다.

나는 그래서 주변 사람들과 대화를 할 때 예전처럼 솔직하게~~라는 단어보다는 한 템포 쉬는 걸 택한다.

솔직하게, 라는 말을 붙이며, 대화를 이어가다 보면 오히려 상대방에게 내 기분 상한 마음을 전달하고, 내 마음 편해지자고 다 쏟아낸 기분이 들기 때문이다. 이럴 때 오히려 적당한 거리두기가 마음이 편하다. 오해가 생길 게 없으니, 풀려고 노력하지 않아도 되고 불필요한 에너지가 필요하지 않다. 그렇게 나이가 들면서, 직접 부딪쳐 해결하는 방식 대신 시간이 좀 걸리더라도 자연스러운 바람과 물에 의해 잘 해결되는 방식을 택한다.

아침

오늘은 조금 여유롭게 아침을 맞이했다. 매일 일어나던 시간이 아닌 시간에 일어나서 그런지, 컨디션이 너무 좋은 것 같다. 겨울은 이불 밖으로 나오기 참 힘든 계절이다. 겨울 아침잠은 어느 계절보다 더 꿀맛 같은 잠을 선사한다. 더운 여름에 힘들었으니, 겨울에는 조금 쉬어가라는 것이 아닐까 생각해 본다. 겨울 아침에 마시는 커피 한 잔은 그 향과 풍미가 더 진하게 다가온다. 추운 입김에 퍼지는 커피 향이 오늘 아침을 더 풍성하게 만드는 것 같다. 여유로운 아침을 맞이하는 건 결국 나의 선택인데, 회사를 다닐 때는 출근 시간 때문에 빨리빨리라는 말이 떨어지지 않았다. 사실 빨리 해도 10분 정도였는데, 그 시간을 참 달달 볶으며 지냈던 것 같다. 그렇게 하루를 시작하면 이미 하루에 사용할 수 있는 에너지가 50% 이상 소진된 상태인듯했다. 저녁쯤에는 너무 지쳐서 짜증까지 올라왔었다. 지금 생각해보면, 조금 여유롭게 시작할 수 있었고, 그래도 되는 것이었는데… 내 스스로를 나는 가만두지 않았던 것 같다. 그래서일까… 어느 순간 모든 일들이 부질없어 보이고, 같은 생활 패턴에 점점 지쳐갔던 것 같다. 그때는 이런 생각조차 하기 싫었고, 그런 나 자신이 나태한 사람처럼 여겨져서 스스로 한심해했었다. 요즘, 산골에 사는 부부의 이야기와 근검절약하며 사는 부부의 이야기가 나의 마음을 움직인다. 채식 위주의 식사와 자급자족하는 삶은 참 아름답게 보여졌다. 물질만능주의에 살고 있는 도시의 삶과는 다른 어느 다른 별나라처럼 보여졌다. 두 부부가 손을 잡고 장날 구경을 하며, 꼭 필요한 것만 사고, 떨어진 이불은 안주인의 솜씨로 가족의 추억이 담긴 이불로 다시 태어났다. 참 아름다운 광경이다. 불필요한 지출 대신 지금 가지고 있는 삶에 충실하고, 행복을 느끼며 살고 있는 부부의 모습은 나의 은사님과 사모님을 많이 닮아있었다. 집안에 가장 많은 비중을 차지하는 책은 거실에 자리잡았고, 집안에 가구는 꼭 필요한 것만 있으며, 그릇도 두 부부가 쓸 만큼만 있었다. 그러니 살림은 더 정돈되고, 깔끔해보였다. 그런 삶을 꿈꿔본다. 지금 마시고 있는 커피를 다 마시면, 오늘은 혼자서 영화를 보고 올까 계획 중이다. 아이들이 태어나면서 주말 일정은 모두 아이들 시간에 맞추었다. 그래서, 혼자 영화 보러 가는 일이 오랜만이다. 익숙해진 패턴이 아닌 오늘 나에게 나를 위한 작은 선물들로 채워진 하루하루를 살아보면, 그 행복의 에너지가 더 빛날 것 같은 아침이다.

함박눈

　토요일 아침 온 세상이 하얗다. 참 깨끗하고, 고요한 아침이다. 눈길이라서 그런지 사람들 이동이 적고, 주말 아침이라 더 아침을 천천히 준비하게 된다.

　오늘은 몇 달 전부터 진행했던 일을 마무리 지으러 간다. 근데, 아침에 눈을 보고 외부 활동이 있는 오늘 하필 이렇게 눈이 오지 하고 살짝 걱정했었다. 걱정도 잠시 집 근처에 있는 모닝빵과 커피를 사오면서, 너무 예쁘게 소복 소곡 내리는 눈에 감사했다. 이렇게 눈이 소복소복 내리는 날 내 발자국을 남길 수 있으니, 동심으로 살짝 돌아가게 되었다. 버스를 타고 이동하는 길에 10살쯤 보이는 남자아이가 동글동글 눈사람을 굴리고 있었다.

　엄청 큰 눈사람을 만들 기세로 바람에 날리는 눈을 그대로 맞으면서 열심히 만들고 있었다. 어릴 때 나도 눈이 오는 날을 좋아했다. 손은 꽁꽁 얼지만 마음은 포근해지는 눈을 맞으면 몇 시간을 그렇게 놀다가 집에 가면 밥맛이 꿀맛이고, 그날 밤에는 숙면을 취했다.

　어린아이의 감성이 다시 조금 샘솟는 오늘 아침에는 더욱 유년 시절이 생각이 나고, 친구들도 생각난다.

　오늘 하루 종일 눈 예보가 있으니, 오늘은 친구 대신 아이들과 눈오리도 만들고, 눈썰매도 타보려고 한다.

몸살

젊었을 때 감기에 걸리면 '몸이 무리를 했나 보다' 생각했었다. 그런데, 요즘은 근래에 스트레스받는 일이 있었나 하고 생각하게 된다. 워낙 건강을 자신했던 20대 시절을 보내고 나니 더욱 그런 생각이 든다. 신체적 피로보다는 마음에서 오는 피로가 몸을 힘들게 하는 것 같다. 많은 사람과 함께 지내면서 오는 스트레스가 가장 클 것 같은데, 회사를 다니는 사람이라면 누구나 겪는 일이라고 말한다.

예전에 친구가 회사에서 받는 월급의 80%는 내가 받는 스트레스 값이라고 했던 말이 떠오른다. 그때는 웃으며 넘겼는데, 그 말이 맞는 것 같다. 그 친구를 얼마 전 만났는데, 이제 회사를 그만 다니고 싶다고 말했다.

나처럼 20대, 30대를 앞만 보고 달린 친구는 이제 조금 쉬고 싶단 이야기와 함께 조금 쉬어도 아무도 뭐라 하지 않을 것 같다는 이야기도 했다. 그랬다. 청춘이 푸릇푸릇하던 시절 우리는 회사에 충성하였고, 힘들어도 어금니를 꽉 깨물고 신입 때는 다 그런 거야~ 하며 스스로를 더 다그치며 사회생활을 했다. 혹시 걱정하실까 봐 가족들에게는 힘든 내색을 하지 않고, 눈물을 삼키는 날들도 많았다. 그렇게 하루하루 버틴 나와 친구는 서로를 격려하고, 휴식에 대해 차분하게 이야기를 나누었다.

행복이 어떤 것인가에 대한 정의를 내리자면 모든 사람이 각자 다른 의견을 낼 것이다.

나는 간단하다. 오늘 우리 가족 모두 아무 일 없이 하루를 잘 보내고, 저녁까지 잘 먹은 상태가 나의 행복이다.

그 소소한 행복을 이어가기 위해서 나는 오늘도 내가 맡은 일을 최선을 다해 하고, 앞으로의 계획을 세운다.

하루하루 고민하고, 열심히 살아간다며 내가 세운 계획도 차질 없이 이룰 수 있고 목표에도 도달할 수 있게 된다.

그렇다고 몸을 혹사시키라는 이야기는 절대 아니다. 앞서 적은 글처럼 신체적 피로와 정신적 스트레스 둘 다 나를 힘들게 하고, 특히 정신적 스트레스는 소리 없이 내리는 눈과 같아서 언제 뚝! 하고 나뭇가지를 부러뜨릴지 모른다. 그 나뭇가지가 자신이다. 그렇기 때문에 흩날리는 눈이라도 대충 보지 말고, 잘 살펴서 나뭇가지를 손상시키기 전에 나무를 흔들어 눈송이를 털어야 된다.

나무는 혼자 움직일 수 없기 때문에 바람의 도움과 산동물 친구들의 도움을 받는다. 내가 힘들 때 혼자 꿍꿍 아파하지 말고, 주변에 손을 흔들어 내가 힘들다는 것을 알게 하고, 따뜻한 대화를 통해 눈송이를 털어 내는 하루하루를 살아보자.

보슬비

아침부터 부슬부슬 보슬비가 내리고 있다. 지난달 도움을 많이 받은 지인과 집 근처에서 뵙기로 했다. 처음 해보는 일이라 처음에 고생을 했는데, 적극적으로 도와준 지인 덕분에 한 달 동안의 시간을 잘 보낼 수 있었다. 작은 선물을 준비하고, 그동안 어떻게 지내셨는지 근황도 여쭈어볼 생각이다. 회사에서도 비슷한 부장님이 계셔서, 처음에는 형제가 아닐까 잠깐 착각도 했었다. 다른 공간 다른 시간에서 만났는데, 비슷하다고 생각되는 결이 비슷하다고 생각되는 사람들이 있을 것이다. 작년에 만난 지인도 내가 오랫동안 알고 지냈던 분이랑 결이 비슷하다고 생각되었다. 약속 시간보다 조금 더 빨리 나와서 내리는 비를 잠시 감상 중이다. 비가 내리면 아무래도 길도 미끄럽고, 여러가지 불편한 상황이 생기지만 그래도 비 오는 날을 좋아하는 나는 이 정도 불편함은 감수한다. 특히, 봄에 내리는 봄비는 새로 나오는 새싹들을 키우는데 큰 양분이 된다.

잎사귀로 떨어지는 비를 바라보고 있으면, 다른 생각들이 자리 잡지 못한다. 멍하게 오랫동안 푸릇한 잎사귀와 또르르 떨어지는 빗방울 덕분에 잠시 힐링의 시간을 갖는다. 무엇인가 대단한 것을 해서 힐링의 시간을 찾기보다는 나는 이런 소소한 일들을 즐기며, 좋아한다.

요즘은 산골 생활 관련 부부의 소박한 일상을 자주 보는데, 땔감으로 집을 데우고 반찬 한두 가지로 먹는 소박하지만 정성스러운 음식을 드시는 모습을 보며 마음이 편안해짐을 느낀다. 직접 기른 채소를 먹을 만큼만 바구니에 담고, 화려한 양념 대신 소금, 참기름, 마늘 정도로 간을 한 음식들은 매우 정갈해보였다.

보기만 해도 건강한 음식이라, 저렇게 3끼를 먹으면 몸안에 노폐물이 다 나갈 것 같다는 생각도 했다. 바로 실천하기는 힘들겠지만, 나도 집에서 시도는 해봐야지 하고 작은 다짐을 해본다. 부슬부슬 비가 내리는 날은 부추전이나, 배추전을 한번 해봐야겠다.

나눔

이사를 준비 중이라, 몇 주 전부터 물건들을 정리 중이다. 더 이상 필요하지 않을 것 같은 물건들은 두 번 생각하지 않고, 쓰레기통으로 들어갔다.

물건들이 비워지고 난 뒤 컴퓨터방에는 아직 작은 책상 하나에 프린터밖에 남지 않았다. 침대 프레임도 오래되어서 치우고 나니 정말 청소할 부분이 없어졌다.

오랜만에 물건들이 적은 공간에 있다 보니, 오히려 평안함이 느껴졌다. 가만히 누워서 방에 있으니, 내가 필요한 물건은 컴퓨터 하나를 놓을 수 있는 저 작은 책상이 전부였구나 생각되었다. 그리고, 한편으로는 반성을 했다. 왜 여러 번 고민하지 않고, 물건들을 저렇게 많이 구매하여 낭비를 했을까 하는 자기반성을 하게 되었다. 요즘은 손가락 터치 몇 번이면 내일 바로 거의 모든 물건이 배송되어오고, 그 물건들은 거대한 포장을 함께 가지고 온다.

우리가 살고 있는 곳의 공동 재활용품장에는 플라스틱, 종이가 넘쳐나는 걸 보면서, 정말 많은 물건들이 잠시 사용되고 버려지는구나 라고 생각되었다.

지난주 옷을 정리할 때도 작아진 옷도 많았고, 충동구매해서 몇 년 동안 입지 않은 옷들도 많았다. 그중에서 20년 된 나의 얇은 패딩은 서랍 속에서 살아남아 있었다. 세월의 흔적으로 자크는 고장났지만, 그래도 입고 있으면 옛날 생각이 나서, 겨울에 자주 입었던 것 같다. 옷도 이렇게 오랜 시간 동안 나와 추억을 함께 하는 옷이 있고, 몇 번 입지 않는 옷들이 있었다. 옷 산더미를 보면서 작은 다짐을 해보았다. 물건 구매 시 꼭 필요한지, 지금 꼭 사야 되는지, 대체품은 없는지 딱 3초만 생각해보자는 것이다.

아이들 물건들은 추억들이 있지만, 추억이라는 것은 계속 쌓이는 것이니 결단이 필요했다. 나이에 맞지 않는 물건들은 나누어주고, 기능을 상실한 것들은 버렸다. 아이들 물건 역시 아이들 스스로 꼭 필요한 물건인지 고민할 수 있도록 하고, 용돈의 범위 내에서 구매할 수 있도록 이야기해볼 생각이다. 이사를 준비하면서 나는 뭔가 모르는 마음속 편안함과 하나씩 제 주인을 다시 찾아가는 물건들을 보면서 잘 가라는 인사를 하게 되었다.

잘 가~

캠핑

오랜만에 지인들과 캠핑을 다녀왔다. 가기 전까지는 추운데 밖에서 자는 게 힘들다고 생각될 때도 있지만, 막상 가서 텐트를 치고 모닥불을 피우면 그 생각은 사라진다. 어제도 모닥불 담당은 나였는데, 타닥타닥 타들어가는 장작을 보고 있으니 행복해졌다.

오랜만에 불멍을 하고 있으니, 옛날 추억의 이야기도 떠오르고 친구도 생각이 났다. 내 오랜 친구가 그렇게 캠핑을 좋아했었다. 바쁘게 생활하다보면, 옛 추억을 꺼내볼 시간이 많지가 않다. 그런데 어제는 한참을 추억 속에 잠겨있을 수 있어서 행복했다. 오늘 이 캠핑도 내일이 되면 추억 속 한 페이지가 되겠지만, 오랜 시간이 지나도 계속 생각나는 일들이 있다.

캠핑을 좋아했던 내 친구와의 추억이 나한테는 어제 일처럼 또렷하고, 생생한 추억이다. 추위를 싫어해서 여름에도 긴 옷을 입고 다니고, 이른 가을부터 잠바를 꼭 입고 다니던 내 친구는 참 착했다. 길거리에 지나는 행인들을 도와주고, 넘어진 간판을 세우는 것이 자연스러웠던 친구는 경찰이었다. 어릴 때부터 꿈이 경찰이었는데, 몇 년을 공부하고 멋진 경찰복을 입었다. 심성이 착하고, 부지런한 친구는 몇 년 지나지 않아 승진을 하고, 결혼도 하였다. 다복하고, 행복한 가정을 꾸리며 살아가는 모습에 나도 덩달아 기분 좋아지는 친구였다. 서로 가정을 이루면서, 소소한 일들은 알지 못하지만 가끔 경조사나, 고향에 갈 일이 있으면 안부를 전하며 그렇게 지내고 있었다. 지금 와서 생각하니 가족끼리 한번 다 같이 만날 수 있었던 순간이 많았는데, 추진하지 못한 것이 후회가 든다.

불평

며칠 전에 크게 어떤 사람에게 전화로 불평을 한 적이 있다. 사전에 연락을 주었으면, 하루를 허무하게 보내지 않아도 되었을 텐데 상세하게 설명해주지 않은 사무실 직원에게 다소 격앙되게 말을 해버렸다. 해야 하는 일도 많은 토요일을 허비했다고 생각하니 부글부글 속에서 냄비가 끓고 있었다. 그러다 한 가지 더 실수가 더해지면서 냄비가 넘쳐버렸다. 그때 한 번만 크게 심호흡을 하고, 찬물 한 그릇을 냄비 같은 내 속에 넣어주었으면 그냥 넘어갔을 것이다. 사실 그 직원도 권한이 없어서, 회사의 규정을 따른 것이었을 텐데, 지나고 생각해 보니 좀 참고 그냥 넘어갈 것을… 하며 후회가 된다. 그 잠시 잠깐 참지 못해 욱했던 나를 돌아보게 된다. 나이가 들면서 입은 닫고, 지갑은 열라고 말은 말은 하지만, 실천하기가 쉽지는 않다. 자꾸 훈수를 두고, 조언 아닌 조언을 생각 없이 하고 나서 뒤돌아 왜 그랬을까 후회하는 시간을 갖는다.

화를 내는 것도 내 속에 잠자고 있던 타인에 대한 불만이 툭하고 나오는 것인데, 반대로 상대방은 나에게 불만이 없겠는가… 그저 속으로 삭히고, 문제를 삼지 않고 그냥 넘어가는 일이 많았을 것이다. 조근조근 이유를 묻고 따져서 서로의 마음에 상처를 더 남기기보다는 오히려 작은 상처일 때 연고 정도를 발라서 더 큰 상처와 흉터가 남지 않도록 하는 것이다. 불평 불만이 가득한 입술보다는 행복 평안을 이야기하는 입술로 살아갈 수 있는 새해를 만들어야겠다.

밥

무엇인가 중요한 날이 있으면, 그날 아침을 더 잘 챙겨 먹는 습관이 있다. 준비한 시험을 보러 가거나, 첫 출근을 할 때, 중요한 PT가 있는 날 등은 조금 일찍 집을 나서서 내가 좋아하는 것들을 맛있는 커피를 한 잔 마신다.

커피 한 잔까지 하고 나서, 한번 더 준비한 것들을 검토하고 조용히 눈을 감고 마음을 다잡는다. 이렇게 하고, 시험장소로 가면 그날 내가 준비한 것들을 다 이야기하고 나와서 점수를 떠나서, 후회가 없었다.

그런데, 가끔 바쁘다는 핑계와 귀차니즘이 생길 때 준비를 소홀하게 하면, 아침을 먹을 때 꼭 불편한 마음 때문에 맛있게 먹지 못했다. 그러면 그날은 어김없이 질문 공세와 그 질문에 대답을 잘하지 못해 어버버~~ 하다가 끝나고 집으로 돌아왔다. 그렇게 끝난 일은 며칠을 내 마음속을 불편하게 하면서, 돌아다녔다. 주변 사람들은 괜찮다고 위로해주고, 다음에 더 잘하면 된다고 응원하지만 그 말은 내 귀에는 들리지만, 내 마음속까지는 전달이 되지 않는다. 누가 뭐라 하지도 않고, 크게 관심을 가지는 일도 아니지만, 나는 계속 나를 괴롭힌다.

잘 준비했던 일들은 그래, 오늘 하루 잘 끝났어 하고, 그날 바로 잊고 지나가는데, 미련이 남는 일들은 이렇게 오래 남다니… 그건 바로 내가 준비를 철저히 하지 않아서 그렇다. 내 눈빛, 내 목소리, 내 손짓에서 자신감과 생동감이 부족했으리라 생각된다. 그건 듣는 사람보다 내가 먼저 알기 때문에 티가 날 수밖에 없다. 준비를 잘하면 실수가 적고, 여유가 얼굴에서 묻어나온다.

연기를 오래 하신 연기자들 중 이순재 선생님은 지금도 현역으로 왕성한 활동을 하시는데, 그건 모두 연습이셨다. 꽃보다 할배 촬영 중에도 본인의 연극 대본을 들고 오셔서 쉬는 시간, 잠자는 시간 전까지 대본을 놓지 않는 모습이 나는 오랫동안 기억에 남았다.

꾸준한 자기관리와 끊임없는 노력과 연습이 때로는 나를 힘들게 할 수는 있지만, 나를 지치게는 하지 않는다. 그게 중요한 것 같다. 스트레스는 내가 나 스스로 해결하지 못할 때 오는 것이기에, 그것을 최소화 하기 위해 내가 할 수 있는 최선을 준비하면서, 하루하루를 잘 지내보자.

은사님

오늘 아침에도 소록소록 눈이 내렸다. 어김없이 롱블랙 한 잔으로 시작하는 나의 아침 루틴이다. 흰 눈을 맞으며, 커피숍으로 오는 길 나의 은사님이 생각났다.

　내가 대학에서 처음 뵙고, 첫 수업을 들으면서 교수님처럼 삶을 살고 싶다는 생각을 했었다. 열정을 다해 준비하시는 3시간의 강의와 연구실에는 항상 제자들을 위해 다양한 티와 간식들이 준비되어 있었고, 어떤 고민이든 진심을 다하셔서 그 이야기가 끝날 때까지 다 들어주셨다.
　논문, 학회, 시험 준비에 일이 많으셨는데도 그 일보다는 제자들의 상담을 제일 중요하고, 귀한 일이라고 생각하셨던 교수님이셨다. 교수님 조교를 자원했던 나는 기숙사 생활을 하면서 4년 동안 교수님 연구실 지킴이었다.

　그러면서 자연스럽게 행정에 대한 학문이 많은 사람들을 이롭게 하는 학문이구나 느끼게 되었다. 내가 나중에 회사를 다니면서 더 공부를 할 수 있었던 것도 그때 교수님께서 공부를 더 이어가라는 말씀과 교수님 진실한 기도 덕분이었던 것 같다. 제자를 위한 기도 제목을 모두 글로 적는다면 한 권의 책이 될 것 같다.

　지금 대학에서 공부를 왜 해야 하는지와 직업, 친구, 결혼관, 신앙, 역사 참 다양한 분야에 대해 자세히, 말씀해주셨던 교수님 덕분에 나는 사회생활까지 순조롭게 잘 할 수 있었다. 몇 년 전 퇴임하신 교수님은 사모님과 강원도 원주에서 전원생활을 하고 계신다. 퇴임 이후의 삶도 본받고 싶은 두 분을 뵈러 다음 주에 가족들과 찾아뵙기로 했다. 은사님과 사모님의 이야기는 이야기가 너무 많아 다음에도 이어가려고 한다. 소록소록 내리는 눈송이만큼 하고 싶은 이야기가 많다.

은혜

살다보면 내 능력이 아닌데 성공하는 일들이 생긴다. 그럴 때면 나는 그날 운이 좋았다고 단순히 생각했었다.

엊그제도 그런 비슷한 일이 있었다. 분명 여러 번 실수를 했는데, 오랫동안 준비했던 일이 마무리가 되었다. 그동안 함께 해주셨던 선생님들께 감사 인사를 하고, 발걸음도 가볍게 집으로 돌아왔다. 그러면서 문득, 앞으로 내가 했던 노력보다 더 좋은 결과가 다가왔을 때 '그날 운이 좋았구나'에서 그치지 말고, 나에게 온 행운을 다른 사람에게도 나눠줄 수 있는 일을 찾아보아야겠다고 생각했었다. 그런데, 오늘 드디어 그런 일을 찾았다.

아침부터 부지런히 준비해서 아시는 분을 뵙고 나오면서 내가 찾던 소중한 나눔의 일이 이거였구나 생각했었다. 내가 할 수 있는 범위 내에서 작지만 값진 일을 조금씩 해보려고 한다. 뜻하지 않게 찾아온 행운을 다른 사람들과 나눈다면 그보다 값진 일은 없을 것이다.

행복은 나눌수록 더 커진다는 말처럼 그 행복의 크기를 아주 크게 만드는 게 목표가 되었다. 내가 가장 잘 할 수 있는 일들에 최선을 다해서 스스로 만족을 얻고, 행복의 크기도 조금씩 커지게 해보자… 저절로 만들어지는 행복은 없듯이, 내게 주어진 일을 열심히 하다보면 행복이 쌓이고, 또 쌓여서 주변 사람들에게 더 큰 행복을 나눠줄 수 있을 것 같다. 작은 눈송이가 조금 더디게 커지는 것 같지만, 어느새 큰 눈사람이 되어 있듯이 조금씩 행복의 크기를 넓혀가보자. 추운 겨울 한 줌의 따뜻한 햇살이 내 몸을 녹이듯, 그렇게 따뜻한 마음을 나누어보는 삶을 살아갈 수 있도록 노력하며 보낼 수 있기를 기도한다.

응답하라

나는 신원호 PD의 프로그램을 참 좋아한다. 자극적인 소재 하나 없어도 1시간 동안 흥미롭게 티브이를 시청한다. 그리고, 재방

송을 보고 또 보아도 새롭다. 그 이유를 살펴보니, 나는 좋아하는 드라마나, 예능 프로그램을 처음에는 그냥 가볍게 보고, 그다음에는 연기자들의 하는 대사를 집중해서 보고, 다음에는 잔잔하게 깔리는 음악, 다음에는 배경과 풍경… 이렇게 하나하나에 집중해서 보니 한 편의 드라마를 10번 이상 본 것도 있다.

이렇게 하나만 집중해서 보면 어느새 대사가 외워지는 것은 물론 다음에 나올 배경까지 알고 있으니, 더욱 몰입도가 높아지게 된다. 그중 오늘은 〈응답하라 1988〉에서 나오는 친자매 같은 3인방 아주머니들의 입담은 정말 너무 재미있다. 덕선이, 선우, 정봉이 아들, 딸을 역할을 한 연기자들도 너무 잘했지만, 나는 개인적으로 이 세 아주머니같이 살고 싶다.

이제는 동네마다 이런 정서는 없어졌지만, 내가 어릴 때만 해도 반찬을 서로 가져다주는 정이 있었다. 그 심부름은 내가 많이 해서 기억에 남는다. 지금도 우리 부모님이 사시는 동네에서는 동지 팥죽을 서로 나눠주고, 김장도 나눠주고, 사골을 끓이면 한 냄비 가져다주는 정이 있다. 세상이 이제는 팍팍하다는 이야기를 많이 하지만, 아직은 정이 넘치는 곳도 많다. 그 정이 넘치는 곳을 만들기 위해서는 한 사람 한 사람의 역량이 중요하다.

앞서 드라마에서 배우도 중요하고, PD도 중요하고, 드라마 배경, 음악, 장소 어느 것 하나 중요하지 않은 것처럼… 각자의 자리에서 최선을 다했을 때 드라마의 완성도는 높아진다. 1988 아주머니들처럼 셋이 모였을 때 시너지가 발생이 되고, 무슨 일이든 활기차게 하는 연기를 보여준 것이 그것이다. 이들처럼 함께 더불어 가는 삶을 준비하는 것이 노후에도 즐겁게 하루하루를 살아가는 밑바탕이 된다.

새로운 일

새로운 일을 시작할 때는 누구나 작은 설렘과 잘 할 수 있을까 걱정을 하게 된다. 그런데, 매번 하던 일을 잠시 멈추고, 다시 하려고 하면 더 큰 걱정이 든다. 내가 예전만큼 잘 할수 있을까… 미흡하게 일처리를 하면 그 뒷감당을 어찌할지… 꼬리에 꼬리를 무는 걱정들은 좀처럼 끊어지지 않는다. 그러다 문득, 그래 좀 실수하면 어때… 다시 하면 되지 하고 쿨한 생각을 해봤다.

지난 글에서 나의 은사님 이야기를 많이 했는데, 수업 중 그런 말씀을 하셨다. 지금 고민하고 걱정하는 80%는 일어나지 않거나,

일어나더라도 큰 문제가 아닐꺼라고… 미리부터 너무 걱정하지 말고, 일단 시작해보라고 조언해주셨다. 내 근심과 걱정이 얼굴에서도 표현이 되었나보다 하고 내심 죄송하기도 하고, 신경 써주시는 교수님께 참 감사했다.

지금 이 순간 그때 교수님께서 해주셨던 말씀이 떠오른다. 2년이라는 공백의 시간 동안 나에게는 정말 많은 일들이 있었다. 두 번의 이사와 여러가지 공부를 하면서 나는 나도 모르게 성장했다. 그 성장은 그 어느 때보다 나에게 값진 시간이었다. 그리고, 힘들고 지친다는 표현보다, 사명감과 연민의 정이 느껴지는 성장 과정이었다.

다시 돌아가서 내가 할 수 있는 최선을 다하고, 그에 맞는 성과를 내고, 그 성과의 행복을 다른 사람들과 공유하고, 나눌 수 있는 사람이 되어야겠다고 다시 다짐해본다. 매번 나는 우리 가족에 대한 기도의 제목을 가지고 기도를 했다. 그런데 요즘은 우리 가족 외에 문득문득 정말 지냈으면 하고 바라는 분들을 위해 기도한다.

짧은 만남이었지만, 오래도록 내 마음에 남을 것 같은 그분들을 위해 조용히 기도해본다. 다시 시작하는 새로운 출발을 위해 마음을 다잡고, 누구를 위한 최선보다 내가 행복하고 그 안에서 은혜를 베풀 수 있는 사람이 되도록 노력할 것이다.

좋은 아침

　모두가 잠든 아침… 숙면을 했는지 아침부터 컨디션이 너무 좋다. 아이들 아침과 남편 찌개를 해두고 잠시 밖으로 나왔다. 어제 저녁 고기를 먹어서 그런지 아침밥 생각은 없어서, 근처 커피숍에 와서 아메리카노 한 잔을 주문해두었다. 글을 적는 이 시간이 나에게는 요즘 가장 힐링의 시간이다. 아주 짧은 시간이지만 무엇인가 집중하여 몇십 분을 보내고 나면, 오늘 하루도 잘 보낼 것 같다는 기분 좋은 주문이 외워진다.

　겨울 아침은 조금 춥기는 하지만, 집 밖으로 나오자마자 정신이 반짝 드는 이 기분도 좋다. 비몽사몽한 날 아침에도 동장군님의 손짓 한 번이면 모든 잠이 다 달아나버린다. 잠이 싹 날아가버린 아침… 제일 먼저 드는 생각은 오늘 여행 짐에 무엇을 가져갈까였다. 아이들이 크면서, 예전보다는 짐이 많이 줄기는 했지만 그래도 꼭 챙겨가야 하는 짐들이 있다. 짧은 일정이지만, 1박 2일 동안 겨울 여행을 다녀올 생각이다. 가까운 곳이지만 여행이라는 단어는 설렘을 주는 단어이다. 숙소에서 멀지 않은 자주 가는 한판 삼겹살집에서 저녁을 먹고, 차 한 잔을 하는 것이 일정에 대부분을 차지하지만 그래도 좋다.

뭔가 대단한 일정을 소화하지 않아도… 좋다. 그냥 아이들은 아이들대로 자연을 만끽하고, 나는 식사 준비에서 잠시 해방될 수 있어서 좋다. 가족 모두 각자의 쉼 포인트가 있어서, 그때 잠시 기다려주면 된다. 여행을 함께 한다는 것은 이 쉼 포인트를 잘 이해하고, 그저 기다려주는 것이라고 생각한다.

삶에도 이 쉼 포인트가 있다.
나에게는 지난 2년이 그 쉼 포인트인 것 같다. 충분한 휴식과 나를 돌아보는 시간들을 통해 정말 내가 좋아하는 것이 무엇인지, 앞으로 무엇을 목표로 할 것인지 구체적인 계획이 세워졌다. 내가 할 수 있는 일들을 해내면서 나는 더 단단해지고 있다.

걱정

어제 가족들과 여행을 갔다가 밤에 집으로 돌아왔다. 숙소에서 전국적으로 눈이 온다는 예보를 듣고, 아무래도 눈길 운전은 위험하니 아쉽지만 집으로 돌아가자는 결정을 내렸다. 다행히 집에서 그리 멀지 않은 곳이고, 1박 2일 짐도 많지 않아서 금방 정리하고 집으로 돌아올 수 있었다. 집 근처에 오니, 마음이 그렇게 편할 수가 없었다. 우리가 갔던 곳이 산속이고, 오르막 내리막 급경사가 많은 도로를 지나가야 해서 제설 작업을 잘한다고 해도 걱정이 많이 되었다. 눈길은 운전을 잘하는 사람이나, 초보나 모두 조심해야 하는 도로라서, 되도록이면 그 길을 가지 않는 것이 좋은 것 같다.

내가 결혼 전이라면, 아마 그냥 숙박을 하고 오후 늦게 집으로 왔을 테지만 어제 눈 소식을 보고, 제일 먼저 가족들이 걱정되었다. 혹시, 제설이 늦어지면 출발시간이 늦어지고, 아이들도 힘들어 할 수 있으니 말이다.

가정을 생기면서 나보다는 가족들의 안전과 즐거움을 먼저 제일 먼저 생각하게 되었다. 여행 목적지와 이동시간 관광코스 등 아이들이 좋아하는 곳을 우선적으로 생각하고 계획을 잡는다. 모든 것은 어린아이들이 우선이고, 최고의 선택보다는 최선의 선택으로 안전을 제일 우선으로 한다. 어제도 내일 아침 눈길 이동을 걱정하지 말고, 집으로 돌아가자고 했을 때 남편도 나도 숙박을 못 하는 아쉬움보다 안전하게 집으로 돌아가는 최선의 선택을 한 것이다.

20대 때 나의 걱정은 오로지 회사 일을 어떻게 하면 잘 할 수 있을까였고, 30대 때도 회사 일이 우선이었다.

  그리고, 회사 일에 대한 걱정을 집안에까지 가지고 들어와 사서 마음고생을 했다. 그 마음고생 덕분에 나는 스스로 성장하는 법을 배웠다. 회사의 출근 걱정보다 아이들과 재미있는 하루를 어떻게 하면 보낼 수 있을까 하는 고민 말이다.

이사

  집 이사를 앞두고 세입자를 구하기 위해서 아침부터 여러 부동산에 광고를 하였다. 추운 날씨 때문인지 집을 보러 오는 사람이 많지는 않지만, 종종 사람들이 집을 방문한다. 정리된 집을 보여 주기 위해 청소도 조금 더 신경 쓰고 물건들도 많이 정리했다. 아무래도 가장 깨끗한 건 물건들이 없을 때일 것 같다. 찾다 보니 짐이 하나도 없을 때 동영상이 있어서 한참을 보았다. 맞아… 우리 집이 이렇게 넓은 곳이었지… 생각하였다. 예전에 우리나라 평균 이사가 2년에 한 번씩이라고 들었다. 아마 전세 계약이 2년이니, 그런가보다 했는데 우리 집이 최근 3년 사이 3번의 이사 준비를 하고 있다. 이제는 이사의 달인 수준이다.

이삿집센터와 입주 청소를 계약하고, 필요한 서류들을 준비하는 일을 자연스럽게 하고 있다.

그리고, 이번 이사 준비를 하면서 6개월 이상 사용하지 않은 물건들을 아깝다고 생각하지 않고 버리거나, 깨끗한 물건들은 당*으로 새로운 분께 판매하였다.

차츰 물건들이 정리되면서, 집에 여백이 드러났다. 그러면서 왠지 모르는 편안함이 느껴졌다. 짐들 속에서 내가 살았구나 싶어서, 지난번 이사 올 때 좀 더 정리를 하고 올 걸… 잠시 생각했다. 4인 가족에 꼭 필요한 물건들만 생각하고, 중복되는 물건들은 정리하는 것은 그리 어렵지 않았다. 오히려, 이것도 추억인데 하며 꼭 쥐고 있었던 물건들을 보내고 나니, 더 그 추억들이 소중해졌다.

그리고, 물건 구입에 대해 여러 번 생각하게 되었다.

꼭 필요한 물건인가… 꼭 사야 하는 것인가….

이사를 준비하면서 다소 번거로운 일들이 생기지만, 하나하나 정리가 되어가는 집을 볼 때마다 내 마음도 정리가 되는 것 같아 기분이 좋다.

그래서 곧 집이 새로운 주인을 만날 것 같다는 막연한 희망도 가져본다. 임자가 곧 나타날 것 같다.

잠시

아주 잠시 눈을 감아보았다. 어제 늦게 잠이 들어 오늘은 눈꺼풀도 몸도 무겁다. 커피 한 잔을 앞에 두고, 글을 쓰려다 잠시 손을 모으고, 눈을 살짝 감아본다.

눈 속에서 눈물이 고이면서 금방 촉촉해진다. 아주 잠시 눈을 감고 있었을뿐인데, 피곤했던 눈이 조금씩 떠지는 걸 느낄 수 있다. 그래, 운전할 때도 졸음을 쫓느라 쓴 커피를 마시지 말고, 잠시 휴게실에서 눈을 붙이는 것이 장거리 운전에 필수다. 가끔 긴 장거리 운전 시 나는 아이들 인형을 베개 삼아서 잠시 휴식을 취한다.

10~20분 정도 눈만 감고 있었던 것 같은데도 피곤했던 마음이 60% 이상 없어지는 것 같다. 그리고, 운전에 집중도도 높아져서 더 안전 운전을 하게 된다. 피곤한 몸 상태에서는 무슨 일을 해도 흥이 나지 않고, 빨리 이 일이 끝났으면 한다. 하지만, 컨디션이 좋은 상태에서는 힘든 일도 그 과정을 즐길 줄 아는 마음의 여유가 생긴다.

그래 이렇게 쉬어가면 되는데… 잠시 잊고 있었던 지난날 쉼 없이 달려온 나를 뒤돌아본다. 예전에는 앞만 보고 달리는 경주마처럼 살았는데, 요즘은 관광지에서 사람들을 태워주는 말처럼 여유롭다. 같은 24시간을 보내고 있는데, 정말 하루가 너무 여유롭고, 행복하다. 오로지 나만의 휴식 시간이 있어서 그 시간에 이렇게 글을 쓰는 내가 대단해보이고, 스스로 칭찬해주고 있다.

타인의 시선이 아닌, 오로지 내가 가장 좋아하는 일, 하고 싶은 일, 가고 싶은 곳, 만나고 싶은 사람들을 만나는 일은 언제나 설레고, 기분 좋은 하루를 선사한다.

이런 하루는 그냥 만들어지는 것이 아니다. 힘들고, 지칠 때 그저 잠시 눈을 감고 심호흡을 하고 한 박자 쉬어가면 된다. 그래 잠시… 눈을 감아보자.

음악이 있는 아침

집 근처에 아주 맛있는 빵집이 있다. 규모가 크지 않고, 빵의 종류도 많지는 않지만 내가 좋아하는 샌드위치와 딸아이가 좋아하는 소보루빵이 아주 맛있는 곳이다.

종종 이용하는 이곳에는 피아노 반주곡이 자주 나와서, 특히 커피와 빵을 먹을 때는 좋은 것 같다.

테이블 수도 많지 않아서, 담소를 즐기기에도 참 좋은 곳이다.

글을 함께 써가는 사람들에게 차 한 잔 대접하고 싶은 곳이기도 하다. 각자가 좋아하는 책 한 권씩을 들고 모이면 좋을 것 같다.

 잔잔한 음악 덕분에 아침잠이 서서히 달아나고, 조금씩 내 몸이 기지개를 켜는 것이 느껴진다. 지난해 인요가 수업에서도 잔잔한 음악과 조금 어두운 조명 덕분에 집중이 더 잘되었던 기억이 있다. 집에서도 요가 매트를 펴고 충분히 할 수 있지만, 장소가 주는 집중도는 다른 것 같다.

 요가학원에서 요가를 하고, 아침 일찍 커피숍에서 따뜻한 커피 한 잔으로 아침을 시작하는 것도 아마 루틴하게 돌아가는 일상에서 잠시나마 나에게 작은 변화를 주는 것이라고 생각된다.

 그 작은 변화가 이제 나에게 하나 더 다가오고 있다. 한 달 조금 남은 이 시점에서 나는 내 안에 있는 나에게 계속해서 말을 건넨다. 잘 했었어. 잘 할 수 있어… 해낼 수 있어… 아무 걱정하지 마.

마음속으로

 오늘 아침 지인분과 통화하면서 부모교육의 필요성에 대해서 한참을 이야기했다. 모든 사람들이 결혼을 하고, 아이가 태어나면서부터 건강한 부모가 되기 위해 노력을 하며 아이들을 키운다. 때때로 자신의 감정에 앞서서 아이들에게 큰 목소리를 낸다.
 아이들은 엄마의 목소리 톤과 표정만으로도 주눅이 든다. 상황을 이해하고, 본인의 실수를 제대로 알고 사과를 하기보다는 엄마의 화난 마음을 먼저 풀어주기 위해 죄송하다는 말을 전한다. 아이들은 많은 경험이 없기 때문에 실수도 하고, 형제끼리 싸우기도 한다. 이런 경험들이 쌓이다보면, 사회성도 넓어지고 타인에 대한 배려도 익히게 된다. 그런데, 사회성과 배려를 배우고, 익히기 위해서는 수업료가 필요해서, 때로는 부모와 언쟁도 있다.
 이럴 때, 화가 나는 부모의 감정은 잠시 뒤로 접어두고, 아이의 마음속에 들어가서 너는 이런 말과 행동을 할 아이가 아닌데, 속상하겠지만 혹시 무슨 일이 있었는지 엄마한테 이야기해줄 수 있어? 라고 물어보면 어떨까
 무턱대고 왜 그랬어? 너 또? 아이를 다그치면, 아이는 더 입을 닫고 잘못한 일들에 대해서는 부모에게 상의하거나, 고민을 털어놓기 힘들어질 것이다.
 권위적인 부모의 태도는 아이와의 소통문을 열 수 없는 문으로

만들어버린다. 언제 어디서든 환한 빛으로 아이의 목소리를 들을 준비를 하고 있어야 한다. 좋은 부모가 된다는 것은 하루아침에 만들어지는 것이 아니기 때문에 아이와 똑같이 성장 과정을 거친다. 조금 더 시행착오를 줄이기 위해, 주변 분들에게 아낌없는 조언을 받자.

정리

이사 준비가 거의 마무리 단계이다. 한 달 전부터 계획을 잡고, 차분히 짐을 정리했더니 우리 집에 있는 물건들이 어디에 있는지 알 수 있게 되었다. 불필요한 물건들이 사라지고 나니 공간이 참 많이 생겼다.

청소도 쉬워지고, 이동 동선도 가까워진 것 같은 느낌을 받는다. 오늘 아침에도 당*거래를 통해, 필요한 사람에게 물건을 전달했다. 참 기분 좋은 만남이다. 집에 두면 장식용으로 또 그냥 집안에 있을 물건인데, 꼭 필요한 사람에게 잘 보냈다. 청소를 하는 것보다, 조금 더 기분이 좋은 건⋯ 아무래도 멀쩡한 물건을 그냥 두지만 않았기 때문이겠지 하고 생각해본다. 살림을 2년 정도 오로지 내 힘으로 하면서, 느낀 점이 많다. 꼭 필요한 살림살이가 많지 않고, 내 손이 많이 가는 물건들이 있구나 하고 말이다. 중복되는 것들은 하나만 두고 정리하고, 1년 넘게 사용하지 않은 물건들은 나눔을 했다.

그렇게 정리되어 가는 물건들을 보면서, 짐 속에 우리 가족이 살고 있었구나… 조금 미안해졌다.
물건은 사는 것은 언제든 마음먹으면 살 수 있지만, 한번 집안에 들어온 물건이 잘 사용되고, 그 기능을 다할 때까지 사용하기는 쉽지 않은 것 같다. 그중에 제일 많이 정리한 옷을 보면서, 지난날 내 소비패턴을 반성하였다.

3월 복귀전에 나에게 꼭 필요한 정장 두 벌로 일상을 보내보려고 한다. 작아진 정장들을 부여잡고, 언젠가는 입겠지 하면서… 두 번의 이사 동안 장롱 한 칸을 차지하고 있었다… 그 옷들을 다 보내주면서 굳은 결심을 했다. 꼭 필요한 옷만 집안에 두자!

요즘은 별 신경을 쓰지 않았던 변화되는 내 모습을 조금씩 발견한다. 그중 하나가 필요 이상으로 물건을 많이 사지 않은 것이다. 직장생활을 핑계로 혹시나 생필품이 부족해서 불편할까 봐 1+1으로 물건을 쟁여두었다.

그런데, 집 근처에 마트가 많고, 로켓으로 배송되는 이 좋은 세상에서 물건들에게 집 한 칸 월세를 줄 필요가 있을까 싶다. 비워진 공간에 내 마음을 쉴 수 있는 내 쉼공간을 그냥 두고 싶다.

새벽

3시 30분 눈이 반짝 떠졌다. 어제 11시쯤 잠이 들었으니 5시간 정도 잔 것 같은데, 기분에는 10시간 넘게 잔 것 같은 느낌이 든다.

빽빽 카톡 메세지를 보고, 이불을 정리하고 밖으로 나왔다. 집 근처에 24시간 무인카페가 있어서, 조용히 무엇인가를 하기에는 적당한 장소이다. 향 좋은 아메리카노가 앞에 있으니, 더 기분 좋게 글이 적어진다.

이 새벽에도 무인카페를 이용하는 사람이 참 많은 것 같다. 부부가 와서 커피를 주문하는 모습이 참 다정스럽다. 이 시간에 아이들은 곤히 꿈나라에 가 있고, 남편도 어제 늦게 귀가해서 단잠을 자고 있을 것이다. 무럭무럭 자라고 있는 아이들에게 감사하며, 오늘 이렇게 근사한 아침을 맞이하게 됨을 감사한다. 참 고맙고, 감사한 일들이 많은 아침이다. 이른 새벽 누군가와 이 아침을 함께 하는 것에 감사하며, 코끝이 쨍한 겨울 날씨 덕분에 조금 남아있던 아침잠이 싹 날아감에 감사함을 느낀다.

행복과 감사라는 단어를 자주 적으면서, 더 큰 행복이 나에게 다가옴을 느낀다. 49대 51, 내 마음속 법칙을 준수하며 51이 되는 순간이 오기 전에 스스로 내가 가장 원하고, 바라는 일들을 찾아서 시도해보자.

오늘 근사한 아침을 맞이함에 감사하고, 오늘 하루 내가 만나는 사람들에게 즐거움이 함께하기를 두 손 모아 기도해본다.

새벽 첫차에는 벌써부터 많은 사람들이 출근하고 있고, 조금 전보다 날이 밝아짐을 느낀다. 참 오랜만에 아침에 가야 하는 목적지가 있는 사람들을 보며, 설렘이라는 단어를 적어본다.

구제 시장

　오늘 동묘시장을 다녀왔다. 조카가 MZ세대에게 놀이터 같은 곳이라고 한다. 가보는 곳도 좋을 듯해서, 언니와 함께 길을 나섰다. 지하철 입구부터 사람들이 참 많았는데, 오랜만에 사람 구경, 옷 구경에 살짝 설레기도 했다.

　내가 어릴 때는 언니들 옷을 물려받아서 새 옷을 사는 게 너무 좋았다. 그런데 요즘은 이런 구제 물품이 유행이고, 옷을 잘 입는 사람들에게는 패션 성지라고 한다.

　이 골목 저 골목 돌아다니다가 난방하나 재킷이 마음에 든다고 하여 사주었다. 옷 한 장에 천 원에 파는 곳은 사람들이 엄청 많아서 그 광경을 보고만 있어도 내가 옷을 고르는 느낌이었다. 천 원 한 장으로 마시는 식혜와 막걸리는 거의 바닥을 보였고, 풍물시장답게 옛날 골동품을 파는 곳도 많았다.

　티브이에서만 봤지, 직접 구경을 하며 다니니, 재미있었고 물건마다 사연이 있겠구나 싶으니, 조금 천천히 발걸음이 옮겨졌다. 싫증나거나 불편해진 옷들은 버렸는데… 내 옷도 여기 어딘가에 있을 수도 있겠다고, 잠시 생각했었다. 새 옷과 새 물건에 익숙해진 요즘… 풍물시장을 돌아보며 추억여행을 잠시 다녀왔다.

새로운 도전

도전이라는 단어는 참 설레면서도, 걱정도 많이 드는 단어인 것 같다. 어제는 지인분과 내가 10년 뒤쯤 할 수 있는 일에 대해서 상담을 하고, 지금 하고 계시는 분들과 차 한 잔을 마셨다. 예전보다 경쟁도 치열하고, 신경 써야 하는 부분이 많다고 하셨다. 그리고, 시작하기 전에 실무적인 것을 익히기 위해 수습 기간을 가지라는 조언도 해주셨다.

예전에 나는 수많은 도전을 하고, 면접을 치르고 회사에 합격했다. 그리고, 10개월 정도 수습 기간 거친 뒤 정식 발령을 받았다. 20년 전에도 수습 기간이 있었는데, 크게 신경 쓸 일은 없었지만 회사 생활 자체가 힘이 들긴 했다. 아침 일찍 일어나야 하고, 직장 상사 눈치도 봐야 하고, 업무도 배워야 하니… 일주일이 어떻게 지나갔는지 모르겠다. 지금 생각해도 스스로가 대견하다.

그 이른 새벽에 매일 어떻게 출근했는지… 그때는 몰랐지만 지금 생각하니, 내 힘이 아닌 것 같다. 하나님께서 열심히 살아가는 내 모습을 보고, 따뜻한 입김으로 앞으로 나아갈 수 있는 힘을 주신 것 같다.

도전하는 것에 두려움이나 걱정보다는 일단 원서를 쓰고, 그에 맞는 준비를 철저하게 했던 나의 20대가 오늘 아침 생각이 난다. 어제 지인분과 상담을 통해 퇴직 이후 20년을 위해, 나는 새로운 도전을 준비하고 있다.

이사

드디어 이사가 끝났다. 한 달 전부터 짐들을 정리하고, 버릴 물건들을 조금씩 버려서 그런지 생각보다 이사는 빨리 끝났다. 당분간은 어수선하겠지만, 정리도 조금씩 해야지 하는 마음을 먹으니, 급한 마음이 사라졌다. 하루에 집중적으로 정리해야 될 부분을 하면 생활 동선에 편리하게 짐 정리가 될 것 같다 아침 일찍부터 시작된 이사가 조금은 힘들었는지, 어제는 숙면했다.

형제들이 도와준 덕분에 빠진 부분이 없이 순조롭게 진행되어 정말 다행이다. 짐이 빠지고, 다시 들어가는 것이 생각보다 많은 과정을 거치고, 변수들이 많기 때문에 많은 생각들을 해야 된다.

내가 생각하지 못한 부분을 챙겨주어서, 이번 이사에는 큰 실수 없이 잘 진행되었다. 저녁도 같이 하면서 즐거운 집들이 저녁 시간을 보냈다.

눈이 반짝 떠진 이사 첫날 아침… 상쾌한 공기가 머리를 맑게 해주고, 다시 돌아온 집에서 가족들과 건강하게 올 한 해를 잘 보내야겠다고 생각을 해본다. 당분간 생활환경이 변했으니, 조금은 당황스러운 일들이 생기겠지만 이 또한 지나가고, 익숙한 환경이 되겠지… 긍정적으로 생각해본다.

시간

'시간이 해결해줄 거야'라는 말을 하게 된다. 어려운 일이나 힘든 일도 시간이 지나면서 조금씩 해결된다는 위로의 말인데, 정말 힘든 시기를 겪고 있는 사람에게는 별다른 도움이 되지 않는다.

오히려 조용히 옆에 앉아있는 것만으로 위로가 된다. 위로하는 말은 힘든 상황을 더 상기시키고, 힘이 더 들어가게 된다. 그냥 따뜻한 손길로 손을 잡아주는 것만으로도 너의 힘듦을 공감한다는 무언의 말이 된다.

이맘때쯤은 항상 생각나는 곳이 있다. 그때 나는 위로를 한다고 너무 많은 말들을 쏟아낸 것 같다.

별 도움도, 위로도 되지 않았을 것 같은… 시간이 조금 더 지나면 괜찮아질 거야… 시간이 지나도 괜찮아지지 않았고 더 힘든 시기를 거치는 친구를 보며, 참 마음이 아프고 저렸다.

나이가 들면서 덮어놓고 무조건 잘될 거야… 꼭 될 거야…라는 단어보다는 긍정적인 메시지는 주면서 확정형 답은 하지 않으려고 한다. 혹시 잘 매듭짓지 못한 상황이 생길 수도 있기 때문에, 큰 기대보다는 차분히 기다리는 것을 조언해준다.

좋은 일과 나쁜 일은 같이 올 수도 있고, 한 번씩 올 수도 있기 때문에 평정심을 유지하며 스스로를 잘 컨트롤해 보자.

감기

며칠 무리를 했더니 어김없이 몸살이 났다. 아픈 몸을 이끌고, 집안 정리를 하다 보니 벌써 저녁 시간이다. 이사를 한 후에는 남편 퇴근 시간이 조금 더 늦어져서 해야 할 일들이 더 많아졌다.

감기로 인해 몸도 힘들고, 삭신이 쑤신다는 말이 여기서 나온다. 통증약을 먹고, 오후에 한숨 잤더니 조금 살 만하다. 아프니까 아무것도 하기 싫고, 그냥 자고 싶은 생각밖에 없다. 자도 자도 졸리고, 피곤하고 입맛도 없다.

한꺼번에 무엇인가를 한다는 것이 쉬운 일이 아니라는 것을 다시 한번 깨닫는다. 이삿짐을 그렇게 많이 정리했는데도 짐은 참 많았다. 이사를 와서 다시 풀어놓으니, 적당한 장소를 찾아서 다시 정리하는 것도 일이 되었다.

천천히 준비한다고 했는데도, 몸살이 온 거 보면 분명히 쉬어서 가라는 몸의 신호인 것 같다.
오늘은 정리를 미루고, 오로지 푹 쉬었더니 한결 컨디션이 좋다. 내일부터는 조금 힘을 내서 한 방, 한 방, 정리를 해보아야겠다.

정리

꾸준히 조금씩 짐 정리를 하였더니, 짐이 대략 정리가 되었다. 이삿짐 센터에서는 서랍 안에 물건을 넣고 가버리니, 다시 꺼내서 생활 동선대로 물건들의 자리를 잡아주는 것도 보통 일이 아니었다.

2년 전에 한번 해봤던 기억을 살려서, 최대한 물건의 쓰임에 맞게 정리를 해두었다. 어깨가 쑤시는 걸 보니, 오늘은 조금 많이 정리를 했나 보다.

한결 정돈된 집을 보니… 오늘 하루 열심히 정리만 했던 나에게 칭찬을 해주고 싶다. 지하창고도 테트리스를 아주 잘해서, 잘 사용하지 않거나, 계절성 짐들을 정리하였다. 어제는 몸이 따라주지 않아 짐 정리는 하나도 하지 못했는데 청소하는 동영상을 계속 보면서, 빨리 시작해야지 마음을 잡았다.

집이 어수선하니, 약을 먹어도 빨리 낫지 않는 느낌이 들어서, 오늘은 꼭 정리를 많이 해야지… 마음을 먹었다.

지저분하고, 정돈되지 않은 집안은 내 마음과 비슷하다는 유투버 동영상을 보고 최대한 신속하게 집안 정리를 했다. 정리되어가는 집을 보면서 딸아이도 본인의 방이 깨끗하게 정리된 것을 보고… 방방 뛰었다.

아직 몸 상태가 많이 좋지는 않지만 오늘 밤 푹 자고 나면, 괜찮아질 것 같다. 따뜻한 차 한 잔을 마시며, 잠시 정돈된 집을 흐뭇하게 바라본다.

청소

오늘 아침은 가스레인지 청소로 보냈다. 이사청소업체에서 청소는 했으나, 세세한 부분까지는 하지 않아서 다시 청소를 하고 있다. 찌든 때가 볼 때마다 마음에 걸려서, 이불정리를 하고 바로 장갑을 끼고 가스레인지 탈거 후 물에 불렸다. 처음처럼 깨끗하게 될까… 괜히 쇠 수세미 때문에 코팅이 다 벗겨지는 건 아닐까 걱정했었는데… 생각보다 찌든 때가 조금씩 벗겨지는 게 보였다.

처음부터 온 힘을 다해 박박 닦지 않고, 조금씩 벗기고 씻고, 닦기를 반복했다. 얼룩덜룩 찌든 때들이 없어지니까 내 마음까지 개운해지는 기분이 든다.

청소를 하면 마음이 편해진다는 사람들이 있던데, 이런 기분인가 보다 생각했다. 청소를 좋아하는 사람도 있지만 대부분은 귀찮아할 것 같다. 해도 해도 끝이 없는 살림은 주부라면 누구나 공감하는 부분이다.

깨끗해진 살림은 조금만 관리를 하지 않으면 금방 지저분해지고 더러워지기 때문에 그날그날 미루지 말고, 10~15분 시간을 정해서 딱 하는 것이 나에게는 맞다.

미루지 말고 청소를 하듯 2024년에 나에게 주어진 일을 미루지 말고 조금씩 해보자.

날씨

겨울 날씨답지 않게 따뜻한 것 같다. 겨울이 춥지 않으면 병충해가 심해서 농사를 망칠 수 있다고 어른들이 말씀하셨던 기억이 있다. 땅속에 있는 벌레들이 추운 겨울에 꽁꽁 얼어야, 농작물이 잘 자랄 수 있는 것이다.

온난화로 인해 갈수록 뚜렷한 4계절을 볼 수 없는 것 같다. 여름에는 너무 덥고 습해서 집안에서 에어컨과 제습기를 켜지 않고는 지낼 수 없게 되었다.

이사 때문에 며칠 동안 배달 음식을 시키지 않고, 장도 많이 보지 않으니 재활용품이 많이 나오지 않았다.
일회용품도 사용하지 않으니, 주방 살림도 정돈된 기분이 든다. 꼭 필요한 그릇으로 적당히 반찬을 덜고, 식사를 하니 설거지도 많이 줄었다.

무심코 쓰고, 버린 일회용품들을 줄이고 나니 살림도 간편해지고, 장을 볼 때도 조금씩 사게 되는 변화가 생겼다. 다 쓰지도 못할 물건들을 쌓아두지 말고, 꼭 필요한 물건들만 사서 쓰는 것이 경제적이고, 지구환경에도 조금은 도움이 될 것 같다.

차 수리

며칠 전부터 미뤄두었던 자동차 수리를 하러 왔다. 장거리 운전이 가끔 있는데, 아무래도 손을 보는 것이 좋을 것 같아 아침 일찍 수리 센터에 전화를 하고 찾아왔다.
다행히 손님이 많지 않아서, 바로 수리에 들어갔고 대기실에서 따뜻한 커피를 마시며 글을 적고 있다.

무슨 일이든 미리미리 해두면, 걱정이 많이 줄어드는데 특히 자동차 점검은 안전과 관련된 일이라, 자주 점검을 받고 있다. 타이어 점검, 엔진오일, 냉각수 등 기본적인 점검만 받아도 장거리를 운전을 할 때 안심이 된다.

이사를 하고, 집안이 정리되고 하나하나 계획된 일들을 진행하다 보니 내 마음까지 정리되는 기분이 든다.
차량 점검까지 받으면 주행 중 갑자기 일어날 수 있는 사고를 미연에 방지할지 할 수 있어 안심이 든다.
이사든… 차 점검이든… 조금 미루어도 사는 데 크게 지장이 없는데, 건강은 그렇지 않은 것 같다.

주변에 아픈 사람들 소식이 요즘 들어서 많이 들린다. 아직 젊은 나이이고, 돌보아야 할 자식들이 있으니… 걱정이 많이 된다. 단 하루라도 미루면 안 되는 것이 있다면 건강이 아닐까 생각해 본다.

자전거 수리

어제는 자동차 점검, 오늘은 자전거 수리를 다녀왔다. 이제 날씨가 그렇게 춥지 않아, 슬슬 외부 활동이 많아질 것 같다. 아이들과 같이 다닐 때는 자전거가 참 좋은 것 같다. 각자 자전거를 타고 다니면 풍경도 더 잘 보이고, 쉬고 싶을 때 정지하면 그곳이 쉼터가 되니 참 편한 것 같다. 자전거를 타면서 가장 좋은 점은 주차 걱정을 하지 않아도 되는 것이다.

어디를 가나 주차가 가장 걱정인데, 자전거는 세우는 것이 편해서 참 좋다. 겨울 동안 세워둔 자전거는 녹이 조금 슬고, 바퀴 바람이 빠져서 손을 보고 타야 한다.

많이 타면 바퀴에 바람이 빠질 것 같지만, 오히려 가만히 세워두면 바람이 많이 빠진다고 한다. 무엇이든 적절하게 잘 사용하는 것이 그 제품을 오랫동안 잘 사용하는 방법인 것 같다.

이사 준비와 여러가지 일들로 인해 작년 연말부터 올해 초까지는 내 주변 정리가 많이 된 시간들이었던 것 같다.
시간은 흘러서 이사도 마무리되고, 여러가지 일들도 마무리가 되어가는데, 마음의 결정이 아직 남아있다.

분명 금방 결정할 줄 알았는데, 며칠을 고민을 하고 있다. 여러 가지를 생각하고, 결정하는 것은 실수를 줄이는 가장 좋은 방법이나 너무 생각이 깊어지면, 결정의 시기를 놓치게 된다.

살면서… 그때 그걸 결정할 걸… 후회한 적이 몇 번 있다. 주변 사람들의 조언에 망설였고, 확신이 없었던 내 마음에 그냥 다음에 하자고 해버렸는데… 그때가 참 좋은 기회였었다.
사람도 자전거도 움직이지 않고, 달리지 않으면 발전이 없고, 바람이 빠진다. 충분히 생각했으면, 결정하고 그 뒤에는 좋은 생각만 하자.

모닝빵

요즘 아침에는 간단히 모닝빵 하나와 두유를 마신다. 커피를 먼저 마시던 나의 습관을 조금 바꿔본 패턴이다.
속쓰림이 심해져서 평소보다 커피를 많이 마시면, 어김없이 새벽 시간에 속이 쓰렸다.

아침밥으로 조금이라도 빵이나 바나나를 먹고 난 뒤 커피를 마시면, 속쓰림이 덜 했다. 커피를 마시지 않으면 해결될 일이지만, 나의 하루 중 가장 행복하고 소소한 사치를 포기할 수는 없었다.

커피를 마시는 건 아침잠을 좀 깨우는 의미도 있지만, 하루에 해야 할 일을 계획하고 순서를 정하는 시간을 갖는 것도 된다. 짧지만 이렇게 생각을 하고 하루를 시작하면 계획된 일을 순조롭게 잘 진행할 수 있다.

달리기할 때도 열심히 뛴다는 생각도 중요하지만, 뛸 때 불필요한 것들을 치우고 운동화 끈을 단단히 조여 매 더 좋은 결과를 얻을 수 있는 것이다.

집에 필요한 물품을 적어두었다가 꼭 사고, 불필요한 물건은 줄이고 삶은 반짝반짝하게 쓸고 닦는 습관이 중요하다. 무슨 일이든 시작에 앞서 준비시간을 스스로에게 주는 것이 내 몸에도 예열할 시간을 주는 것이다.

겨울 이 아침… 나를 위해 작은 사치… 커피 한 잔의 여유로 활기찬 하루를 시작해보자,

다시 겨울

　창밖에 눈이 내리고 있다. 내일 할까 하던 일을 오늘 오전 비를 맞으며, 서류를 작성하고 기관에 제출하고 왔다. 미루던 일은 아니었으나, 피해 가고 싶었던 일은 맞다.
　안내를 받으며 서류를 작성하는데, 연필이나 볼펜으로 글을 적는 것이 드문 요즘… 펜으로 문서를 작성하는 것은 생각보다 시간이 걸렸다.

　다행히 친절한 설명 덕분에 서류작성을 잘하고 집으로 돌아올 수 있었다. 좋아하는 커피도 미루고, 업무를 봐서 그런지… 1,800원 커피 한 잔이 굉장한 행복을 선사했다.
　저녁에 구워 먹을 고기를 사고, 아이들이 좋아하는 빵 몇 가지를 산 뒤 집으로 왔다.

　내일 할까 했던 과제도 집에 오자마자 컴퓨터를 켜고 다 해버렸다. 오늘 일을 다 하고 나니… 내일은 마치 선물 같은 하루가 될 것 같다는 상상이 된다.
　김치찌개와 밥을 해두고 창밖을 보니… 눈이 내리고 있었다. 밤 사이 소복소복 내릴 것 같다. 행복한 저녁이다.

이사를 온 뒤 자꾸 예전 집이 생각이 난다. 추억이 많은 곳이라 그런지… 이것저것 생각이 난다.

작은 마을처럼 참 정이 많은 곳이었고, 사람들도 참 좋았다. 여기에서도 새로운 사람들과 어울리며 살아가겠지만, 지금처럼 다소 한가로운 시간이 부족하다는 생각에 조금 섭섭해진다.

흘러간 시간은 다시 돌아오지 않지만, 그 추억들은 그곳에 있으니 시간이 많이 흘러도 기억에 남을 것 같다.

냉장고 수리

냉장고에 얼음이 나오지 않아 며칠 전 수리를 받았다. 몇 년 전에도 이런 일이 있어서, AS 신청을 하고 수리를 받았는데 2일이 지나도 얼음은 나오지 않았다.

슬슬 작은 짜증이 밀려오고 있었는데, 뜻밖에 제품 이상이 아니고 수도 벨브가 문제였다. 물 공급이 되지 않으니, 당연히 얼음이 만들어지지 않았던 것이다.

괜히 기사님께 툴툴대지 않은 것을 정말 다행이라고 생각하였다. 요즘 집안 곳곳 점검받을 일이 많아서, 외부에서 기사님들이 많이 오시는데… 가끔 신입 기사님이 오셔서 수리시간도 오래 걸리고, 두세 번 오시는 경우도 있었다. 그럴 때마다 내 신입 시절이 생각이 났다.

오늘은 사수 선배와 같이 온 기사님을 보면서 더욱 예전 내 신입 시절이 생각났었다. 나도 선배를 졸졸 쫓아다니며, 하나라도 더 배우려고 했던 적이 있었지… 하면서 옛 추억을 떠올려보았다.

누구나 처음에는 실수를 하고, 잘 모르는 것 투성이다. 시간이 지나고 노하우도 생기고, 손에 일이 익으면 시간도 빨라지고, 잘 고치게 된다.
지나가는 길 은행, 음식점, 가게에서 신입직원을 만났다면 잠시 시간을 드리는 것이 가장 좋은 배려일 것이다.

오늘도 냉장고 수리를 통해 내 신입 시절 추억과 작은 배려를 떠올리는 값진 아침을 맞이하고 있다.

산골 생활

요즘 산골에서 부부가 생활하는 유투브를 자주 본다. 말 한마디 없고, 오로지 생활 소음과 자연의 소리가 나오는데 보고 있으면 참 힐링이 된다.

그저 하루 3끼 밥을 하고, 소소한 농작물을 관리하는 것 정도를 보여주는데… 그 화면 자체가 힐링이 된다.
해외여행을 가고, 좋은 옷이나 물건을 사는 것보다 이런 영상 하나가 나에게는 큰 힐링 포인트가 된다.

좋은 기분으로 아침을 맞이해서 그런지… 행복한 마음마저 든다. 어제 저녁 일찍 잠자리에 들어서… 숙면을 취할 수 있었고… 밥도 잘 챙겨 먹어서 속쓰림 증세도 없다.

하루하루 이렇게 소소한 행복을 맞이한다는 것을 예전에는 잘 알지 못했다. 그저… 하루하루 바쁘다, 바빠, 말만 달고 살았다. 그냥 조금 여유를 가지면 될 것을… 왜 그랬을까… 싶지만 이제는 그런 후회나 미련도 품지 않는다.

왜냐하면, 그때로 돌아가도 그렇게 바쁘게 하루하루를 살아가고 있을 테니 말이다. 그 시절에는 그렇게 바쁘게 사는 게 맞는 것일 수도 있다고 생각해버렸다.

아침 일찍 아이들을 챙기고, 목욕을 다녀오니 상쾌한 기분이다. 상쾌한 마음으로 오늘 하루도 파이팅이다,

세차

가끔 세차를 하면, 기분이 참 좋아진다. 기계 세차라서 빨리 되기도 하고, 대포 같은 물줄기로 쏘는 것만 보아도 덩달아 상쾌해지는 것 같다.

지방을 가거나, 중요한 일이 있을 때는 기름을 가득 넣고, 타이어도 점검하고 마지막으로 세차를 한다.
이렇게 하고 나면 어디를 가든 마음이 편해진다.

세차를 끝낸 차에 묻은 물기를 털어주고, 닦아주면 먼지들이 말끔하게 사라져버린다. 내 마음속 작은 걱정도 이런 세차 한 번으

로 사라져버리면 얼마나 좋을까 생각해본다.

살다보면 고민이 참 많다. 작은 고민, 큰 고민을 떠나서 우리는 항상 걱정하고, 고민하고, 힘든 일을 겪어 나간다. 이럴 때 주변에 사람들이 도움을 주고, 나도 도움을 필요로 하는 곳에 도움을 드린다.

스스로 해결하지 못하는 문제가 있을 때는 꼭 내 힘만으로 손 세차를 하지 말고, 가끔은 남의 손을 빌려서 문제를 쉽게 넘기는 것도 삶의 지혜이다.

처음부터 세차를 하면 힘도 많이 들고, 지치지만 기계 세차 한 번 이후 세차는 많이 쉬워지는 것처럼 혼자서 말고, 여럿이 함께.

새벽 운전

오랜만에 새벽 운전을 했다. 차가 많으면 아무래도 운전 피로감이 크기 때문에 차가 없는 새벽에 출발하여 지방에 왔다. 오랜 시간 운전으로 몸은 피곤하지만, 잘 도착했다는 생각에 안심이 되었다.

짐을 풀고 할 일을 다 해두고, 목욕탕에 다녀오니… 세상 상쾌한 기분이 든다. 세상에서 가장 아깝지 않은 돈 중 하나가 목욕비가 아닐까 생각된다.

짧은 시간에 뜨거운 탕 안에 몸을 잠시 담그는 것만으로도 피로가 싹 풀린다. 운전하면서 쌓인 피로감과 일을 하면서 쌓인 피곤함이 한 번에 싹 사라진다.

고단했던 하루가 한 번에 보상받는 기분은 만원이 되지 않은 돈으로 살 수 없는 행복이다. 이런 소소한 행복 속에 하루하루를 살다 보니… 더 긍정적인 생각이 많이 드는 요즘이다.

예전에는 바쁘다는 핑계로, 이런 소소한 행복이 주는 행복감을 크게 생각하지 않았다. 그런데, 지난 2년 동안 스스로를 돌아볼 계기가 생기면서 나는 정말 많은 생각을 했다.

이런 소소하지만 확실한 행복이 가장 큰 행복이라는 것을 나는 이제 안다. 참고 인내해야 큰 행복이 찾아온다는 것 보다… 하루하루 주어진 시간에 충실하며, 행복한 하루하루를 살아갈 것이다.

연휴

연휴가 이제 막바지이다. 정말 새해가 시작되었고, 이제는 2024년을 정말 힘차게 살아나가야 시기이다.

오랜 시간 동안 나는 스스로를 컨트롤하는 시험을 많이 했고, 시행착오도 많이 했었다. 힘든 시기를 거처서 이만큼 성장할 수 있었고, 이겨낼 수 있었다.

휴식의 시간 동안 참 많은 것들이 바뀌었고, 없어진 것들도 많다. 2년 전에 나도 없고, 이제는 오로지 힘을 내서 개척정신이 필요한 순간이 온 것이다.

생각해보면 모든 일은 내 마음먹기에 달려있었다.
그저 아무 일도 아니라고 생각하고, 일을 시작하면 그 일은 진짜 아무 일도 아니게 된다. 하지만, 덜컥 겁부터 먹게 되면, 시작부터 힘이 많이 들어가게 되고, 힘도 많이 든다.

2년의 시간 동안 봄바람 불 때는 잠시 그 바람을 즐기고, 여름에는 따가운 햇볕을 잠시 피해 휴식을 취하고,
가을 단풍을 놓치지 말고, 코끝 쨍한 겨울을 그리워하는 마음

으로 하루하루 잘 지내보아야겠다.

무료 커피

  어제 일찍 잠자리에 들어서 그런지 오늘 아침 반짝 눈을 뜨고, 일찍 하루를 시작하였다.
  이런 날은 몸이 가벼워서, 세수만 하고 밖으로 나갔다.
  동네 커피숍에 무료 커피 행사를 해서, 커피 한 잔을 받아서 잠시 산책을 하였다. 급한 일도 급하게 갈 데도 없는 지금이… 참 여유롭다.

  곧 일이 많아져서 바쁘겠지만, 그 또한 즐기면서 하루하루 살아보려고 한다. 행복은 내가 스스로 하나씩 만들어가는 것이라서, 누구도 만들어주지 않는다는 것을 지난 2년 동안 깨달았다.

  행복한 하루를 맞이한 하루하루가 쌓여서 365일 1년이 행복한 한 해가 만들어진다. 올 연말 크리스마스 트리를 만들 때는 한 해 동안 행복했던 일을 글로 적어서 트리에 장식해야겠다.

따뜻하고 향긋한 커피 한 잔이 하루를 상쾌하게 만들고, 즐거운 하루를 만들듯이 내가 가장 좋아하는 일들을 하면서 3월부터는 일에 지치지 말고, 즐기면서 생활할 수 있도록 해야겠다.

강변북로

오랜만에 강변북로를 지나 남산터널을 지나왔다.
올해 1월부터는 도심 진입 시에만 통행료를 받는다는 현수막이 눈에 들어왔다.

몇 년 정도 서울을 떠나, 조금은 한적한 곳에서 살다 와서 보니, 서울이라는 도시가 새롭게 보였다. 공사 중이던 다리도 많이 지어졌고, 도심에 들어갈수록 새롭다는 생각이 들었다.

한강을 가운데 두고 올림픽대로, 강변북로를 차로 다니다보면 밤에 야경이 참 예쁘다는 생각을 많이 했었다.
한강 물에 비치던 반짝이는 불빛이 한참을 보고 있을 만큼 예쁘다는 생각을 했었다.

지금도, 예전에도 한강은 그대로 흐르고 있는데, 예전이랑 지금 내가 바라보는 느낌이 다르다.

바쁘게만 지냈던 20대 시절에는 피곤한 몸을 이끌고, 집에 빨리 가서 쉬고 싶다는 생각만 했었는데, 지금은 물빛이 느껴지는 걸 보니… 정말 내 마음속에 작은 여유가 생겼나 보다.

작은 여유를 가질 수 있는 쉼을 통해 나는 오늘도 즐거운 하루를 보내려고 한다. 5분의 여유가 하루를 윤택하게 하고, 마음의 평안을 가져온다. 내가 즐거우면 주변에도 긍정의 에너지를 줄 수 있으니… 오늘도 5분만 쉼을 실천해보자.

비가 내리고 있습니다

어제 기상청에서 비 예보를 하더니… 정말 비가 내리는 아침이었다. 이사 철이라서 창밖에는 이삿짐을 옮긴다고 분주한 모습이었다.

얼마 전 우리 집도 이삿짐을 옮겨서… 남의 일 같지 않게 한참을 보았다. 이사를 하려면 그 전부터 이것저것 신경쓸 일이 많고, 챙겨야 할 것들도 많다.

비가 온다는 것을 미리 알았으면 이사 날짜를 변경하였겠지만… 하늘이 하는 일을 인간 세상에서 100% 다 알기는 힘들기에… 오히려 긍정적으로 생각해본다.

이사하는 날 비가 온다는 것은 내리는 빗방울 수만큼 행복하고, 풍족하게 산다는 것을 의미하니 이사 가서도 잘 살 거라는 믿음으로 생각해본다.

나는 유독 비 오는 날을 좋아한다. 다들 길거리 다니기 힘들다고 이야기하는데… 나는 이 아침 비가 선사한 차분한 마음과 공기에서 느껴지는 촉촉한 감촉이 참 좋다.

비와 함께 맞이하는 오후 시간은… 유독 나에게 선물 같은 시간이다. 따뜻한 커피 한 잔과 잔잔한 음악… 더 필요한 것이 없을 정도이다. 봄을 알리는 봄비가 유독 반가운 오늘… 행복한 오후 시간을 보내보자.

수영

　우연히 수영을 시작하게 되었다. 풍덩풍덩 물놀이하는 수준이지만, 그냥 물속에서 잠시 멍하니 있는 것만으로도 운동이 되는 것 같아 오늘도 신나게 나왔다.

　구에서 운영하는 곳이라도 물도 깨끗하고, 안전요원도 있고 무엇보다 마음 편하게 오로지 물놀이를 할 수 있어서 좋다.

　상급자 코스와 초보자 코스가 있어서 다른 사람 눈치를 볼 필요가 없으니, 2시간 동안 신나게 잠수도 하고 개구리 수영으로 수영 흉내를 내본다.

　수영복을 입고 하는 일이 번거롭다고 생각했는데 한두 번 해보니… 너무 재미있었다. 무엇보다 기분이 상쾌해져서 다른 운동보다 힘들다는 생각을 하지 않는 것 같다.

　예전에 목적이 있는 운동을 할 때는 재미보다는 무조건 해야 한다는 강박이 있었다. 하루 5끼를 먹고, 7~8시간 조깅, 헬스를 하면서 몸을 만들었다.

그때 기억 때문인지… 헬스를 신청했다가도 잠깐 스트레칭만 하고 샤워하고 집으로 왔다. 한번 운동에 대한 힘든 기억 때문인지… 그렇게 힘들게 운동을 하고 싶지 않다.

배움에는 항상 그때 그만큼의 노력의 시간이 있는 것 같다. 무엇인가 열심히 할 때는 그때 그 시절에 꼭 필요해서 했던 것처럼… 나는 이제 또 다른 시작을 위해 재미와 노력 두 가지를 동시에 생각해본다.

발걸음

내가 걷는 이 길이 내가 하고 싶은 일을 할 수 있는 길이 되길 소망한다. 가벼운 발걸음으로 길을 걷고, 또 걷다보면 어느새 목적지에 도착해있을 것이다.

긍정적인 생각을 하고, 마음속으로 무슨 일이든 잘 될 거라는 믿음만 있다면, 이미 목표의 반은 달성한 것이라고 생각한다. 시작이 반이라는 말을 많이 하는데, 긍정적 생각만으로 일을 가볍게 시작할 수 있는 에너지가 생겨난다.

그 에너지를 바탕으로 힘차게 현관문을 열고 밖으로 나가보자. 내가 걷는 이 길이 긍정의 길로 가는 길이라고 바라고, 바라보면서 말이다.

살다보면 고난의 시간이 있다. 그렇다고 그 고난의 시간이 평생 가지는 않는다. 고난의 시간이 왔을 때 힘없이 가만히 있지 말고, 밖으로 나가서 힘차게 걸어보자. 의도하지는 않았지만 그 고난의 길이 생각보다 아무 일도 아니게 빨리 지나갈 수도 있다.

마음이 몸을 지배하려 할 때는 오히려, 힘찬 발걸음으로 마음속 걱정을 눌러버리자… 몸을 움직이면 움직일수록 머리는 가벼워지는 것을 느낄 수 있을 것이다.

내가 걷고 있는 이 길이 쌓이고 쌓여서, 내 인생의 길이 되고, 지도가 된다. 힘찬 발걸음으로 내 삶의 지도에 많은 행복의 발자국을 남겨보는 하루하루를 살아가도록 노력하자.

비가 내리는 날

　이번 주는 계속 비 소식이 있다. 비 오는 날 자욱한 안개가 마치 영화 속 장면같이 보여서 한참을 보았다.

　그런데, 그 아름다운 풍경 속에서 앞이 보이지 않을 정도로 뿌연 연기 속에서 재활용품 정리에 바쁘신 관리실 직원분들이 보인다.

　여기가 직장이서서, 해야 할 일을 하시는 것이지만… 박스를 펴지 않고 버린 주민들 때문에 더 바쁘게 움직이시는 것 같았다. 꼭 해야 할 일을 귀찮다고 하지 않은 몇 사람들 때문에 가끔 분리수거장이 엉망이 된다.

　아파트 알림을 통해 방송도 하지만, 깨진 유리 이론처럼 한사람이 그렇게 버리고 가면, 종이 박스 산은 한순간에 무너져서 아주 보기 싫어진다.

　비 오는 아침… 일은 많고 해야 할 일은 많으신 직원분들 뒷모습을 보면서 같은 주민으로 부끄러워졌다.
　나 하나쯤이야… 그런데 그건 다른 사람에게 피해를 주지 않는 선까지이다. 그 선을 넘는 순간… 서로 불편해진다.

가끔 음식점이나 커피숍에서 타인의 배려 없이 행동하는 사람들을 보고, 그 자리에서 바로 커피를 옮겨 담고 나왔다. 내가 지불한 커피값에는 커피도 있지만, 그날 나의 좋은 기분과 여유도 함께 있기에… 그 좋은 기분을 깨고 싶지 않아서 피해버린 것이다.

조용히 해주세요. 그 한마디를 하면 되지만… 그 말을 하는 순간 내 기분도 다운되기에… 항상 조심하려고 한다. 그런데, 오늘 아침 분리수거장을 보면서, 혹시 내 옆에서 박스를 그대로 버린다면… 내가 힘차고 큰 목소리로~~~ 박스는 펴서 버리는 게 예뻐요. 하고 내가 대신 펴서 버려야겠다고 생각했다.

타인에 대한 배려는 사람 사이의 선을 넘지 않을 때 아름답고, 존중되는 것이기에… 충고는 하되 젊었을 때처럼 직진보다는 우회도로를 타서 조금 천천히 가더라도 내 뜻이 전달되는 방법으로 충고해보는 방법을 써봐야겠다.

군만두

어제 저녁에 딸아이가 내일은 소고기 콩나물국 대신 군만두가 먹고 싶다고 하면서 잠이 들었다.

주말에 손님이 오셔서, 국을 조금 더 많이 했더니 월요일까지 그 국을 먹을 수밖에 없었다. 사실은 소고깃국은 양을 많이 해야지 국물에 깊은 맛이 나서 국이 더 맛있다.

아직 어린 딸은 몇 번 식사에 같은 국이 올라오니… 싫증이 났나 보다. 두말없이 국을 비워주는 남편과 아들도 같은 마음이지 않았을까 생각했다.

휴직을 하면서 배달 음식보다는 한두 가지이지만 집에서 밥을 해먹으려고 했더니… 아이들이 외부 음식보다는 집밥을 선호하게 되었다. 사실은 참 좋은 일이지만, 매 끼니를 고민해야 하는 나는 가끔은 외식이 반갑다.

누군가 그런 말을 해주었다. 세상에서 제일 좋은 차는 남이 운전해주는 차고, 제일 맛있는 음식은 다른 사람이 차려준 음식이라고… 나도 그렇다.

웬만한 음식은 그냥 나는 다 맛있게 잘 먹는다. 특히나 살림을 하면서, 이 음식을 만들려고 들어간 시간과 공을 알기에… 맛있게 잘 먹는다.

음식을 하면서 준비 과정과 조리 과정, 식탁 차리기까지 모두 내 손으로 하니 이제는 손에 많이 익었다.
지금 하고 있는 이 백일백장도 이제 준비 과정이니… 곧 식탁 차리기를 하고 손님들을 초대할 날을 기대해본다.

다시 시작

3월은 입학, 입사 등 새롭게 무엇인가를 시작하는 시기다. 1월 1일 새해 다짐을 하고 두 달이 지난 지금… 나는 그 다짐들을 잘 이행하고 있나 뒤돌아본다.

나이가 들어가면서 언행을 조심하자고 다짐해보았는데, 그 다짐은 참 쉽게 깨지는 것 같다. 뒤돌아서서 후회할 말들을 왜 꺼내놓았을까….

3초의 시간만 숨을 참고, 그 말을 속으로 삼켰다면, 오늘 아침 개운한 마음으로 출근할 수 있었을 텐데…. 계속 어제의 일들이 자꾸 떠오른다.

하지 않아도 될 말과 행동을 알면서도 하는 것은 고의적으로 다른 사람의 마음에 상처를 주기 위함이다.

독한 말은 한번 시작되면 끝없이 독한 말들이 이어지기 때문에 중간에… 아차, 잘못되었구나 제정신이 들면, 바로 자신의 행동을 뉘우칠 필요가 있다. 생채기가 난 마음이 금방 풀리지는 않지만, 그래도 시간을 끌어 성난 마음의 골이 깊어지는 것보다는 좋다고 생각한다.

그래… 2024년은 내 말과 행동에 한번 더 신중함을 가지고 생활할 수 있는 하루하루를 살아보자.

100일이라는 시간 동안 100번의 글을 올리면서 내가 할 수 있는 최선의 예쁘고, 정다움이 있는 글을 적을 수 있도록 노력해야겠다.

화장품

　오랜만에 화장품을 몇 개 구매했다. 코로나 기간 때는 마스크를 계속 하고 다니니 굳이 색조화장을 할 일이 없었고, 휴직을 하면서 더 화장품을 살 일이 없었다.

　어제 출근 준비를 위해 화장품을 보니, 팩트와 립스틱 정도만 있어서 마음먹고 화장품 가게에 가서 마스카라도 사고, 건조한 피부를 위해 미스트도 샀다.

　참 오랜만에 나를 위한 물건들을 이것저것 고르고, 구매해보았다. 없을 때는 몰랐는데, 막상 사용해보니 얼굴에 생기가 돌고, 조금 더 욕심을 부려 볼터치도 해볼까 생각이 들었다.

　반복되는 일상에서 이제는 다른 일정들을 소화해야 하는 나에게… 이런 작은 변화를 주는 것도 괜찮은 방법이구나… 느끼게 된다. 매일 입던 체육복 대신 정장을 입고, 구두를 신으니… 마음가짐이 조금 달라진다.

　편한 옷을 입고 커피 한 잔을 마시던 작년과는 다르게 딱 맞는 옷을 입으니 많이 불편하지만… 이것 또한 조금 지나면 익숙해지겠지… 생각해본다.

 옷차림과 화장이 주는 기분전환을 느끼면서 오늘도 즐겁게 생활해야겠다. 오늘은 또 어떤 일들이 생길까… 누구를 만나게 될까… 작은 설렘의 마음을 가져본다.

감기

 익숙하지 않은 일을 며칠 하니, 결국 몸이 아프다는 신호를 보냈다. 콧물이 나더니, 이제는 조금씩 두통이 오기 시작했다. 긴장된 마음으로 며칠을 있다 보니, 몸이 많이 힘들었나 보다. 이럴 때는 잠시 휴식을 갖는 게 좋다.

 작년에도 이맘때쯤 몸살에 걸려서 병원에서 약을 먹고, 며칠 집에서 쉬었던 기억이 있다.
 이럴 때 괜찮겠지 하고, 무리를 하면 진짜 많이 아프게 된다. 다른 사람도 힘들 걸 참고 일하고 있는데, 나도 조금만 참고 견뎌보자는 것은 신입사원 때 패기로는 가능한 것 같다.

나도 그랬다. 참고, 인내하면 언젠가는 좋은 날이 오겠지 하고 참고 또 참았다. 그런데, 그렇게 몇 년을 보내다 보니 몸 이곳저곳에서 고장 신호를 보냈다.

소화불량도 시작되고, 편두통도 오게 되었다. 소화제와 두통약으로 버티는 것도 힘들어지고 잠시 쉬는 게 답이었다.

업무 스트레스는 모든 일을 멈추고, 그 자리에서 잠시 쉬어가는 게 답이다. 꾸역꾸역 일을 하는 것만큼 미련한 일이 없는 것이다. 힘들 때는 잠시 쉬자… 그래야 다른 일을 잘 할 수 있다.

이제는 나도 안다. 몸에서 보내는 신호를 무시하면 안 된다는 것을… 외면하지도 말고… 잠시 그 자리에서 잠시 쉬어가자. 일할 때 마시는 커피 한 잔의 여유보다 내 몸에서 보내는 작은 신호를 잘 알고, 커피 한 잔의 여유를 가져보자.

행운

뜻밖의 행운이 오면… 예전에는 내가 좋은 일을 해서 복을 주나

보다 생각했었다. 그런데, 요즘은 누군가 우리를 위해 기도를 많이 해서 우리에게 좋은 일이 많이 생기나보다 생각하게 되었다.

걱정하고, 고민했던 일들이 순조롭게 진행되어가고 오히려 일이 잘 풀리면 마음에 평안이 찾아온다. 그 평안 속에서 사람들은 하루하루를 보내게 된다. 가끔 찾아오는 걱정의 시간도 이런 편안한 시간을 지나왔기에… 이겨낼 수가 있다.

행운은 이런 어려운 시기에 스스로 어떻게 대처하느냐에 따라서, 위기를 기회로 만들 수 있고… 오히려 더 좋은 일들이 생겨날 수 있다. 어려운 일들이 생겨났을 때 긍정적인 생각을 가지고 말과 행동을 한다면, 스스로 생각한 대로 일은 흘러가 있을 것이다.

너무 걱정하고, 고민하지 말고 밖으로 나가서 사람들과 즐겁게 이야기해보자. 우연한 만남과 대화를 통해
　문제의 해결방안을 찾을 수 있고, 많은 용기와 자신감을 얻을 수 있을 것이다.

비 소식

오후부터 비 소식이 있다는 뉴스를 보고, 우산을 챙겨서 나왔다. 우산이 집에 참 많지만, 꼭 필요한 순간에 없어서 편의점에서 구입했던 적이 여러 번 있었다.

봄비가 반가운 농부들처럼 나도 비가 반갑다. 요즘처럼 자차로 이동하지 않고, 대중교통을 이용할 때는 더 비가 반갑다. 차창 밖으로 보이는 빗물이 참 예쁘게 보이고… 비오는 날 생각 정리가 잘되는 것 같은 기분이 든다.

아침에 구입한 커피를 텀블러에 옮겨 담고, 버스에 타니… 이제부터 40분 정도는 손도 눈도 자유롭게 내가 하고 싶은 것을 마음대로 할 수 있어서 좋다. 운전을 할 때는 신호등, 옆 차, 앞 차. 신경 써야 할 것들이 많아서 출근길이 피곤하였는데 이제는 버스 시간만 잘 보고 승/하차를 하면 되니 정말 편하다.

예전에는 몰랐던 것들이 휴직 이후에는 새롭게 느껴진다. 회사 출근 시 주차 때문에 스트레스 받았던… 그때… 그냥 버스를 타면 될 것을… 멈추면 비로소 보인다는 어느 스님의 책 제목처럼 나도 잠시 멈춰서 세상을 보니… 처음 보는 것들이 많다.

사실 처음 보는 것이 아니라… 내가 주의 깊게 보지 않고 지나 쳤던 것들이었을 텐데… 이제는 눈앞에 잘 보인다.

이제라도 그 소소함이 가져다주는 편안함과 행복을 느끼면서 월급이 주는 만족감을 얻으러 출발해보려고 한다.

신앙

오늘 아침에 소중한 이야기를 잠시 나누었다. 나는 원래는 불교 신자에 가까웠다. 어릴 때부터 집에서 제사를 지내고, 절에 가는 것을 좋아해서… 누가 종교가 뭐냐고 물어보면, 불교라고 대답하곤 했다.

그런 내가 기독교인이 되기까지 정말 오랜 시간 나를 위해 기도 해주신 분들이 있다. 바로, 대학 은사님 부부이신데, 학교 다닐 때 도 아끼는 제자가 하나님 곁으로 가까이 가길 기도하셨지만… 나는 졸업을 하고, 직장을 다니면서도 교회에 나가지 않았다.

그러던 어느 날, 새로 집을 옮기면서 나는 나쁜 꿈들을 꾸게 되었다. 매일 매일 악몽에 시달리다 보니, 큰 형부가 달마도 그림까지 스님에게 부탁드려, 족자로 만들어주셨다. 신기하게도 며칠까지는 나쁜 꿈을 꾸지 않았다.

며칠이 지나자 나는 또 악몽에 시달렸고, 새벽 2~3시에 온몸이 땀에 젖은 채 일어나기를 반복했다.
출근을 준비하던 어느 날 교수님께서 집 주소를 물어보셔서, 문자로 보내드렸더니 성경책과 성경 관련 책이 배송되었다.

은사님이 보내주신 책들이라… 성경책은 침대 위에 책들은 책꽂이에 두고, 출근을 했다.

그런데, 그날 이후부터 내 악몽은 끝났다.
참 신기한 경험이었다. 뭐지… 바뀐 것은 성경책이 우리 집에 온 것인데… 그 뒤로도 나는 성경책을 침대에 두는 습관이 생겼다.

2년 뒤 전세 만기가 끝나고, 그 집을 나온 뒤 새로운 곳에 이사를 한 곳에서 나는 나도 모르게 교회 예배당에 앉아있었고, 눈물을 흘리고 있었다.

그날 예배 전 찬송가 피아노 반주가… 내 마음속에 들어왔고, 10년을 넘게 제자를 위해 기도하셨던 은사님 부부의 마음이 나에게 닿았다. 그날 흘렸던 눈물은 아마… 하나님을 만나서 행복함과 은사님에 대한 죄송함이었던 것 같다.

그 뒤로 나는 수, 금, 토, 일 예배와 청년부 모임에 열성을 다했다.

도움

남편 와이셔츠를 세탁 맡기러 상가에 가던 길이었다. 시각장애인 어르신과 중학생쯤 보이는 학생이 나란히 이야기를 하면서 걸어오고 있었다.

나는 할머니와 손녀인가 보다 하고 생각했었는데, 유심히 보니 처음 보는 사이였다. 학생이 할머니께서 가시는 곳까지 길잡이를 해드리고 있었던 것이었다.

지하철, 버스를 타도 요즘은 어르신께, 어린아이를 둔 아기엄마에게 자리를 양보하는 일이 흔하지 않은 시대가 되어버렸다.

어르신들께 자리를 양보하지 않으면, 다른 사람들의 눈총을 받고, 자리를 양보받은 어르신은 학생들의 가방을 받아주던… 그 시절 그 광경은 이제 사라졌다.

처음 보는 사람에게 적개심을 가지고, 남이 베푸는 친절은 의심의 시선으로 바라보는 시대에 살고 있어서 살짝 서글픈 생각이 든다.

그런데, 오늘 본 잠깐의 광경은 오랫동안 생각이 났다.

아마도 꽃구경을 나온 사람들 사이에서… 걷는 게 힘드셨을 할머니를 먼저 보고 학생이 도움의 손길을 내밀었을 것이다.

그냥 보기에도 착하고, 순하게 보이는 학생은 커서도 훌륭한 사람이 되겠다… 생각했다.

내가 내민 작은 손길이… 호수에 잔잔한 물결이 되어 퍼지듯… 그 학생의 손길이 내 마음속… 거기에 있었던 사람들 마음속에 물결이 되었으리라… 믿는다.

꽃구경

2024년 4월 봄이 너무 예쁘게 지나가고 있다. 이렇게 예뻐도 되나 싶을 정도로 꽃길은 사람들의 마음을 설레게 한다.

아이들도 꽃구경이 좋은지… 싱글벙글 하루 종일 신이 나 있다. 돈으로도 살 수 없는 게 있다면, 이 귀중한 시간일 것이다. 3, 4월에만 느낄 수 있는 따스한 봄바람과 따뜻한 햇살 덕분에 겨울 동안 잠자고 있던 몽글몽글 기분 좋음이 올라오고 있다.

요 며칠 꽃향기를 남기고, 꽃잎들은 바람에 날려서 눈꽃처럼 이리저리 날아다닐 것이고, 조금만 더 지나면 뜨거운 여름이 올 것이다.

꽃향기를 느낄 수 있는 시간이 정해져 있다는 것을 알기에 하루하루 매시간이 소중하다. 인생의 여정도 비슷하지 않을까… 그저 계속 머무를 것 같지만 때가 되면 해야 할 것이 생겨나고, 때로는 마무리 지어지는 일들도 있다.

무슨 일이든 그때 그 순간을 소중히 생각하며, 조금 힘들더라도 자신의 마음을 너무 괴롭히지는 말자.

애쓰면서, 스스로를 괴롭히면 나만 힘들어진다. 그리고 내가 힘들면, 주변 가족들에게도 그 마음이 전해질 수 있으니… 내 마음을 잘 관리하는 것이 매우 중요하다.

우리가 아는 것처럼 이 또한 지나가는 일이기 때문이다.

봄비 소식

 오늘은 비 예보가 있다고 한다. 출근 전 우산을 챙기고, 아이들 우산도 챙겨야겠다 하면서 자리에서 일어났다.

 이제 내 마음을 설레게 하였던 벚꽃 구경도 내년을 기약해야 할 것 같다. 오늘 비가 내리면, 대부분의 꽃잎이 모두 떨어질 것 같기 때문이다.

 한 달 남짓이었지만, 아침마다 눈부시게 하얀 꽃들이 참 많이도 예쁘고, 사랑스러웠다. 아이들 등굣길을 예쁘게 만들어주었고, 내 마음도 설레게 하였다.

 첫 출근, 등교 모든 것이 낯설기만 했던 3월이 그나마 봄꽃들로 인해, 긴장했던 마음들을 녹였으리라 생각된다.

 적응을 조금씩 하고 나니, 어느덧 4월 중순에 접어들고 있다. 그렇게 시간이 조금씩 지나고 있었다.

 이제는 내 몸도 마음도 적응이 되었는지… 같은 시간에 눈이 반짝 떠지고, 주말에도 피곤하기보다는 아이들과 재미있게 하루를 보낸다.

   예전 주중에 업무가 많거나, 스트레스를 받는 일들이 많았을 때는 주말에는 그냥 잠만 잤던 것 같다. 그렇게 잠을 자고도… 피곤한 월요일 아침을 맞이하였다.

   오늘 아침 풀꽃들을 작은 손으로 하나씩 담아가는 딸아이의 모습이 너무 귀여웠다. 지나가는 봄을 예쁘게 담아서, 총총 학교로 가는 아이의 뒷모습이 예쁘다.

   나도 지나가는 봄을 내 마음속에 꼭꼭 담아두어야겠다. 올봄에는 새로운 일들을 많이 해서, 유독 기억에 남는 봄이다.

아침 음악

   무심코 마셨던 모닝 커피 대신 따뜻한 차를 마신 뒤부터 내 몸에는 조금씩 변화가 찾아왔다.

잦은 두통이 없어졌고, 새벽에 있었던 속쓰림 증상이 없어지니… 숙면이 찾아왔다. 아침에는 무조건 커피를 마셔야 한다는 약속된 일정을 나는 몇십 년을 꼬박꼬박 잘 지키고 있었던 것이다.

이제는 달콤한 유자차나, 부드러운 밀크티로 하루를 시작한다. 더운 날씨에는 빛깔 좋은 오미자차로 하루를 시작하려고 한다.

비 오는 날 아메리카노 마시는 걸 그렇게 좋아했는데, 이제는 커피 버튼 대신 다른 차 종류를 주문하는 내 모습을 보면서… 참 습관이 무섭구나 싶었다.

고소한 커피가 내 위를 아프게 하였구나 싶다. 그동안 참 많은 커피를 마셨으니… 이제는 조금 더 줄여보려고 한다. 정말 마시고 싶은 날에는 아메리카노를 마시면 그만… 스트레스가 최대의 적인 걸 알고 있으니~ 굳이 참지는 않는다.

무엇보다 숙면을 하니… 아침 컨디션이 너무 좋다. 이렇게 반짝 눈을 뜨고 나니… 하루가 참 알차다.
비가 내리는 아침 오늘은 또 어떤 하루를 보낼지… 행복한 하루를 위해… 활짝 웃어본다.

불빛

반짝 하고 아침에 일어나 거실 등을 켜고, 커튼을 연다. 매일 내가 아침마다 하는 루틴 중 하나인데 오늘은 유난히 아파트 정원에 핀 꽃들이 눈길을 잡는다.

반짝반짝 아침햇살을 받아서, 유독 꽃잎들이 빛을 내는 것 같이 보여서 기분이 좋았다. 아침 이슬을 살짝 머금어서 더 예뻐보이겠지… 하면서 하루를 시작해본다.

아이들 책가방 준비물을 살피고, 아침 식사를 간단히 준비해둔다. 매일 아침 10분 정리정돈은 생각보다, 쉽게 할 수 있어서 매일 매일 한다. 그러면, 한 번에 대청소를 해야 하는 부담과 시간에서 벗어날 수 있다.

아침 햇살만큼 눈부신 아이들이 잠에서 깨면, 옷을 갈아입히고 토마토와 아침밥을 먹인다. 금방 자고 일어났는데도, 그래도 밥도 잘 먹고 등교 준비도 잘하는 아이들이 고맙다.

전쟁 같은 아침 등교 준비를 하지 않아도 되니… 얼마나 고마운 아침인지 모르겠다.

행복한 하루를 맞이하는 일이 얼마나, 중요한지 알 것이다. 아침 기분이 하루 컨디션을 좌우하기에 될 수 있으면, 아침은 활기차게 보내야 한다.

눈부신 햇살이 반짝이는… 오늘 아침도 파이팅.

오미자

시원한 오미자 한 잔으로 오늘 일과를 마무리지어 본다. 아침 일찍부터 해야 할 일이 많았지만… 그래도 별 무리 없이 마무리되었다. 참 다행이다.

아직, 계획된 일들은 많지만 그것 또한 잘 될 거라는 믿음으로 스스로에게 긍정의 에너지를 보내본다.
동기부여가 신입 때는 다른 곳에서 불어오는 바람이라고 생각했다.

그런데, 동기부여는 내 마음속에서 잔잔하게 부는 산들바람 같은 것이었다. 억새바람처럼 강하게 와닿지는 않지만… 지속적으로 내 마음을 청량하게 만들어주는 산들바람이 진정한 동기부여였다.

억새바람이 인센티브, 연봉협상이라면, 산들바람은 오늘처럼 일과가 끝나고 난 뒤 시원하게 마시는 오미자차 한 잔이다. 이는 오늘 나를 위한 동기부여가 되었다.

확실한 행복이다. 그리고, 내가 언제든지 결정할 수 있다. 참 좋다. 이런 작은 결정권이 나에게 있다는 것이 얼마나 행복한지… 일이 바쁘고, 힘들 때는 잘 몰랐다.

그저 높이 올라가야 그 바람을 맞이할 수 있는 것으로 알았다. 몇 년 동안 나에게 많은 일들이 있었다.

그 사이 나는 나의 내면을 볼 수 있는 작은 힘이 생겼다.
그 힘으로 내 작은 손길이 도움이 되는 곳에 힘을 나눠드리고 싶다. 생체시간이 100이면 나는 그동안 120~130을 쓰고 있었다.

그래서 빨리 지쳤다.
휴식과 휴직은 나에게 그동안 먼저 사용해버린 에너지를 보충하는 시간이었다.

밀크티

　아침에 달콤하고, 시원한 밀크티를 마시면서 속쓰림 증세가 많이 없어졌다. 이제는 커피 종류 대신 다른 차를 자연스럽게 마시는 걸 보니 진한 커피를 마시는 습관이 많이 사라진 것 같다.

　진한 에스프레소를 즐겨 마셨던 나는, 아마도 회사 일에 지쳐서 그 피곤함을 커피로 대신 채우려고 했나 보다.

　사실은 커피는 아주 잠시 동안 피로가 아닌 것처럼 내 마음을 속이려고 했던 것 같다. 커피의 카페인은 중독성이 강해서, 조금씩 더~~ 더 많은 카페인을 요구했다.

　당분간은 커피를 딱 끊는 것은 어렵겠지만, 지금처럼 다른 음료도 마시고, 커피를 마시는 경우가 생기면 끝까지 다 마시지 않는 것을 택할 것 같다.

　커피뿐이 아니고, 내 삶에 습관처럼 반복되는 일들 중 나에게 득이 되지 않은 일이 무엇인지… 가만히 생각해보았다.

　그중 하나가 불필요한 인간관계에서 오는 스트레스였다. 몇 년 쉬면서, 참… 부질없구나 생각했었다. 오지랖… 이었구나, 그 단어가 적절했다.

그런데, 다시 생각해보니 꼭 불필요한 에너지 소모는 아니었다. 인생에는 꼭 반드시 내야 하는 수업료가 있다.
그중 하나가 이런 인생 공부가 아닐까 생각된다.

내가 마신 수 많은 커피와 수많은 에너지 소모 덕분에 나는 40대 후반을 안정적으로 내 중심을 잘 잡고 걸어갈 수 있다.

기분

오늘 기분이 어때? 라는 말을 자주 듣는다. 오늘? 특별한 날이 아니더라도, 그 말을 들으면 한번 더 내 기분이 어떤지 생각해보게 된다.

특히, 아침에는 기분 좋게 하루를 출발하기 위해서 평범한 아침을 맞이하려고 한다. 같은 시간에 일어나고, 이불 정리는 꼭 하는 편이다.

루틴을 잘 만들어 놓으면, 몸은 그에 맞게 잘 움직인다. 뭔가 무의식이 만든… 나만의 하루 일정표대로 하루를 잘 보낸다.

그렇다고, 매일 같은 하루가 반복되지는 않는다. 갑자기 몰아치는 걱정과 근심도 있고, 나와는 상관없는 일인 줄 알았는데 행운이 굴러오기도 한다.

나는 그 행운이 그저 행운인 줄 알았다. 그런데, 그 행운은 언젠가 나도 모르게 저축해둔 나의 선한 행동의 결과라고 생각하기로 했다.

그래서, 하루에 내 손길이 필요한 사람에게 내 작은 손을 잠시 빌려주는 일을 하고 있다. 그저 스쳐 지나가는 인연일 수도 있지만, 그러지 않는다.

언제가 저축된 내 선한 마음이 다시 돌아오리라는 것을 알기에… 그중 하나가 오늘 기분이 어때? 친한 사람들의 안부를 묻고, 진심으로 근황을 공감해주는 것만으로도… 큰 힘이 된다.

과목

오늘은 딸이 말했던 과목을 적어본다.

딸이 수학 안에 여러가지 과목이 있다 그래서 솔깃 들어보았다. 수학에 서술형은 글을 쓰는 것이니 국어, ㅁ 안에 알맞은 수 대신 쓰는 기호 중에 ABC도 있으니 영어,

곤충의 길이는 ~cm일까요?는 관찰이니까 과학, 물감이 튀어서 한 부분이 보이지 않는 건 물감으로 하니깐 미술,

누가 더 편지를 많이 썼을까요?는 도덕, 이 고장의 길이는 몇 cm일까요?는 딸이 학교에서 배운다 해서 사회, 이 음표는 박이 몇 박자일까요는 음악, 몇 m를 달릴까요는 체육이라 한다. 3학년 딸아이가 지어냈다니 참 대단했다. 국어도 해당한다 하니 더 멋졌다.

위의 문단은 딸아이가 글을 적었다. 수학을 단순히 숫자를 더하고, 빼고, 나누고, 곱하는 것이 아니라 그 속에서 다른 학문을 찾았다는 것에 놀랐고, 이렇게 글을 잘 적는 것에 또 한번 놀랐다.

마냥 어린아이처럼 생각했는데, 딸은 그사이 몸도 마음도 많이 성장해 있었다. 글을 적기 위해 한참을 고민하는 아이를 보면서… 나는 귀엽고, 사랑스러웠다.

갓난아기였던 아이… 아장아장 걷던 아이… 작은 옷을 어찌할 줄 몰랐던 아이는 어느새… 이렇게나 성장해 있었다.

병원

병원 진료를 받기가 요즘은 너무 어려워졌다. 대기가 1년 이상 걸리는 종합병원도 있으니, 절대 아프지 말아야 하는 시기인 것 같다.

그렇다고, 아픈 걸 완전히 조절할 수도 없는 노릇이니, 그저 좋은 음식을 잘 먹고, 잘 쉬는 게 최고의 건강지킴일 것 같다.

음식도 중요하지만, 내 마음속 불편한 마음을 잘 다스리는 것도 매우 중요한 것 같다. 휴직을 하는 동안 나는 내 마음속 불편한 마음과 싸우고, 다시 화해하는 일을 반복했다.

때로는 눈물도 흘리고, 때로는 포기하자… 라는 생각도 하고, 타협도 해보았다. 이런저런 상황들을 다 겪고 난 뒤 내가 내린 결론은… 이 마음과 그냥 평생 잘 지내보자는 것이다.

 만성질환처럼 잘 달래가면서 사이좋게 지내보는 것이다. 그저, 살살 가만히 있도록 두는 것이다.
 내 마음속 공간에 아주 작은 방 하나 내어주고는… 그것으로 내 의무를 다한 것이라고, 자꾸 말을 걸어준다.

 살면서 왜 좋은 일만 있을 것이라고 생각했는지… 나도 참 순진했었다. 바다에 파도도 매일 다른 얼굴을 하며, 어부들을 긴장시키는데도… 내어줄 것은 모두 내어준다.

 나 또한 고난과 역경이 무엇인지… 이제는 사전적 의미가 아닌, 실생활에서도 경험해보았다.
 진정한 인생의 중요한 것은… 희로애락을 정말 잘 보내보는 것이 아닐까….

 젊을 때 읽었던 『아프니까 청춘이다』라는 책처럼 나도 아직은 아프면서 성장해가고 있는 것 같다.

와인

　오랜만에 지인 가족이 집으로 와서, 음식도 조금 하고 술도 조금 많이 마시게 되었다. 맥주로 시작해서, 와인을 마시며 서로의 안부도 묻고, 이런저런 재미있는 이야기들을 했다.

　언제 만나도 참 유쾌한 가족들이라서, 참 반갑고 좋다.
　고민이나 걱정거리 이야기를 다 할 수 있는 사이라서 만남이 늘 기다려진다.

　일주일이나 출장을 다녀왔는데도 그저 반갑게 내 초대를 맞이한 지인 가족 덕분에 즐거운 금요일 저녁 시간이 되었다.

　전날 마신 술로 인해 조금 피곤한 아침이지만, 창문을 열고 밖에서 들어오는 시원한 바람을 맞으니… 한결 기분이 좋아진다.

　붉은빛이 도는 와인은 참 사람을 기분 좋게 해준다. 많이 마시면, 몸에 무리가 가지만… 어제처럼 많은 이야기 주제로 이런저런 이야기를 하다보면… 너무 기분이 좋아서 그런지 빨리 취하지도 않는다.

와인 한 잔으로 참 많은 주제를 담고, 아이들끼리도 이런저런 이야기도 나누고 같이 게임도 한다.

잠깐이었지만, 이런 모임들은 지난 한주의 피곤과 스트레스를 날려준다. 직장생활이 매일 좋지만은 않기에, 작은 걱정들은 이렇게 날려버리고 나면 다음 주는 새롭게 시작하는 아침이 된다.

날씨

날씨에 영향을 받는 날이 있다. 몸살이 오려고 하는데, 날씨마저 흐리고, 비가 올 것 같다.
이런 날에는 그냥 아무 일도 하지 않고, 집에서 쉬는 걸 추천한다.

몸은 귀신같이 내가 지금 쉬어야 할 때를 알아서, 신호를 보내준다. 그냥 조금 쉬어… 라고, 팔다리에 통증을 준다.
그럴 때 이 신호를 무시하고, 조금 더 조금 더 일하다보면 큰 병이 찾아온다.

내 몸이 보내는 수신은 부재가 되지 않도록, 빨리 확인하는 것이 좋다. 그 어떤 일보다 중요하고, 신속하게 대처해야 한다.

주말에 많은 일들을 해서 그런지… 월요일 아침은 조금 정신없이 출발한다. 그럼에도 불구하고, 나는 내 아침 루틴인 차 한 잔의 여유를… 지나치지 않는다.

오히려, 바쁘더라도 아침에 잠시 여유를 가지면 하루 일과가 자연스럽게 잘 지나간다. 아침부터 부산스럽고, 바쁘게 움직이면… 하루 종일 정신이 없다.

조금 쉬어가는 게… 더 멀리 재미있게 잘 갈 수 있다는 것을 이제는 잘 안다. 내가 생각했던 40대 시절을 나는 한발 한발 잘 나아가고 있는 것 같다. 그래서, 행복하다.

별일이 없는 하루… 그 작지만 확실한 행복을 오늘도 즐긴다.

비

결국 그 잠깐을 참지 못해 화를 냈다. 하루 종일 별다른 일이 없더라도, 가정주부는 꼭 해야 하는 루틴이 있다.
크게 티 나지는 않지만, 안 하면 티가 확 나고, 나중에 할 일이 더 많아진다.

쉬는 날이었지만, 집안일을 하고 아이들을 챙기다보면 시간은 어느새 오후로 가 있다.
내 시간이 있었나 싶을 정도로… 휴일 시간은 참 빨리도 간다. 잠시 숨을 돌릴 때쯤 또 다른 일이 내 앞에 있다.

조심하라고 하지만… 아이들이 지나간 자리에는 늘 흔적들이 많이 남아서, 뒷정리가 많다.
그렇다고 하지 않으려니… 내 마음이 불편해진다.

이래저래 조금 지친다 할 때쯤… 결국 크게 화를 내고 말았다. 하지 말라고 했지… 순간 집안에는 정적이 흐르고, 그 말을 한 나도 기분이 상한다.

화를 내면 기분이 풀려야 하는데, 화라는 놈이 하면 할수록 자신의 기분을 망치게 하는 나쁜 버릇을 가지고 있다. 휴~~ 한숨을 쉬면서, 조금만 참을걸… 후회를 해본다.

어차피 한 번만 더 일하면 그만인데… 화를 낸다고 그 일이 빨리 끝나는 것도 아닌데 말이다.
순간의 정적은… 생각보다 집안 공기를 급속 냉각시켜서… 내가 한 말 때문에 온 집안이, 고요해진다.

다음부터는 더 조심해야지 다짐을 하면서… 오늘 내 말과 행동을 반성해본다.

칭찬 스티커

오늘 아침 아이가 말했다. 학교에서 칭찬 스티커를 많이 모아서, 학교에 인형을 가져갈 수 있는 기회를 받았다고 한다.

담임선생님께서 아이들의 생활지도를 위해 칭찬 스티커와 여러 가지 룰을 만들어서, 친구들과 학교생활을 잘 할 수 있도록 지도 하고 계신 듯했다.

나는 아이에게 질문을 했다. 어떻게 하면 칭찬 스티커를 많이 모을 수 있는지? 하고 물어보았다.

아이는 학교에서 착한 일을 많이 하고, 또 열심히 해야 한다고 했다. 나는 작은 아이 입에서도 사회를 살아가기 위해 꼭 필요한 '열심히'라는 단어가 나와서… 순간 놀랐다.

무슨 일이건 열심히 하고, 최선을 다해야 한다고 말하고, 가르치고 있는 내가… 나는 정말 하루하루 최선을 다해서 열심히 살고 있는지… 의문이 들었다.

가끔은 내일 하면 되지… 안 해도 되지 않을까, 자기 합리화를 가진 적이 많다. 금방은 일을 안 해도 되니, 편하게 시간을 보내면 되지만… 지나고 보면 그 일을 하지 않은 것을 후회한다.

그때 그냥 진행할걸… 미루지 말걸 하면서 말이다.
오늘 아침 아이의 똘망똘망한 눈을 보면서, 나는 오늘 하루 내 스스로에게 주는 칭찬 스티커를 모아보아야겠다고 생각했다.

무관심

 가끔은 무관심이 도움이 될 때가 있고, 위로가 될 때가 있다. 나에게도 그런 시기가 있었다. 그저 가만히 지켜만 봐주길 바랐던 시간들을 나는 혼자인 것처럼 지냈다.

 나의 슬픔과 걱정을 주변인들이 알아봐주고, 함께 걱정해주는 것 자체가 부담이 되고, 심지어는 귀찮았다.
 내 슬픔이 큰데, 주변 사람들까지 챙겨야 하는 것에 대한 부담과 힘듦이 같이 왔었다.

 시간이 조금 지나면 괜찮아질 텐데, 하는 생각에 잠시 혼자 있고 싶다는 생각뿐이었다. 나에게도 나만을 위한 시간이 필요했고, 그 시간을 꼭 가지고 싶었다.

 지치고 힘들 때는 그냥 쉬는 게 답이다. 그럴 때는 어떤 위로도 귀에 들어오지 않는다. 지인분이 했던 말이 머릿속에 떠오른다. 정말 힘든 사람에게는 오히려, 내 그 일을 도와주고 그 시간에 쉬게 하라는 것이다.

 정말 맞는 말이다. 몸에 힘이 하나도 없는 사람과 배고픈 사람에게는 어떤 말보다, 쉴 수 있는 시간과 빵 한 조각이 도움이 되는 것이다.

쉽게 상대방의 일상에 끼어들거나, 조언하지 말자… 가 어느 순간 내 마음속에 자리 잡았다. 내가 겪어보니 그렇다. 잠시 혼자만의 시간을 드리는 것이 나의 최선이다.

감기

아이가 며칠 동안 기침을 하더니, 열까지 올라서 오늘 다시 병원에 갔다. 날씨가 더웠다가, 비가 오면서 스산하니… 몸이 적응하는 데 시간이 걸리는가 보다.

반짝 봄이 지나고, 무더운 여름이 시작되는 시기에… 우리 몸은 새로운 계절을 맞이하기 위해 적응을 하는 것이다. 욱신욱신 몸살처럼 나도 한 번씩 많이 아프다.

큰 이유도 없이, 그저 피곤하고 온몸이 천근만근이다.

이럴 때는 그냥 쉬어야 한다. 쉬는 게 답이다.

아픈데도 꾸역꾸역 일을 하다보면, 정말 더 아프게 되고 회복하는 데도 시간이 오래 걸린다.

결국 더 큰 손해를 보게 된다. 몸에서 알려주는 신호는 잘 알아차리고, 내 몸을 보호해야 된다.

아직 어린아이들은 부모의 보살핌 속에서, 아픈 몸을 추스리는 연습을 한다. 언젠가는 혼자서도 약국에가서 약을 지어 먹고, 몸살도 이겨내야 한다.

부은 눈을 하고, 병원으로 가는 아이의 모습이 오늘따라 더 측은하다.

아침

이른 아침 눈이 떠졌다. 요즘 커피를 마시지 않아서 그런지… 아침 컨디션이 더 좋아졌다.

피곤하면 일찍 잠자리에 들거나, 잠시 눈을 감고 눈에 피곤을 잠시 덜어준다. 아주 잠시지만, 피곤했던 몸은 개운해지면서 컨디션도 좋아진다.

예전에는 이런 여유시간을 잘 모르고 지냈다. 증기기관차처럼 멈추지 않고, 앞만 보고 가는 것이 최선이고~ 부지런한 삶을 사는 척도라고 생각했다.

그런데, 지난 2년 동안 휴식을 가져 보니, 삶을 살아갈 때 앞만 보고 달려가는 것보다 더 중요한 것이 멈춤이라는 것을 깨달았다.

제시간에 도착하기 위해서는 부지런함과 계획이 필요하지만, 그 제시간을 맞추기 위해서 내 몸과 영혼을 힘들게 하면 안 된다.

한 시간 한 시간 빨리빨리 사용했던 시간들이 어느 순간 더 큰 시간으로 돌아와서 나를 힘들게 한다.

그럴 때는 너무 힘들기 때문에 극복하는데도 시간이 많이 걸린다.

절대 무리하지 말고, 긴장하지 말자.

삶은 장거리 마라톤이다. 이제 시작이니, 체력을 보충하자.

화창한 하루

화창한 하루가 시작되는 아침이다. 매일 비슷한 일과가 시작되지만… 오늘 새벽에 잠시 깨서 그런지… 조금 피곤한 듯한 아침이다.

여름이 본격적으로 오려고 하는지 밤에도 살짝 더운 기분이 든다. 폭신했던 겨울 이불이 여름으로 변신했고 도톰했던 내 옷은 아주 시원한 옷으로 갈아입었다.

가로수도 푸릇푸릇 여름옷으로 갈아입었고, 음식들도 따뜻한 음식보다는 겨울 음식들을 찾게 되었다.
계절은 이렇게 또 다른 일상을 선물해준다.

매일 같은 온도와 습도가 지속된다면, 한여름의 시원한 소나기의 행복과 펑펑 쏟아지는 함박눈의 행복을 느끼지 못할 것이다.

자연이 주는 행복은 일상생활을 하다보면 가끔 잊고 있을 때가 있다. 그런데 오늘 살랑거리는 시원한 아침 공기와 시원한 밀크티 한 잔이 나를 행복하게 한다.

내일은 금요일이다. 주말보다 더 설레는 목요일 오후까지 오늘도 즐겁게 생활해보자.

약속

우리는 살면서 수많은 약속들을 하고 살고 있다. 직장에서 미팅 약속, 가족과의 나들이 약속, 그리고 나 자신과의 약속… 그런데 가끔 이 약속들이 피곤해질 때가 있다.

나의 컨디션과 내 상황들 때문에 약속 날짜가 다가오면, 부담을 느끼고 은근히 취소되었으면 하는 마음이 들기도 한다.

내 마음이 불편한 약속 장소가 아마, 가기 싫은 약속 장소가 될 것이다. 모임이 끝나고 나면 극도로 피곤함을 느끼고, 내가 이 모임에 왜 왔을까 살짝 후회했던 경험들도 있을 것이다.

그런데, 꼭 가야만 하는 약속 장소는 그 어떤 상황에서도 그 자리에 나가는 일들이 있다.

꼭 반드시, 내가 가야만 하고… 갈 수밖에 없는 약속… 어떤 것들이 있을까… 그렇게 많지는 않을 것이다.

오랜 친구와의 약속은 그 어떤 약속보다 기다려지고, 행복한 시간이다. 꼭 가야만 하고, 갈 수밖에 없는 약속 장소… 그런데… 이제 그 약속 장소가 하나 없어지고 말았다.

5월 푸르름이 가득한 하늘을 자꾸 보게 된다.

좋은 아침

오늘도 좋은 아침이다. 숙면을 해서 그런지… 아침 발걸음이 가볍다. 좋아하는 밀크티를 주문해두고, 글을 적기 시작한다.

하루 중 이 시간, 오로지 내 개인 생활을 할 수 있는, 아침 시간이 주는 행복이 크다. 아침 시간에 여러가지 해야 할 일들이 있지만, 그래도 이제는 제법 익숙해져서 그런지 빨라졌다.

모든 것이 미숙했던 3월이 지나고 보니, 어느덧 5월 중순을 향해 달려가고 있는 날짜를 보면서… 정말 시간이 빨리 가는구나 다시 한번 느끼고 있다.

행복한 시간들이 많았던 올해 초 그렇게 나는 내 글에서 적었던 행복의 적금을 차곡차곡 잘 적립하고 있다.

때로는 마음의 아픔 때문에 대출을 할 때도 있지만, 그래도 다시 적금을 넣고 있다. 그렇게 하루하루를 만들어가고 있다. 눈으로 보이지 않지만, 나는 안다.
내가 얼마나 저축을 잘하고 있는지 말이다.

삶이 매일 똑같이 반복된다면, 얼마나 무미건조할 것인가… 변화가 많은 삶도… 그 나름의 즐거움과 설렘이 있을것 같다.

내가 만들어가는 내 삶의 통장에는 오늘도 작은 행복들이 쌓여가고 있다.

문서 작성

어제 늦게 회사에서 일거리가 하나 도착했다. 아이들과 놀이터에서 한참 놀던 때라, 살짝 빨리 처리해야 하나 고민은 되었지만 잠시 일 버튼을 꺼두었다.

다행히 오늘 아침까지만 작성하면 된다고 해서, 나만 초조함을 느끼지 않으면 괜찮았다.

퇴근 이후 아이들과의 놀이터 시간은 사실 가끔은 힘들고, 일찍 집에 들어가고 싶을 때가 많다.

그런데, 아이들은 하루 중 가장 재미있는 시간일 것이다. 학교에서 하루 종일 공부를 하고, 학원도 끝났으니 이제 좀 놀고 싶은데, 엄마가 집에 가자고 하면 얼마나 힘이 빠질까…

그 마음을 알기에 조금이라도 놀이터에서 놀다가 집으로 들어간다. 내가 아침 이 시간을 소중히 생각하듯 아이들도 각자 중요한 시간이 있을 것이다.

그런 시간들을 함께 소중히 생각해주는 것이 가족이 아닐까 싶다. 예전에는 내 일이 가장 우선순위였다.

그래서, 좀 많이 힘들었다.

일은 계속 많았고, 성과는 내 마음과 같지 않았다. 그런데, 이제는 일은 일대로 순조롭고, 회사의 성과는 잘 모르겠지만, 내 마음 속 성과는 90점이다.

무엇이 중요한가… 내 마음이 가장 소중하다.

그런 하루… 오늘이 즐겁다.

풀잎

오늘 아침 풀잎들이 반짝반짝 빛을 내고 있었다. 어제 내린 비 때문에, 나무와 풀잎들이 수분을 한가득 머금고 있다. 참 예쁘다.

아침 햇살에 물방울들이 더 예뻐보이고, 파릇파릇 살아 움직이는 듯하다. 적당히 불어오는 차가운 바람이 아침을 더 상쾌하게 한다.

그냥 지나칠 수 있는 아침 날씨, 어제와 같은 일상쯤으로 생각할 수 있는 아침이지만, 조금만 다르게 생각하면 이렇게 예쁜 아침이 된다.

주변을 조금만 살펴보고, 관심을 가지면 좋은 것들이 세상에는 너무 많다. 큰 기쁨도 좋지만, 이런 소소한 일상들이 나를 평온하게 만든다.

매일 행복은 저축된다고 했었는데, 정말 맞는 말이다. 그리고, 복리이자도 붙는 것 같다. 내가 저축했던 행복보다 더 큰 행복이 다가올 때가 있고, 뜻밖에 행운도 찾아온다.

오늘처럼 이렇게 행복한 시간이 소중하다. 작지만 확실한 행복이 오늘도 나에게 찾아왔다. 나에게 온 이 행복을 주변 사람들에게 나눠줄 수 있는 하루를 보내보자.

이 아침 밀크티 한 잔의 달콤함과 가야 할 직장이 있음에 감사함을 느끼고, 오손도손 이야기할 수 있는 친한 친구가 있음에 감사하다. 고맙다.

녹차

시원한 녹차 한 잔이 오후 더위를 한풀 꺾어주었다. 하는 일도 없이 바쁜 오늘… 피곤하기도 하고, 졸리기도 하다.
커피를 마시면 속이 쓰리니, 커피대용으로 시원한 냉녹차를 한 잔 마셨다.

목이 말랐던 차에 한 잔 쭉 마시니, 너무 시원하다. 물 한 잔만으로, 피곤했던 눈이 잠시나마 반짝 떠지는 기분이 든다.

갈수록 날씨는 더워지고, 해야 할 일들이 많아지니 오후 늦게는 몸이 천근만근이다. 그렇지만, 또 해야 할 일들이 있으니, 넋 놓고 쉬지는 못한다.

밀린 일들은 언젠가는 내가 해야 하는 일이니… 그 시간에 해야 할 일들은 될 수 있으면 미루지 말고 하는 것이 오히려 일을 빨리 끝낼 수 있다.

눈꺼풀이 나도 모르게 스르륵 감기는 걸 보니, 정말 피곤한가 보다. 체력이 이렇게 좋지 않았나… 생각하게 된다.
숨 쉬는 운동 말고는… 운동 하는 게 없으니… 조금만 피로해도 이렇게 많이 피곤한 것 같다.

정말 운동을 해야 하나… 또 생각하게 되지만, 실천이 참 어렵다. 운동이 유일한 낙이고, 행복이라고 말하는 사람들이 부럽다. 정말 다른 세상에 살고 있는 사람들 같다.

여름이 본격적으로 오기 전에, 정말 하루 20분이라도 운동을 시작해보자고, 다짐해본다. 정말… 할 수 있다.

지인

지인분이 포항에 사신다. 중소기업을 운영하고 있는 선배님은 모임이 있을 때면, 포항에서 유명한 문어와 싱싱한 횟감을 가득 가지고 오셨다

매번 그 많은 양을 차에 가득 싣고 오시는 것이 참 고맙고, 감사했다. 싱싱한 횟감은 누가 먹어도 입속에서 살살 녹고, 참 맛있었다.

오랜만에 만나는 지인들도 반가웠고, 바다에서 금방 온 것 같은 회는 오랫동안 기억에 남았다.

가끔 횟집에 가면, 선배님이 사오셨던 회가 생각나기도 했었다. 하얀 스티로폼에 가지런히 놓여있던 문어와 회 그리고 모임의 추억들이 새록새록 생각이 난다.

내가 결혼을 하고, 아이를 낳으면서 모임을 자주 못 가게 되었지만 그 추억은 고스란히 남아있다.

학교에서 만난 인연이라서 그런지… 친한 선후배 사이가 되었고, 언제든 전화해도 학교 생활했던 이야기를 가장 많이 하게 되었다.

문어를 보면 그 선배가 생각나고, 포항에 가면 자연스럽게 선배에게 전화하게 되는 것이 인연이 아닐까…
이런 하나하나의 인연이 참 고맙다.

우연한 만남

어제 식사 자리에서 좋은 분들을 만났다. 나보다 6살쯤 많으니, 우리 둘째 언니와 비슷한 나이셨다.

어찌나 유쾌하게 이야기하시는지… 대화하는 내내 참 많이도 웃었다. 우연한 만남에서 이렇게까지 웃을 수 있는 건 아마도 인연이지 않을까 싶었다.

내가 자주 갔던 단골집을 알고 계신 것도 깜짝 놀랐고, 우리집 근처에 개업을 준비하시는 것도 놀랐다.

개업하시면 꼭 한번 밥 먹으러 놀러간다는 이야기도 드렸다. 살면서 이렇게 우연한 만남이 참 좋은 인연으로 발전되는 경우들이 많다.

사실 식사 자리에서 맛있는 밥도 중요하지만, 누구와 함께 먹느냐가 더 중요한 것 같다. 행복은 이런 모임 속에서 많이 만들어진다.

서로 유쾌한 이야기가 오가다보면, 있었던 고민들도 잠시 잊게 만드는 효과가 있다. 그래서, 걱정거리가 많을수록 밖으로 나가서 사람들을 만나야 한다.

집안에서 골골 아프면서, 걱정해봐도 해답은 나오지 않는다. 오히려, 생각지도 못한 만남에서 좋은 해결책을 듣고, 금방 해결되는 경우가 많다.

어제 저녁 모임도 나한테 그랬다. 주말에 걱정거리가 있었는데, 오늘을 즐겁게 살아야 한다는 진심 어린 조언을 듣고 근심을 웃음 속에 담아서 하늘 위로 날려버렸다.

어차피 내 걱정과 고민이 큰 도움이 되지 않는다면, 사서 고생할 일은 없을 것 같다. 언젠가 스스로 깨닫고, 그 알 속에서 나오기를 묵묵히 기다려본다.

날씨

무더운 날씨가 이어지고 있다. 아침부터 힘쓰는 일을 했더니, 온몸에 땀이다. 아직 에어컨을 작동하기에는 애매한 날씨라서, 낮에도 선풍기와 자연의 바람으로 지내고 있다.

5월밖에 되지 않았는데, 이렇게 덥다니… 정말 지구 온난화를 실감하는 요즘이다.

8월에는 얼마나 더우려고 벌써부터 이렇게 더울까… 벌써부터 푹푹 찌는 더위 걱정이 살짝 된다.

어른들은 찬물로 샤워도 하고, 아이스아메리카노도 마음대로 마시면 되지만, 아이들은 배탈 때문에 찬 걸 마음대로 먹을 수 없으니 더 덥게 생각될 것이다.

이마에 맺힌 땀을 시원한 밀크티 한 잔으로 가라앉게 했더니, 조금 살 것 같다. 요즘은 아침 루틴이 완전히 자리잡아서, 아침 시간이 참 알차다.

짧은 시간에 정해진 루틴대로 집안을 정리하고, 청소도 하고 빨래까지 돌려둔다.

작년부터 정해진 시간에 매일 해야 하는 집안일을 했더니, 이제는 익숙해졌고 번거롭다는 생각이 들지 않는다.

회사 출근 전 몇십 분 정도만 부지런히 움직이면, 퇴근 이후가 조금은 편하다. 복직하기 전에 습관이 잘 만들어져서, 요즘은 자동으로 착착 일을 다 해두고 출근을 한다.

더운 날씨가 이어지고 있지만, 매일 매일 이렇게 하루를 잘 보내면 1년을 알차게 보낼 수 있을 것 같다.

사람

몇 년 전 조금 섭섭했던 사람이 있었다. 오랜 시간을 함께했지만, 내가 생각했던 인연과는 조금은 거리가 있었다.

쉬는 동안 나는 그 일을 여러 번 생각했었다. 결론은, 내가 서툴렀다… 사람과의 인연을 너무 편하게만 생각했던 나는… 수업료를 많이 지불했다.

그리고, 몇 년 후 다시 지인이었던 사람을 만나게 되었다. 사실 다시 만나게 된다면, 그냥 가벼운 인사 정도 하고 지나가려고 했다.

그런데, 그사이 사정이 생겼다. 물론 나와는 아무 관련 없는 일이었지만… 나는 조심스럽게 걱정이 되었다.

그러면서도 몇 년 전 일이 떠올랐다. 그때 내가 서운했었던 그 마음과 조금은 한 발짝 뒤에서 보자고 다짐했던 그 마음들이 떠올랐다.

세상을 살다보면, 많은 사람들을 만나고 그중에는 오랜 시간 만났지만… 그 인연이 조금은 느슨해지는 경우가 생긴다.

젊었을 때 나는 그 모든 것이 걱정이었다.

그런데 이제는 아니다.

각자의 삶의 시계가 오후, 오전 다르게 가고, 계절도 다르게 가기 때문에, 시간차/온도차가 있을 뿐이다. 언젠가 다시 시간과 온도가 맞으면, 진솔한 대화가 가능해진다. 그러니… 너무 걱정의 시간에 빠지지 말자… 오늘 내 시간은 다시 오지 않는다.

커피숍

딸아이와 커피숍에 왔다. 옆에는 내가 적는 글이 궁금한지 고개를 쭉 내밀고, 배시시 웃음을 지으면서 쳐다보고 있다.

예전 글에서 딸아이 주제로 글을 적었더니, 그사이 내 글이 더 궁금한가 보다.

자기도 글을 적어보고 싶다고 해서, 잠시 핸드폰을 넘겨주었다.

커피숍에서 로얄밀크티와 아메리카노를 산 걸 딸이 물어본다. 항상 이런 거만 시키는 이유는 난 밀크티를 좋아하고 남편이 아메리카노를 좋아하기 때문에 딸은 그렇구나 라고 생각했나 보다.

딸은 끊임없이 조잘조잘 말을 한다. 예쁜 참새 한 마리가 내 옆에 앉아서 오늘 하고 싶은 일들을 이야기하는 것 같다.

아이가 자라면서, 자기주장도 생기고 하고 싶은 일들이 많이 생겨서 주말마다 외출을 많이 한다.

오전 내내 쉬고 싶은 마음이 가득하지만, 아이들의 다양한 경험을 위해서 하고 싶다고 하는 일들은 같이 한다.

어릴 때 추억은 평생을 가지고 간다고 하니, 다양한 경험을 많이 만들어주려고 한다. 나중에 사회에 나가서 힘들 때 행복했던 추억을 떠올리면서 잠시나마 쉬어가길 바란다.

내 부모가 나에게 그랬듯… 오늘 하루도 즐겁게 아이들과 보내려고 한다. 오늘 하루를 잘 보내는 게 먼 미래 하루를 위해 노력하는 것보다 더 중요하다.

5월

매일 가는 커피숍 사장님이 오늘은 조금 늦으시나 보다. 어제 비가 내려서 그런지… 하늘도 맑고, 바람도 시원하다.

발걸음을 돌리는 대신 근처에 앉아, 계절의 여왕인 5월을 만끽한다. 시원한 바람 덕분에 조금 있었던 아침 피로가 바람에 날려가는 기분이 든다.

푸른 하늘이 볼 때마다 기분을 설레게 하고, 행복하다. 오늘 아침은 유난히 기분 좋은 아침을 맞이했다.

주말에 결혼식을 다녀왔는데, 신랑 신부 모습을 보니 예전 내가 결혼했던 날이 떠올랐다. 4월 벚꽃이 많이 피던 어느 날… 화창한 날씨 덕분에 하객들도 즐거웠다고 말씀해주셨다.

사람의 기억은 오래 남는다. 특히, 기분 좋은 날 추억은 더 오래 깊게 남는 것 같다. 사는 동안 행복했던 시간이 너무 많았다. 그런 날들 덕분에, 지치고 힘들었던 날들을 잘 버틸 수 있었다.

살랑이는 바람을 야외테이블에 앉아서 잠시 함께해본다. 월요일 이 시간… 나를 위한 이 시간… 일주일을 이렇게 시작할 수 있음에 감사하다.

핫도그와 밀크티가 이제 나왔다.
누군가 나를 위해 만들어준 아침~ 행복하다. 이 아침을 맛있게 먹고, 오늘도 파이팅.

바람

　바람이 불어온다. 코끝을 스치는 바람 덕분에 이 아침이 더 싱그럽게 다가온다. 이제 2일밖에 남지 않은 5월이 아쉬워서… 오늘 아침은 더 여유롭게 아침을 맞이했다.

　그저 같은 날의 연속이 아닌, 오늘은 어제보다 더 특별한 하루가 될 것 같다는 행복한 상상을 해본다.

　오늘 내가 만나는 사람들에게 좋은 일들이 많이 있었으면 좋겠고, 걱정이 있던 사람들은 그 짐이 조금은 줄어들었으면 좋겠다.

　엊그제 성경 말씀을 들으며 느낀 것은 내가 받은 축복이 나에게만 머물지 않고, 강이 되어 흘러 흘러 멀리까지 갔으면 하는 생각을 해보았다.

　2년 쉬는 기간 동안 나에게 이유 없이 사랑과 정성을 베풀어주셨던 분들에게 큰 감사를 느꼈다. 그 감사의 마음은 내가 만나뵈었던 어르신들에게 고스란히 전해졌다.

　축복된 사랑의 마음은 강처럼 어디든 흘러가는 것 같다. 축복과 사랑의 강은 가뭄에도 메마르지 않고, 오히려 더 큰 강이 된다.

항상 감사한 마음은 사람에게 긍정의 에너지를 만들고, 힘들어 보였던 일들도 순조롭게 풀리는 마법 같은 에피소드를 만든다.

동화

동화 속 주인공이 살 만한 예쁜 카페에서 차 한 잔을 마시고 있다. 주인장의 손길이 묻어나는 카페는 곳곳이 참 아기자기 예쁘고, 저절로 눈길이 간다.

같은 차 종류를 어디서 마시냐에 따라서, 차 맛이 달라진다. 장소가 주는 플러스 알파가 차 맛보다 더 중요해질 때가 있다.

사람도 그렇다. 누구랑 함께 밥을 먹고, 차를 마시느냐에 따라서 밥맛도 그날 기분도 왔다갔다 한다. 마음을 나누는 일이 사실은 맛있는 음식보다 더 중요할 때가 있다.

동화 속 주인공이 살 것 같은 카페 주변에 심어두신 바람개비를 보면서, 잠시 유년 시절로 돌아간다.

작은 바람에도 돌돌돌 돌아가는 바람개비가 참 예쁘다. 가지각색의 바람개비를 보면서, 잠시 동화 속으로 빠져본다.

일상의 힘든 일들이 잠시나마 바람개비 덕분에 행복한 기분으로 바뀐다. 여행은 재충전을 위한 시간이라고 하더니… 정말 맞는 말이다.

냇가에 졸졸졸 냇물이 흐르고, 시원한 바람이 불어온다. 행복한 오후 시간이다.

비

아침부터 많은 비가 내리고 있다. 집에 손님이 오셔서, 며칠 조금 바쁜 일정을 보내고 있다.

어제 늦게 잠이 들어서 곤히 자고 있는 가족들을 두고 집을 나섰다. 오늘 아침은 따뜻한 모닝빵과 우유를 간단히 먹을 예정이다.

비가 내리면 조금 차분해진다. 비 내리는 소리에 잠시 쉬어가면, 마음이 참 편안해진다.

나무 잎사귀마다 물방울이 맺혀있는 모습이 참 보기 좋다. 6월에 딱 이때만 볼 수 있는 짙은 녹색의 모습이 참 좋다.

잠시 비가 그친 사이 그 예쁜 배경 앞으로 아이들도 놀이터에서 신나게 놀고 있고, 어르신들도 산책을 다니신다.

노부부의 천천히 걷는 산책 코스 위로 푸른 하늘이 참 예쁘다. 소담소담 이야기를 나누는 모습이 참 보기 좋다.

비가 내린 뒤 더욱 선명해진 화단의 나무들 덕분에 일상의 그림이 더 예쁜 하루였다.

알레르기

어제 오랫동안 야외활동을 했더니, 피부 알레르기가 다시 올라왔다. 예전에는 피부 자극에 그렇게 예민하지 않았는데, 어느 순간 알레르기가 올라오는 횟수가 늘어난 것 같다.

지인들과의 모임은 너무 즐거웠는데, 내 몸은 또 힘들었다고 신호를 보내는 아침이다. 오늘은 티 대신 커피 한 잔으로 하루를 시작했다.

어제 늦게 들어온 것도 있고, 잠을 푹 자지 못해서 그런지 눈이 너무 무겁다. 카페인의 힘을 잠시 빌리고 싶은 이 아침… 오늘 아침도 화창한 아침이다.

행복한 하루가 될 것 같은 느낌이 아주 좋은 아침이다. 커피 한 잔이 내 무거운 눈을 가볍게 해주리라… 믿어보면서 조금씩 마셔본다. 커피가 순간의 피로감을 없애주는 것이라고 알고 있으면서도, 오랜만에 느끼는 이 시원함이 너무 좋다.

올록볼록 올라온 알레르기가 예전에는 많이 신경 쓰였는데 이제 그렇게 신경 쓰이지 않는 것을 보니, 이제 뭐든 그러려니… 하나 보다.

시간이 지나면 언젠가 없어지리라는걸 알기에… 조금 보기 흉한 것은 눈 한번 질끈 감아보는 아침이다.

시작

또 한 번의 시작… 설렘이 시작되는 아침이다.

매일 아침 루틴하게 무엇인가를 한다는 것은 여러가지 노력이 필요하다. 그리고, 그것을 이어간다는 것은 더 많은 시간과 노력이 필요한 것 같다.

단 한 번 시간을 놓치거나, 몸이 아파서 만사가 귀찮아질 때도 루틴하게 해오던 일은 하게 된다. 원초적인 힘이 내 마음속 저 깊은 곳에서 나오는 것 같다.

어려움이 많지만… 결국 그 일을 해내고 마는 그 힘을 이제는 기를 때가 되었다. 여러가지 핑계를 대면서 피하기만 했던 지난날을 뒤돌아본다.

그 시간은 다시 돌아오지 않지만… 그시간들로 인해 많은 것을 배웠다. 그리고, 소중한 교훈도 받았다.
스스로 익힌 것들은 오랫동안 나에게 큰 도움을 준다.

이제 다시 시작이다.

칭찬

사람에게 관심을 가지면, 그 사람의 작은 모습도 자세히 보인다. 그리고, 작은 것에도 칭찬을 아끼지 않는다.

오늘 아침 어느 두 아주머니의 대화에서 서로에 대한 칭찬으로 아낌없이 격려하는 모습이 기억에 남는다.

매일 보는 사이서서 그런지 아주 사소한 것까지 알고 계시는 두 분은 참 정겹게 이야기를 나누셨다.

오늘 어디 가는지….
무엇을 하는지….
무슨 일은 없는지….

매일 물어보는 질문이실 텐데도 두 분은 아주 진지하게 대화를 나누신다.
참 정겹다.

바쁜 도시 생활을 하다보면, 사실은 주변 사람들을 잘 챙기지 못하는 경우들이 생긴다.
소소한 일상을 공유하기보다는 집안에 일이 생겼을 때나, 고민이 있을 때 연락을 하는 경우가 많은데….

나 또한 회사 생활과 가정에서의 역할을 수행하다 보니… 친구들에게 전화하는 일이 적어졌다.
소소한 일상 공유가 중간에 공백이 생겼다.

오늘 두 아주머니 덕분에 나는 그 공백을 인지하고, 조금 채워보려고 한다.

커피

아침부터 푹푹 찐다. 9시 전인데 이렇게 더운 거 보면, 오늘 점심때는 찜질방 온도처럼 뜨거울 것 같다.

출근 전 생각나는 선배에게 문자 한 통을 보내본다. 날씨가 더울 것 같으니, 시원한 커피 한 잔으로 아침을 시작하시라는 안부를 전한다.

5분 정도 걸리는 안부 문자로도 이번 주 일정이 어찌 되는지 알게 되고, 응원의 메시지도 말하게 된다.

그냥 날씨가 더워서… 커피 한 잔을 시켜두고… 선배에게 안부 문자를 보냈는데… 오히려 내가 에너지를 받는다.

오고 가는 안부 문자 속에서… 내 걱정을 해주는 선배의 마음이 느껴졌다. 그저 고맙다.

사회생활이 가끔은 버거울 때가 있었다. 내가 지금 하고 있는 일이 보람 있는 일인가… 잘 하고 있나.

그런데, 답은 간단했다. 지금 이 순간 내가 즐겁기 위해서는 나 스스로 그 즐거움을 찾아야 된다.
　회사에서… 어느 모임에서든… 그 해답을 찾을 수 없다.

　그저 오늘 하루… 지금 이 순간을 즐겁게 보내보자
　오늘 아침 그냥 생각난 선배에게 보낸 문자 한 통으로 기분 좋은 하루를 시작한 것처럼…

　즐거움의 시작 버튼은 내가 눌러야 된다.
　꾹~~~

목요일

　나는 목요일을 좋아한다. 특히, 목요일 3~4시쯤에는 신입 시절에는 설레기도 했다. 금요일만 지나면, 주말이 기다리고 있고 그 주말에는 오로지 휴식을 했다.

　신입 시절에 항상 잠이 부족했다. 회사 통근 거리가 멀기도 했지만, 업무를 잘 모르니… 야근이 많았다.

일을 하는 것은 재미있었지만… 피곤은 항상 따라다녔다.

금요일 저녁에 잠이들면, 토요일 점심때까지 침대 밖으로 나오지 않는경우도 있었다. 몇 년 동안 이런 반복된 생활을 통해, 나는 여유를 찾았다. 집에 와서 매일 4km를 뛰고, 시간이 되면 2km를 더 뛰었다.

휴식을 잠에서만 찾지 않고, 호수공원을 옆으로 두고 그렇게 매일 뛰었다. 지금처럼 해가 길어지는 여름에는 석양을 바라보면서 뛰고 또 뛰었다.

그렇게 나는 서울 생활을 즐겼다.

나는 나에게 주어진 휴식의 시간을 그렇게 알차게 보냈다. 지금은 500m도 뛰지 못하는 저질 체력이 되었지만….
나의 20대는 그 누구보다 반짝반짝 빛이 났다.

지금도 마음만 먹으면, 잘 뛸 수 있지 않을까 작은 희망을 가지고 있지만… 그건 희망사항이다.

목요일 아침… 공기 속에 잠들어있는 수분 때문에 불쾌지수가 올라갈 수 있지만… 오늘은 목요일… 내일은 금요일.

조금만 지나면 주말이다.

무더위

밤늦게까지 이어지는 더위로 인해, 잠을 설치는 일이 많아졌다. 잠을 푹 자지 못하면 다음 날 일정에 영향을 주고, 몸은 두배 더 힘들어진다.

이런 날은 체력도 떨어져서 짜증이 많아진다. 평소에 아무 일 아닌 일들도 불쾌지수가 올라가면서 순간적으로 화를 낼 수 있다.

화를 내는 그 순간에도 내 짜증이 이렇게 커졌구나… 느끼지만 이미 상대방에게 화를 낸 상태라서, 돌이키기 어렵다.

조금만 참고 넘기면 될 일인데… 그 잠시를 못 참은 나에게 또 화가 난다.

며칠 전부터 컨디션이 떨어지고, 눈에는 염증반응까지 생겨서 아침부터 힘들었다. 이럴 때 그냥 하나 툭~ 하고 주변에서 말했는데… 짜증 버튼이 꾹 눌러져버렸다.

매번 후회하고, 반성하고 다음부터는 그러지 말아야지 다짐하지만… 쉽지 않다.

그래도 또 한 번 다짐해본다.
조금 더 괜찮은 어른이 되어보자….

고마운 비

이번 주는 하늘에 계속 구멍이 나 있으려나 보다.
그칠 것 같지 않은 비를 걱정하기보다는 아침에 아이들 우비와 여분의 양말을 준비했다.

비에 젖은 양말을 신고 있으면, 위생에도 좋지 않고 감기에 걸릴 수도 있으니… 미리미리 준비해주었다.

아이들 등교가 끝나면, 항상 비슷한 패턴으로 하루를 시작한다. 며칠 부모님이 오시면서, 그 패턴을 할 수 없었다. 오늘부터 다시 커피 한 잔을 마시면서, 글을 적어본다.

밖에는 비가 오고 있고, 금방 익은 빵과 시원한 아이스아메리카노가 앞에 있다. 부족함이 없는 아침이다.

내가 가장 좋아하는 시간이자… 가장 자유로운 시간이기도하다. 10분의 아침 시간이… 나를 참 많이 변화시켰다.
매일 500자 이상의 글을 적는 것은 생각보다 쉽지 않았다.

그래도 100개의 글을 다 올린 것에 스스로 칭찬하고, 격려했다. 나에게 주는 선물 같은 글….
나중에 다시 읽어보면… 얼마나 뿌듯할까.

그리고 보면, 2년 휴직 덕분에 참 많은 것이 변했다.

오늘처럼 이렇게 비가 많이 내리면… 예전에는 좀 서글픈 생각도 들었다. 근데, 이제 다시 비 내리는 것 자체를 좋아하는 대학생 같은 마음이다.

사람은 적응의 동물이라고 하지 않았던가… 나도 이제는 몸과 마음을 추스렸나 보다.

평온한 일상

딸아이와 아침 모닝빵을 먹으러 왔다. 남편은 아들과 집에서 밥을 먹고 있다. 오랜만에 여유로운 아침이다.
어제 중요한 일을 끝내서인지… 오늘 아침이 유난히 편안하다.

몸은 피곤하지만, 이불을 후딱 개고 딸아이를 부른다.
집에 있으면 또 잠들 것 같아서, 딸아이를 꼬셔서 밖으로 나왔다.

시원한 아이스아메리카노 한입 쭉 마시고 나니, 피곤이 싹 내려가는 것 같다.

역시 밖으로 나오길 잘했다. 주말에도 주중처럼 비슷한 일상을 보내는 게 좋다. 많이 잔다고 피곤이 풀리는 게 아니라는 걸… 알기에 이제는 비슷하지만 평범한 일상을 보낸다.

이번 주말에도 비가 올 것 같다. 맑은 하늘을 보기는 힘들 것 같지만, 하늘이 하는 일을 어찌하리….

건조기에 이불을 맡기고… 선풍기를 돌려서 최대한 집안을 쾌적하게 해본다.

일상이 평범하다는 것은 행복한 사람이다. 그렇게 행복은 조금씩 조금씩 주변에 항상 있었다.

너무 큰 걸 찾으려 하지 말고, 항상 주변에 있는 소소한 행복에 감사하자.

화요일

어젯밤 새 많은 비가 내렸다. 어제 일찍 재운 덕분인지… 아이들도 컨디션이 좋다. 둘째 기침 소리 없이 밤을 잘 보낸 것에 감사하다.

잘 먹고, 잘 자고 컨디션 좋은 것만으로도 오늘 아침이 좋다. 내 목은 조금 부은 듯하지만… 어른들은 스스로 쉬면서 몸을 관리할 수 있으니… 큰일은 아니다.

오전에 일만 잘 끝내고, 오후에 잠시 쉬어야겠다는 생각을 했다. 목이 부은 것은 감기가 심하게 올 수 있다는 증상 중 하나이기 때문이다.

살면서 여러 번 반복적으로 왔던 증상들이기 때문에 내 몸 상태는 내가 제일 잘 안다.
약을 먹고, 좀 쉬면 된다.

어제 자려고 누웠는데, 잠이 잘 오지 않았다. 평소보다 커피를 한 잔 더 마신 것 때문인지… 걱정이 많아서 그런 건지… 한참을 못 자고, 서성거렸다. 그러다가 아이들 모습을 봤다.

잠든 아이들을 보면서, 참 예쁘다. 뽀뽀를 여러 번 했다.
새근새근 숨소리가 아직 나는 아이들은 아직 아기 모습이 있다. 사춘기가 되면, 이 모습도 이 냄새도 사라지겠지만… 아쉽다.

아이들 발과 손을 만지작거리다 작은 손을 잡고 있었는데, 어느새 잠이 들었다.

수요일

오늘도 아침부터 비가 내리고 있다. 지난주부터 아침에 맑은 하늘을 보기는 힘들었던 것 같다.
시원한 바람과 푸른 하늘이 예뻤던 4월이 그립다.

공기 중에도 수분이 있어서, 조금만 움직여도 땀이 흠뻑 난다. 더우면서 습한 날씨 때문에 반팔을 입어도 덥다는 생각이 든다.

곧 가을이 오겠지만, 올해 여름은 유난히 습하다.
방마다 선풍기를 돌리고, 잘 때는 에어컨을 켜두었다가 아이들이 깊은 잠에 빠지면 에어컨은 끈다.

덥다고 너무 냉방기를 많이 돌리면, 또 감기가 온다.
이래저래 여름에는 세심하게 챙겨야 하는 부분들이 많은 것 같다.

아침에 비가 와서인지 아이들도 일어나기 살짝 싫어했지만 금새 옷 입고 학교 갈 준비를 끝냈다.
기특하다. 스스로 할 수 있는 일들이 많아지면서,
내 아침 시간도 덩달아 여유로워졌다.

언젠가 이렇게 덥고, 습한 등교 전 이런 날들이 또 추억되겠지….

후회

나는 왜 이럴까… 또 후회로 하루를 마감한다.

처음 보는 사람에게는 그렇게 상냥하게 대하면서 정작 가족에게는 불친절하다. 뒤돌아서서 후회할 말을 왜 굳이 내 입에서 나가게 했을까… 후회하고 후회한다.

인생은 후회의 연속이라고 지인분이 말했던 것이 정말 맞다. 금방 후회하면서, 내가 왜 그랬을까 가슴을 치며 그러지 말걸. 후회하는 말을 하고 있다… 인생 중반전을 보내고 있는 나에게 실망을 하면서 조금 더 성숙한 인간이 되지 못한 내가 싫어진다.

나이가 들면서 노력한다고 했는데도 그게 잘 되지 않는다. 그래도 조금 좋아진 것은… 미안해… 죄송합니다. 라는 말은 바로 하게 된 것이다.

부모자식 간에도 서로 실수한 부분은 쿨하게 인정하고 죄송합니다… 제가 실수했습니다… 먼저 말하는 것이 좋다고 생각한다.

오늘 내 말실수로 인해 마음이 상한 내 가족들의 마음을 살피며… 오늘보다는 내일 조금 더 성숙한 사람이 되기 위해 노력해야겠다.

짜증귀신

오늘도 짜증스럽다는 단어를 달고 산 것 같다.
주말 동안 일정이 많았는데, 아이들도 열이 나고 콧물이 많이 났다. 별일 없이 잘 지나가겠지 했는데, 아이들도 나도 많이 피곤했나 보다.

몸이 힘드니, 조그만 일에도 짜증스러웠다. 일은 왜 이렇게 많은지… 해야 할 일들이 앞에 있으니… 어디서부터 해야 할지… 언제 또 끝낼지…. 힘들다. 힘들어 남편한테 문자로 폭풍 잔소리를 하고… 뒤돌아서서 일단 보이는 것부터 정리했다. 집안 살림은 정말 하루만 안 해도 티가 확 난다.

주말에 잠시 휴식을 가진 게… 오늘 아침 폭풍 땀을 흘렸다. 아이들을 챙겨서 병원에 갔다 오니… 온 몸이 흠뻑 땀범벅이다.

서둘러 아침을 챙겨 먹였는데, 잘 먹지 않는 둘째….
몇 숟가락 먹이고, 결국 과일을 먹었다.
날씨가 더워서 그런지… 나도 아이들도 지쳤다.
아침 일찍 출근하는 남편이 오히려 부러웠다.

일을 하고, 시원한 커피 한 잔으로 머릿속 짜증귀신, 마음속 짜증귀신을 몰아내본다.
나가라… 할렐루야… 큰 소리로 외쳐본다.
짜증내봤자… 나만 제일 힘들다. 운전하다 급하게 끼어든 차에 대고 욕해봤자… 그 욕은 나만 듣는다.

그래… 짜증귀신도 나만 듣고, 나만 보는 거니… 가까이 두지 말자….

작은 변화

다시 일을 시작한 지 이제 5달이 지나고 있다. 막막했던 일상은 이제 어느 정도는 차분하게 일을 시작할 수 있게 되었다.

처음 한 달은 '도와주세요. 이거 어떻게 하는 거예요.'라는 말을 제일 많이 한 것 같다. 2년을 쉬었으니… 생각나는 일이 거의 없었다. 사실 엊그제 무엇을 했는지 잘 생각나지도 않는다.

그만큼 700여 일을 정말 오로지 나만을 위해, 가족들을 위해 살았다. 그렇게 2년을 보내고 나니… 휴가가 어떤 의미인지… 나에게 일은 무엇인지 알 것 같다.

일을 하고… 그 사이 휴가를 잠시 보내고 나니… 더 휴가 시간이 즐겁고, 더 알찬 시간이 되었다.
사람이 시간이 많다고, 즐겁게 그 시간을 여유롭게 다 보내지 않는다는 걸 알기에… 이제는 하루 중 꼭 내 짧은 휴식 시간을 갖는다.

대부분 아침 시간이지만, 그 시간도 아주 소중하다.
커피 한 잔과 빵 한 조각의 여유가 얼마나 좋은지 모른다.

아마도 긴 휴식 시간이 없었으면, 잘 몰랐을 것 같다.

짧은 휴식과 여유 있는 하루… 내가 할 수 있는 일이다.

못된 선배

가끔은 만나고 싶지 않은 인연들이 있다. 그런데, 그런 인연일수록 잘 만나게 된다. 어제 모임에서도 그런 비슷한 경험담을 이야기했다.

20년 전쯤 신입사원일 때 유독 신입직원들을 못살게 굴던 선배가 있었다. 몇 개월 먼저 들어왔다는 이유로… 정말 눈에 거슬리게 선배 노릇을 했다.

내가 나중에 후배들을 맞이하면 저런 선배는 되지 말아야지…. 다짐하고 또 다짐했다.
그만큼 우리 동기들 사이에서 유명했다. 그런 선배를 우연한 기회에 마주치 게되었다. 그런데… 웬일인가, 너무 반갑게 나를 맞이

하는 게 아닌가….

 속으로 웃음이 나왔다. 누가 보면 진짜 친한 사이처럼 보일 수 있었을 것 같다. 인사치레 인사를 나누고, 잘 가라는 인사로 마무리했다.

 속마음과는 다르게 피식하고 웃고, 인사를 나누었던 나도… 나이가 들었구나. 생각했다. 지나간 일이니… 굳이 따져 묻지는 않겠지만… 집으로 돌아오는 길… 남을 괴롭힌 장본인은 진짜 모르는구나… 생각했었다.

하늘

 계속되는 무더위에 숨이 턱턱 막힌다. 한낮 기온이 30도가 넘어가면서, 조금만 움직여도 땀이 비 오듯 흐르고… 쉽게 지친다.

 이런 날씨에는 야외활동보다는 실내에서 조용히 보내는 걸 추천한다. 좋아하는 책 한 권을 들고 조용한 카페에 앉아서… 향 좋은 티 한 잔으로 시간을 보내본다.

그러다 문득 하늘을 올려보니, 푸른색 하늘과 하얀 뭉게구름이 시선을 잡는다. 언제 저렇게 푸른 하늘이 있었지… 내가 하늘을 올려다본 게 참 오랜만이구나… 생각했었다.

일상을 보내다보면, 가끔 이런 순간들을 놓칠 때가 있다.
푸른 하늘만 조용히 올려다봐도, 시원한 기분이 들 때가 있다.

택시

택시를 타고 이동 중이다. 40km 넘은 거리를 이동하니, 이런저런 이야기를 많이 나누었다. 32년 공무원 생활을 하시고, 퇴직 후 택시운전을 시작하셨다는 기사님은 자녀분들을 참 예쁘게 키우신 것 같았다.

이런저런 이야기를 하다 보니, 금방 목적지까지 도착했다. 기사님과 대화 속에서 30년 넘게 어떻게 지내셨는지 금방 알 수 있을 것 같았다.

　자녀분들이 모두 출가하고, 30년 직장생활을 끝내고 개인택시를 사셨다고 한다. 쉬엄쉬엄 택시를 하신다는 기사님은 참 친절하셨다.

　노후에는 자녀들을 가까이 두고, 살고 있다면… 손주들 보는 재미로 하루하루 즐겁다고 하셨다.
　평생을 일을 하다 보니… 1년을 딱 쉬고 나니… 이제는 노는 게 더 힘들다며….

　직장 생활을 할 수 있을 때 열심히 하라고 조언해주셨다.
　나 또한 이제 어찌 보면 다녔던 날보다 다닐 수 있는 회사로 가는 발걸음이 적기에….

　새삼 직장생활의 고마움을 느낀다.

장마

더운 날씨 다음날은 어김없이 장대비가 내리는 요즘이다. 장마 기간이라고 하기에는 비가 내려도 너무 많이 내리는 요즘이다.

번개까지 치면서 장대비가 내리니… 우산을 써도 소용없다. 비를 다 막기에는 우산의 역할이 부족하다.
이럴 때는 잠시 비를 피할 곳을 찾거나, 잠시 차에서 대기한다.

그치지 않고 내릴 것 같았던 비도… 조금만 기다리면 빗줄기가 거짓말처럼 가늘어진다. 이때, 이동을 하면 옷이 다 젖지는 않는다.

이 비를 뚫고 목적지까지 갈 수도 있겠지만, 잠시 여유가 있다면, 그냥 비가 그칠 때까지 잠시 기다려보자

근처에 카페가 있다면, 따뜻한 차 한 잔 시켜두고 비 구경도 좋은 방법이다. 향 좋은 커피가… 밖에 내리는 커피와 함께 만나니… 편안한 마음까지 든다.

지난달부터 정신없이 보내는 날들이 있었다. 내 손을 거치고,

내가 발로 움직여야 하는 일들이 많아서….
 솔직히 짜증도 나고 힘들었다.

 아직 끝나지 않은 일들… 다 지나고보면 별일 아니겠지… 창 밖으로 내리는 비를 보면서… 그렇게 생각해본다.

입추

 아침밥을 챙겨 먹이고, 커피 한 잔을 마셨다. 아침부터 찜통이니… 조금만 움직여도 땀이 주르륵 흐른다.
 이런 날은 에어컨 바람이 주는 차가움이 너무 좋다.

 찬물로 샤워를 해도 주르륵 흐르는 땀방울은 어쩔 수가 없다. 오늘이 입추라고 하니, 조금만 있으면 이 더위도 지나갈테고… 선선한 가을바람을 느낄 수 있을 것이다.

 옛날처럼 4계절을 뚜렷하게 느낄 수는 없지만… 우리나라는 봄, 여름, 가을, 겨울 계절이 있어서 살랑이는 바람결에도 계절의 바뀜을 알 수가 있다.

 아침 출근길 바람이 서늘하다고 생각된다면, 가을이 깊어지고 있다는 증거다. 이럴 때는 나들이 다니기도 좋고, 캠핑을 다니기도 좋다.

 낙엽 사이를 바스락바스락 걷다보면, 다른 생각들이 들지 않고 평안해진다. 이 더위가 가을 생각만으로도 시원해진다.

 입추인 오늘… 하루하루 바람의 온도가 바뀌고 있는 걸 느끼면서… 2024년 지나가고 있는 이 무더위를 즐겨보자.

매일

 매일 새로운 일들이 생겨난다. 생각지도 못했던 일들이 생겨나면서, 당황할 때도 있고 힘들 때도 있다.
 나이가 들어가면서, 더 뜻밖에 일들은 자주 일어나는 것 같다.

나이가 든다는 건 책임져야 하는 부분이 커지는 것이 아닐까 생각된다. 책임감은 가끔 어깨를 무겁게 하고 발걸음을 무겁게 한다.

무거운 발걸음과 무거운 어깨를 경험한 사람들은 알 것이다. 스스로 해결하지 못하면, 누구도 해결해 줄 수 없다는 것을…

이럴 때는 지금 당장 할 수 있는 일을 생각하지 말고, 바로 조금씩 해결해가는 것이 중요하다.

조금씩 아주 조금씩 해결하다보면, 조금씩 어깨와 발걸음이 가벼워지는 걸 느낄 수 있을 것이다.

처음에는 답답할 수 있으나… 조금만 시간이 지나면 내 어깨의 짐이 조금은 가벼워진 것을 느낄 수 있을 것이다.

그래… 오늘 당장 해결할 수 있는 일들을 해결해보자.

막바지 무더위

이번 주만 지나면 2024년 무더위도 수그러들지 않을까 생각된다. 타는듯한 찜통더위지만, 계절의 변화 앞에서는 여름도 계속 버티지는 못할 것이다.

오늘 아침도 비 오듯 땀이 나고, 공기 중에는 습도가 높아서 조금만 움직여도 피곤해진다.

그래도 입추가 지났으니 곧 가을이 올 것이라는 희망을 가져본다. 선선한 바람이 불면, 아침저녁 산책하기 너무 좋을 것이다.

가을밤 산책은 그 무엇과도 바꿀 수 없는 선물 같은 시간이다. 코끝에 살랑이는 바람 따라 걷다보면, 1시간이 훅 지나가는 건 일도 아니다.

글을 적는 것만으로도 벌써 가을이 온 것 같아,
마음이 시원해진다.

가을… 가을이 기다려지는 오늘 아침이다.

무더위에 지치는 일상 속에서, 올해 선선한 가을은 선물처럼 찾아올 것 같다. 올가을에는 계획된 여행계획도 있어서… 더 설렌다.

알록달록 단풍 구경도 하고… 아이들과 좋은 추억을 만들러 떠나볼 계획이다.

가을

가을이 오고 있다. 우연히 올려다본 하늘이 높아진 것 같은 기분이 드는 건… 나만 그런 걸까….

무더운 날씨 때문에, 시원한 가을을 기다리는 내 마음 때문에 하늘이 높아보일 수도 있을 것 같다.

이번 달과 다음 달 초중순까지만 바쁘면, 계획된 일들이 마무리가 된다. 일이 마무리가 된다는 것은 내게 시간이 조금 더 자유로워진다는 의미도 된다.

나 혼자 하는 일이 아니기 때문에 무슨 일이든… 계획된 일은 계획에 맞게 끝나야 된다. 조금 미뤄지는 것은 괜찮지만… 계획에 차질이 생기면 뒷감당이 힘들게 된다.

작은 일이지만… 계획에 맞게 그때그때 일이 끝나야 다음 일이 순조롭다. 농사일도 마찬가지이다.

때에 맞게 씨를 뿌리고, 농약을 치고, 농작물을 관리해주어야 한다.

그때를 놓치면, 농작물 수확이 적고, 때로는 농사를 망치게 되는 경우도 있다.

2년을 휴직하면서도… 때가 되면 나도 모르게 지금 이맘때는 이런 일을 했었지… 해야 하지라고 생각했었다.

휴직 기간에는 따로 업무가 없는데도… 나는 그때가 될 때마다 일 생각이 들었다.

나도 모르게 몸에 배인 습관일 것이다.

언제 지금 하고 있는 일을 그만둘지는 내 판단이다. 그런데… 나는 계획된 그만둠을 선택할 것이다.

미리미리 준비된 계획표대로… 내가 하고 싶은 일을 하기 위해서… 오늘도 화이팅이다.

가계부

반찬 가게에 왔다. 날씨가 덥고, 바쁘다는 작은 핑계를 대면서, 기분 좋게 반찬을 사러 왔다.

아이들이 아직 반찬을 많이 먹지 않고, 4식구가 저녁 정도만 다 같이 먹으니… 집에서 반찬을 해두면 늘 남게 된다.

내가 끝까지 비빔밥으로 먹으려고 해도 한계가 있다. 결국 남은 반찬은 버리게 되니… 조금씩 맛있는 반찬을 사먹는 것도 이 더운 여름에는 합리적인 선택인 것 같다.

살림을 잘하는 분들을 보면, 재료를 끝까지 남기지 않고, 반찬도 잘하시는 것 같다. 반면 나는 재료도 가끔 유통기한을 넘기거나, 상해서 버리는 경우도 있다.

꼼꼼하게 살림을 잘 사는 주변 친구들을 보면, 한달 식자재 비용도 정말 적게 쓰고 있었다.

매달 정해진 비용을 딱 정해두고, 그 이상 생활비가 들어가면 장보기를 그만하고, 그때부터는 냉장고에 있는 재료만으로 식사 준비를 한다고 한다.

당연히 가계부는 쓰고 있고, 한 달 적금도 꼬박꼬박 잘 넣고 있었다. 소비는 하면 할수록 그 크기가 커지는 것 같다. 반면, 절약은 몸에 배면… 큰 자산이 된다.

비슷한 가정 규모에서도 어떻게 소비하느냐에 따라 알뜰살뜰 가정을 꾸릴 수 있다.
오늘 반찬 가게에 들어갔다가… 문득 어제 만났던 지인분의 가계부 정리 방법이 생각났다.

지금 당장 내가 살고 있는 살림 형태를 바꿀 수 없지만, 조금씩 소소한 저축과 절약을 해보려고 한다.
5년 뒤 내가 하고 싶은 일을 하기 위해서는 꼭 필요한 과정이다.

버스

주말 아침 버스로 이동해서 목적지까지 갈 예정이다. 평소에는 자차로 이동하는데, 주말에는 대중교통을 이용하는 편이다.

운전을 하지 않으니… 인터넷 기사도 볼 수 있고 이렇게 글도 쓸 수 있어서 참 좋다. 무엇보다 차를 가지고 다니면 주차 문제와 막히는 구간 등 내가 어찌할 수 없는 일들이 생기는데, 대중교통은 이런 문제가 없다.

지하철은 제시간에만 타면, 목적지까지 한 번에 막힘없이 잘 데려다주고, 요금도 매우 저렴하다.
주차 걱정과 운전을 하면서 받는 스트레스가 적으니… 모임이나 일정을 소화할 때도 조금은 여유로워지는 것 같다.

버스와 지하철… 두 다리만 있으면, 서울·경기 웬만한 장소는 시간이 조금 더 소요되어서 그렇지…. 편하게 이동할 수 있다.

커다란 버스를 타는 순간부터는 내 손과 발은 자유다. 이 시간에 조용히 풍경도 구경하고, 못 봤던 글도 읽고….
참 좋다.

오늘 하루 내 두 다리와 함께해 줄 버스와 지하철….
고맙다.

덥다 더워

아침부터 덥다. 더워… 를 몇 번이나 말하고 있다. 주말에는 이렇게 덥다고 하니… 아이들을 데리고 짧은 피서를 다녀와야 할 것 같다.

무더위가 지나가겠지… 했던 생각은 아침에 문을 열고 나오면 금방 사라져버린다. 찌는 듯한 더위는 지칠 줄도 모르나 보다.

아이들 아침을 챙겨주고, 회사 일을 하고 나니 배가 고프다. 정작 내 아침은 챙기지 못했구나… 하고 돌아보니 벌써 점심시간이다.

먹고 싶었던 매콤한 음식을 먹어볼까 생각 중이다. 제육볶음과 된장찌개를 먹을 생각에… 벌써부터 설렌다.
직장인에게 점심시간은 하루 중 가장 기다리는 시간일 것이다.

오전 업무를 빨리 마무리하고, 점심 먹으러 가야겠다.
8월 무더위에 지치는 일들이 많지만… 따뜻한 밥 한 끼를 먹으면서… 힘을 내봐야겠다.

내가 좋아하는 성시경의 〈거리에서〉를 들으며….

네가 없는 거리에는 내가 할 일이 없어서
마냥 걷다 걷다보면 추억을 가끔 마주치지
떠오르는 너의 모습 내 살아나는 그리움 한 번에
참 잊기 힘든 사람이란 걸 또 한 번 느끼는 하루

산속 깊이

반가운 비가 내린다. 산속 깊이 들어와 있으니, 더 시원해지는 것 같다. 토닥토닥 빗소리를 들으니 절로 잠이 온다.

뽀송뽀송하게 말린 이불은… 보너스다.
그냥 오늘 하루 쉼을 가져본다. 다음 주에도 회사에 중요한 일이 있다. 직장 다니는 사람들은 모두가 느끼는 스트레스이다.

일은 보람도 주지만, 작은 스트레스도 받게 한다. 쉬는 동안 일에 대한 부담감이 없어서 참 좋았다.
아이들을 돌보고, 집안일은 조금 해두면… 나머지 시간은 모두 나의 시간이었다.

　많은 시간을 나를 위한 시간으로 보내고 나니… 내가 진짜 좋아하는 것이 무엇인지 알 수 있었다. 회사를 다닐 때는 싫어하거나, 하기 싫은 일들도 내가 좋아하는 일이라고 착각하고 지냈던 것 같다.

　진짜 좋아하는 일을 하면, 사람은 피곤하지 않다.
　그저 하루가 즐겁고, 만나는 사람마다 모두 좋은 사람처럼 느껴진다.

　그리고, 그 모든 시간이 추억이 된다. 그 추억은 에너지가 된다. 오늘처럼 많은 복잡한 생각이 들 때… 그 추억을 하나 꺼내본다.

　그래… 이 또한 지나가리라. 좋은 추석으로.

쉼

　비가 또 내린다. 비가 내리면, 조금은 귀찮아지는 것들이 있다.

우산도 들어야 하고, 옷이 비에 젖으니… 습도가 높은 요즘은… 더 축축하게 느껴진다.

도로에도 차도 많고. 주차하는데 30분이 넘게 소요되고 있다. 이런 날은 휴가를 내고 하루 쉬고 싶다는 생각이 많이 든다. 아무것도 하지 않고, 반나절 푹 자고 싶다.

아마 며칠 동안 잠을 푹 자지 못했으니… 더 그런 생각이 드는 것 같다. 휴식이 필요한 요즘이다.
오늘 일만 잘 끝나면 이번 주 목, 금은 그나마 조금은 여유로운 시간이 있어서, 그나마 다행이다.

운전 중에도 꼭 2시간마다 쉬어가라는 문구처럼, 일주일 5일 동안 쉼 없이 달리면, 늘 고장이 난다.
몸은 24시간 계속 일할 수 있는 기계가 아니기 때문에 꼭 쉬어야 한다. 사실 기계도 너무 가열시키면 잔고장이 나니… 기름칠도 해주고, 점검도 필요하다.

며칠 잘 먹지도, 잠도 설치니… 어제 오후에는 어질어질했다. 자동차까지 말썽이라… 피곤한 몸을 이끌고, 자동차수리소에 갔다.

큰 고장이 아니라서 금방 고치고 집으로 돌아갈 수 있었는데,

바로 집으로 들어가지 않고 집 근처 카페에서 시원한 커피 한 잔을 마셨다.

고소한 커피 맛이 나는 커피를 마시니… 잠시나마 휴~~~ 하고 숨이 나왔다. 바로 집으로 가지 않고, 잠시 옆길로 새서 내 시간을 가진 것은 참 잘한 것 같다.

며칠 동안 쌓인 피로감이 잠시 덜어지는 순간이었다.
그래… 이거였지… 잠시 멈추고, 심호흡을 하고, 차를 한 잔 마시는 것….

쉼….

문방구

아이들 학용품을 사러 문구점에 갔다. 연필과 공책을 사고 무인 계산대에서 계산을 했다.

내가 학교 다닐 때 학교 근처에는 아주 오래된 문방구점이 있었다. 뽑기도 할 수 있고, 가게 앞에는 오락기도 몇 대 있어서 하교 후 문방구 가는 게 하루의 일과였다.

500원 컵떡볶이도 있어서, 출출한 배도 채우고 친구들과 이야기를 나누느라… 시간 가는 줄도 몰랐다.
휴대폰이 없어도 그 많은 시간을 꽉꽉 채우면서 놀았다.

지금 생각해도 참 신기하다. 그 많고 많은 시간을 어떻게 보냈는지…. 모든 것이 지금처럼 풍족하지 않았지만… 부족하다고 느껴지지 않았다.

그저 해가 뜨면 학교에 가서 놀고, 공부보다는 친구들과 장난치고, 싸우고, 화해하고… 울고…. 참 하루하루 즐거운 일들이 많았다.

그리고, 친구 집에도 참 많이 놀러갔었다.
학교가 끝나면, 친구들과 우르르~~ 친구 집에 놀러가는 게 자연스러웠다.

지금처럼 놀러가도 되는지… 언제 집에 오면 되는지… 부모님께 허락받는 일이 많지 않았다.

그도 그럴 것이… 굳이 말하지 않아도 어디서 노는지 다 알고 계셨다.

실컷 놀고, 문방구에서 과자를 사서 친구들과 나눠 먹으면… 세상 부러울 것이 없었던 시절이다.

무인 계산대를 보면서, 옛 추억에 잠시 잠겼던 아침이었다.

빵

자주 가는 빵집이 있다. 이른 시간에 가게를 오픈해서, 가끔 커피와 빵을 먹곤 한다. 아침 시간에 커피를 마시고 있으면, 아침 일찍 출근하는 사람들이 많이 보인다.

덜 말린 머리와 잠이 덜 깬 사람들은 지하철과 버스를 타려고 바삐 움직인다. 아침 시간은 모든 사람들에게 참 바쁜 시간이다.

오늘은 벌써 수요일이다. 일주일 근무 중에 딱 반… 잘 다녀오라는 인사를 힘차게 하면서 하루를 잘 보내보아야겠다.

하루에도 몇 번씩 찾아오는 반갑지 않은 마음속 친구를 잘 달래가면서… 오늘 내가 가장 좋아하는 일을 하는 수요일을 보낼 수 있도록 해보자.

사람은 본인이 가장 좋아하는 일을 할 때 반짝반짝 빛이 난다. 내가 가장 좋아하는 일… 가끔 잊고 지낼 때가 많다.

잊고 지냈던 취미생활을 다시 꺼내서, 시작해보는 수요일이 되길… 바라 본다.

답답함이 밀려오고, 앞이 보이지 않는 터널을 지나는 것 같은 기분이 들때… 내가 가장 좋아하는… 좋아했던 것들을 해보는 거다.

상황이 금방 바뀌지는 않지만, 그래도 내가 좋아하는 일들을 하다보면… 주변 환경이 바뀌니… 잠시나마 숨을 쉴 수는 있을 것이다.

지금 이 순간 아무 글이나 적고 있는 나도… 잠시 현실에서 글 세계 속으로 잠시 들어가는 시간이다.

이 시간을 즐겨보자.

아침

주말 아침은 여유가 있다. 아침밥도 조금 천천히 준비하고, 아이들도 느긋하게 아침에 하고 싶은 일들을 한다.
피아노도 치고, 리코더도 하고… 재미있는 아침을 맞이한다.

나는 어제 조금 늦게 잠들었는데, 새벽에 더워서 잠시 일어났다. 둘째도 더위에 약해서, 나랑 같이 일어났다.
에어컨을 잠시 켜두고 다시 잠을 청했다.

무더웠던 올해 여름… 저 에어컨 없이 살았다면… 생각하는 것만으로도 땀이 흐른다.

시원한 아이스아메리카노와 에어컨 바람… 잠시 더위를 식히는 것으로 이것만 한 것이 없다.
최고의 피서는 내가 제일 좋아하는 걸 마음껏 할 수 있는 시간이 허락되고, 공간이 있다는 것이 아닐까…

오늘 이 아침에도 시원한 찬물로 세수를 하고, 시원한 아이스아메리카노로 하루를 힘차게 시작한다.

행복은 그냥 문으로 들어오는 것이 아니기에… 오늘도 문을 열고 설레는 일을 하러 밖으로 나왔다.

외부 약속이 있는 오늘은 오후에는 조금 바쁘게 움직여야 되지만, 저녁에는 한가하니… 아이들을 데리고 아이들이 좋아하는 곳으로 가야겠다.

어릴 때 행복했던 기억은 커서 큰 자양분이 된다고 했다.
바쁘다는 핑계와 일한다는 명분으로… 많이 놀아주지 못 해서… 늘 마음이 그렇다.

커피

어제까지 차가운 커피를 마셨는데, 오늘은 얼음 2개를 넣은 따뜻한/미지근한 커피 한 잔을 주문했다.
거의 매일 만나는 빵집 사장님은 언제봐도 푸근하시다.

누가 봐도 빵집 사장님 같으셔서, 빵도 사러 오지만 그 푸근함에 기분이 좋아진다.

우연히 티브이를 보다가, 어떤 교수님께서 방바닥에 행복의 압정을 많이 깔아두라고 하시는 말씀을 들었다.

소소하게 매일 조금씩의 행복 압정은 큰 행운보다 사람의 삶을 더 행복하게 해준다. 그중 하나가 주변 사람들과의 만남이다.

부모님, 형제들은 자주 볼 수 없으니, 매일 집 주변에서 만나는 사람들과 친분 관계를 잘 맺으면 거기에서 오는 행복이 크다는 것이다.

맞는 말씀이다. 이사 오기 전 세탁소 사장님, 커피숍 사장님,야채 가게 사장님 매일 지나가며 만나니… 친해질 수밖에 없었다. 그래서인지, 서로 안부도 묻고 간식도 나눠 먹는 사이가 되었다.

그저 물건만 사고, 파는 사이가 아닌… 서로의 안부를 묻고… 소소한 일상을 공유하였다. 잠깐이지만 그 시간이 참 좋았다.

매일 만나는 사람들과 웃으며 하루를 시작해보자
특히, 가족들과 아침 인사는 중요하다.

잘 잤어, 잘 다녀와, 잘 갔다 와. 일상의 대화가 참 중요하고, 소중한 아침이다.

일상

회사생활을 시작한 지 19년 차. 거의 20년을 했으니… 이제 나도 전문가인가… 하고 생각했던 적이 있다.
근데 그건 얼마 가지 않아 와장창 무너지고 말았다.

일도 잘 되지 않고, 내 마음도 한순간에 바닥으로 떨어지고 말았다. 의기소침해진 나는 마음 기댈 곳이 필요했지만… 그러지 못했다.

내가 괜히 힘들다고 하면, 가족들은 걱정을 할 것이고… 친구들은 각자의 회사 일이 있으니… 내가 정말 무엇이 잘못된 것인지… 무엇을… 놓치고 있는지 모른다고 생각했다.

이 또한 내 생각이었다. 힘든 시기에 가족들은 내가 힘든 걸 알고 있었고, 친구들은 내 성격을 가장 많이 알기에… 내가 하고 싶은대로 일단 해보라고… 학교 다닐 때도 나는 실행하면, 걱정이 없어지는 성격이었다고… 무조건 믿어주었다.

그 덕분에 사회초년생 무슨 일이든 할 수 있을 것 같았던 열정적이었던 내가 길고, 끝나지 않을 것 같았던 권태기를 지나… 결혼하고, 아이들과 복닥복닥 지내다 보니… 조금은 차분하고, 성숙한 단계로 넘어왔다.

30대 초중반을 힘들었다고만 생각했는데, 사실 그건 훈련이었다. 견디고, 버티고, 잘 적응하니 다시 좋은 날이 왔다.

오늘처럼 아침에 급한 회사 일이 닥쳐와도 늘 그래왔듯이 아이들을 잘 보내고, 시원한 차 한 잔으로 글을 적고
오늘 하루 해야 하는 일들을 생각해본다.

그래… 할 수 있다. 잘 해야 한다는 부담감, 열정은 이미 내 깊은 곳에 있으니… 이제부터는 즐겁게, 보람된 일을 해보자.

새벽

오늘은 이른 아침부터 일이 있어서, 아침 일찍 출근해야 했다. 곤히 잠들어 있는 아이들을 깨우기 미안했는데, 아는 것처럼 아이들도 일찍 일어나주었다.

덕분에 아침도 먹이고, 학교 갈 준비도 다 해두고 여유롭게 출근 준비를 할 수 있었다. 고맙다.

즐거운 금요일 아침… 여유 있는 아침을 시작한 덕분에 기분도 편안하다. 즐거운 아침을 시작하는 이 시간….
모든 사람들이 각기 다른 일상의 아침을 보내고 있을 것이다.

아침 식사를 준비하거나, 아침 공부하는 학생, 출근 준비를 하는 직장인들, 벌써 일을 시작한 사람들….
부지런히 아침을 준비한 사람들 모두 즐거운 하루가 되길 기도해본다.

기도하는 것이 그 어떤 것보다, 큰 힘을 가지는 것을 알기에 요즘 문자나 통화를 맺을 때 기도할게…. 기도하겠습니다. 라는 말을 많이 적는다.

힘든 사람들에게 작은 위로와 격려는 때로는 정말 큰 힘을 준다. 나 또한 힘들 때 위로를 받은 적이 많다.
나를 잘 아는 친구들과 주변 지인들이 건너는 따뜻한 말들은 딱딱했던 내 마음을 몰랑몰랑하게 만들어주었다.

참 고마웠다.

아침 출근길을 여유롭게 만들어준 아이들에게도 고맙고, 고맙다. 고마워, 사랑해, 미안해 이 세 단어에 인색하지 않은 삶을 살고 싶다.

고마워, 사랑해

관심

유독 타인에 대한 시선과 평가에 예민했던 시기가 있었다. 회사에서도, 퇴근해서도… 내가 받은 평가를 생각하고 또 생각했었다.

그리고, 다른 사람들이 나를 어떻게 바라보고 있는지가 중요했던 때도 있다. 식사 자리에서 누가 나에 대해 이야기하면 칭찬을 해도 그 소리가 불편하게 느껴진 적이 있다.

오히려, 칭찬을 반대로 해석하는 경우도 있었다. 더 열심히 하라는 말을 칭찬으로 돌려서 하나… 있는 그대로를 받아들이는 대신 꽈배기를 먹은 것처럼… 한번 더 생각했었다.

지금 생각해보면, 진짜 칭찬이었고 격려의 말이었다.
그래, 그랬다. 그리고, 나는 사회초년생이었다.
모든 일을 조심조심 하고 있었고, 눈치도 많이 보았다.

그런데 그랬던 신입직원은 한 해, 두 해가 가면서… 성장했다. 다른 사람들의 평가도 중요하지만… 스스로를 발전시키는 것은 결국 본인을 잘 알고, 스스로 동기부여를 하는 것이었다.

승진과 인센티브는 그 순간은 좋아보이지만… 그 행복한 시간이 길지는 않았다. 내가 하루하루 행복했던 순간은 내 일에 자부심을 가지고, 내가 성장하고… 더 넘어서 다른 사람에게 평가보다는 도움이 되고, 도움을 주었던 때였다.

어제도 어떤 분이 나에게 물었다.
왜 이렇게까지 하냐고… 나는 대답했다. 우리 어머니도 허리가 아프서서 잘 못 걸으신다고… 나는 그렇게 자연스럽게 내 관심을 내 손길을 필요로 하는 곳으로 돌렸다.

더 많이 도와주고 싶은 사람들이 있으나 내 상황과 내 여건, 내 상태를 생각한다. 마지막 1% 에너지까지 쏟아서… 쓰러졌던 내 신입 시절을 떠올리면서… 나는 내 에너지를 축적한다.

그래… 에너지는 쌓였을 때… 더 많이 쌓인다.
오늘도 내 작은 관심과 따뜻한 마음을 조금씩 나눠보자.

후원 행사

지인으로부터 아침 일찍 전화 한 통을 받았다. 11월에 어려운 아이들을 돕기 위한 후원의 밤 행사를 연다고 하셨다.

정확한 날짜는 정해지지 않았지만… 우리 가족 4명의 입장 티켓 구매는 약속드렸다. 주변에 보면 남의 일을 자신의 일보다 더 열심히 하시는 분들이 계시다.
힘든 일도 마다하지 않으시고, 오히려 더 열심히 하지 못 해… 아쉬워하셨다. 참 대단한 분들이시다.
나는 솔직히 그렇게 행동하지 못할 것 같다.

특히, 이 더위에 집안에서도 조금만 움직여도 땀이 주륵주륵 흐르는데… 밖에서 뜨거운 불 앞에서 밥을 하시고, 에어컨도 없는 곳에서도 아이들을 위해 맛있는 밥을 하신다.

목에는 수건이 둘러져 있는데, 음식을 시작한 지 얼마 되지 않아 수건은 땀에 축축해진다.
연신 흐르는 땀은… 어떻게 할 수가 없고… 그저 흐르게 두셨다.

한번 하는 일회성이 아니라서… 더 존경스럽다.
매일 같은 시간에 식사를 준비한다는 것은 사명감 없이는 못하는 일이다.

내 작은 능력으로 많은 사람들이 행복하게 밥을 먹는 것을 보면… 행복하다고 하셨다. 그뿐이라고….
커피와 간식을 드시면서도… 눈가에는 웃음이 항상 있으셨다.

누가 시켜서 하는 일이라고 하면, 눈가와 입가에 번지는 웃음은 만들어지지 못할 것이다. 자연스럽게 내가 하는 일이 얼마나 보람된 일이고, 소중한 일인지… 이미 알고 계신 분들이셨다.

이런 분들이 계셔서, 세상이 더 따뜻해지는 것을 느낀다. 주님과 함께 은혜 가득한 후원의 밤 행사가 되길 빌어본다. 아멘

내 몸도 고장난다

긴 연휴 기간 동안 장거리 이동로 인해 아이들이 피곤했나 보다. 편도가 붓고, 기침을 시작하더니… 열까지 올랐다.

병원에 데리고 와서 영양수액을 처방받았고, 물을 많이 마시게 했다. 익숙한 집이 아닌 곳에서 며칠을 지내는 일은 어른이 나도 힘든 일이다.

아직 체력이 부족한 아이들은… 나보다 더 힘이 들었을 것이다. 둘 다 약 처방을 받고, 오늘 하루는 집에서 조금 쉬어야겠다.

내일은 다시 학교에 가야 하니… 걱정이 된다.
나도 힘든 일정을 끝내고 나면, 몸살이 올 때가 많다.
온몸이 두들겨 맞은 것처럼 아프고, 꾹꾹 쑤신다.

이럴 때는 물을 많이 마시고, 푹 자야 된다. 쉬는 것 말고는 감기는 사실 답이 없다. 약은 증상을 완화시키는 것이고, 근본적으로는 쉬면서… 내 몸을 돌봐야 된다.

아프다는 것은… 몸이 보내는 휴식의 신호이다.

이 신호는 빨리 알아차리고, 몸을 쉬게 하는 것이… 가장 큰 약이다.

아이들이 아프니… 나도 기운이 빠지지만… 최대한 밝게 아이들을 대한다. 엄마의 좋은 기운이 아이들에게 전달되어… 빨리 낫기를 바라는 마음이다.

감기야… 빨리 지나가라.

오늘, 내일 아이들 컨디션을 잘 살펴보아야겠다.

출발점

올해 초 계획했던 일들을 잘하고 있나… 생각해 보니… 절반도 이루지 못한 것 같다. 복직과 함께 시작한 영어 공부도 중간에 이런저런 핑계를 대면서… 수업 참석을 못 하고 있고… 운동도… 생각만 하고 실천을 못 하고 있다.

이런… 이러다가 2024년이 그냥 지나갈 것 같아서… 아침 일찍부터 당장 실천가능한 일부터 차분히 다시 시작해본다.

살림을 아주 잘하는 편은 아니지만… 최대한 정리정돈을 하면서 살고 있다. 정리되지 않은 집은 복잡한 내 머릿속 생각인 것 같아서… 아침 일과 중 가장 먼저 하는 일이 주변 정리이다.

매일 덮는 이불이지만, 깔끔하게 정리하고 건조기에 이불 털기 기능을 마음껏 사용하면서, 보송보송 이불을 만들어 둔다.

아파트 생활에서 가장 아쉬운 점이 이불을 햇볕에 쨍쨍 말리지 못하는 것이 아닐까 생각된다.
아쉬운 대로 최신기계의 힘을 빌려본다.

아이들 등교 준비를 돕고, 나도 부시시한 머리 대신 깨끗하게 샤워를 한다. 아침 일찍 찬물 샤워는 온몸을 한 번에 깨우는 힘이 있다.

그래… 이제부터는 운동과 잠시 중단한 공부를 시작해보자. 오늘 당장 운동화를 신고 밖으로 나가보자.
실천하지 않으면 아무 일도 일어나지 않는다.

12월 연말이 되려면 아직 3개월이나 남았다.

이 시간 동안 충분히 2025년을 준비할 수 있다.

올해부터는 1월 1일 그 해를 준비하지 말고, 이제부터는 마지막 분기부터 내가 하고 싶은 일, 해야 하는 일을 실천해보자.

가을이 왔다

지인들을 만나러 북한산 인근에 왔다. 가로수에 낙엽이 바람에 날리고 있다. 정말 가을이 왔다.

긴 무더위 때문에 지치고, 힘들었는데 거짓말처럼 어제 가을비가 내리면서 가을이 찾아왔다. 바람 사이에도 가을이 있고, 가로수 사이 사이에도 가을이 있다.

선선한 가을 덕분에… 기분까지 상쾌하다. 행복한 기분이 절로 드는 건… 기다렸던 가을이 갑자기 찾아와서… 더 그런 것 같다.

예고 없이 훅 찾아온 2024년 가을이 이렇게 반가울 수가 없다. 작년 가을에도 힘든 시기가 있었고, 복직에 대한 걱정과 근심이 있었다.

그런데, 어느 순간 6개월의 시간이 지났고, 나는 나름대로 적응을 해나가고 있다. 그 시간이 지나갈 때, 그 속에서 나도 행복한 일도, 슬픈 일도, 걱정거리도 있었다.

끝나지 않을 것 같았던… 여름이 지나가고, 이 가을이 이렇게 찾아왔듯이… 인생을 살아가면서 수많은 일들이 내 앞에 있을 것이다.

그럴 때마다 너무 슬퍼하지도, 너무 낙담하지도 말고…
오늘처럼 이렇게 갑자기 찾아온 가을처럼…;
갑자기 나도 모르게 근심이 사라질 거야…. 좋은 생각을 가져 보자.

그래…. 오늘처럼 행복한 마음을….

여행 계획

요즘은 아침에 매일 비슷한 시간에 눈이 떠진다. 늦게 잠들어도 알람이 울리는 것처럼, 그 시간이 되면 스르륵 눈이 떠지면서, 몸도 깨어진다.

찌뿌둥하거나, 일어나기 싫다는 느낌을 받지 않고 한 번에 잘 일어난다. 오늘 아침도 편안하게 이불 속에서 나와서 하루를 시작했다.

어제 사둔 토스트를 굽고, 미역국을 끓였다. 아침 공기가 서늘하니… 아침에 국을 끓여도 땀이 나지 않았다.
서울은 일요일 아침에도 맑음이라서… 오늘 가을 날씨를 제대로 느낄 수 있을 것 같다.

이렇게 갑자기 날씨가 좋아지다니… 반팔을 아직 입고 있지만… 곧 잠바를 하나 챙겨 다녀야겠다. 생각했다.
무더위가 지나고, 이렇게 가을이 찾아왔다.

다음 달 초에 가족여행이 계획되어 있는데, 그때도 이렇게 날씨가 좋기를… 빌어본다. 날씨가 좋으니, 무슨 일을 해도 기분이 좋다.

날씨에 영향을 받는 것은 사람만 그런 것이 아니다. 길거리에 다니는 강아지들도 아침 산책이 즐거운지 연신 꼬리를 살랑거린다.

어제 가로수에서 떨어지는 낙엽을 보니… 짧게만 지나갈 것 같은 이 가을을 제대로 즐겁게 보내야겠다고 생각했다. 그중 하나가 여행이다.

10, 11월 중순까지 특별한 일이 없으면, 주말여행을 다닐 예정이다. 아이들을 데리고, 다닐 생각에 미리 여행 준비를 해두었다.

어른들은 조금 불편해도 적응을 하지만, 아이들은 힘들면 아플 수가 있어서… 컨디션 조절이 가장 중요하다.

미리미리 준비를 잘해서, 좋은 추억을 많이 만들어야겠다.

여유

따뜻한 커피를 주문했다. 지난주와 이번 주는 하늘 땅 차이로 날씨 변화가 있다. 이렇게 화창해도 되나 싶을 정도로… 하늘이 맑다.

파란 하늘과 살랑이는 가을바람 덕분에… 한 걸음, 한 걸음이 즐겁다. 오늘 저녁에 밤 산책을 가고 싶을 정도로, 어제 저녁에도 시원했다.

새벽에는 베란다 문을 닫고 잘 정도로 살짝 춥기까지 했다. 감기 기운이 있는 둘째는 반바지에 긴 팔을 입혀서 학교에 보냈다.

좀처럼 떨어지지 않는 감기 때문에 계속 감기약을 먹고 있어서, 이렇게 환절기에 혹시나 감기가 더 심해질까 봐 조심하고 있다.

이 좋은 계절… 다음 주 예정되어 있는 가족여행이 더 기다려진다. 아이들도 하루하루 여행 갈 날만 기다리고 있다. 설렘으로 두 눈이 반짝반짝하고, 입꼬리가 실룩실룩거리는 아이들 표정이 너무 귀엽다.

시간이 있을 때 놀러가는 게 아니라… 없는 시간도 만들어서 놀러가야겠다.

이번 주와 다음 주 바쁜 일정만 잘 마무리하고, 잠시 휴식을 해야겠다. 일과 휴식은 병행해야… 큰 무리가 가지 않는다.

무슨 일이든 몰아서 해치운다… 고 생각했던 20대와는 다르게 이 가을 바람처럼… 서서히 스며들며 왔다가 서서히 빠져나가게 둔다.

너무 과하게… 너무 무리하면 안 된다는 것을 나는 이미 알고 있다. 그래… 자연스럽게… 가끔 어렵지만 연습해보자.

목포

5시간이 걸려서 드디어 목포에 도착했다. 중간중간 휴게소에 가기는 했지만… 정말 장거리 여행이다.
목포 관광을 시작하려고 하니… 비 님이 내리고 있다.
우선은 실내 박물관으로 들어가본다.

국군의 날이라서 박물관 입장료가 무료이다. 아이들과 구경하고, 근처에 있는 카페에 가서 아이스아메리카노를 마셨다.

오후부터 비바람이 거세지더니… 날씨가 차가워졌다.
옷을 단단하게 입고 다시 구경을 다녔다.

아침 일찍부터 장거리 여행을 해서인지 모두 조금은 지쳐 있었지만… 그래도 여행은 설렘이 있다.

3박 4일 일정… 화이팅!

시계

시계를 자꾸 보게 된다. 3박 4일 일정으로 제주도에 왔는데, 자꾸 시계를 보게 된다. 오기 전부터 날씨 걱정을 했는데, 다행히도 태풍은 잘 지나간 것 같다.

파란 가을하늘 덕분에 휴가가 더 즐겁다. 인원이 많아서, 식사도 걱정이 되었는데, 솜씨 좋은 언니 덕분에… 매 끼니마다 맛있게 먹고 있다.

장거리 운전을 해서인지… 어깨 뒤쪽이 뻐근해진다. 가만히 누워서 하늘을 보니… 살랑이는 바람이 볼을 스쳐간다.

오랜만에 누려보는 여유로운 휴가다. 여름휴가를 제대로 가지 못했는데, 제주도에 와서… 식구들과 여유롭게 휴가를 보내고 있다. 오전에는 날씨가 흐려서, 제주 앞바다를 제대로 보지 못했는데, 오후부터는 화창해서… 아이들도 신나보인다.

내가 좋아하는 음악을 듣고, 내가 좋아하는 커피를 마시는 이 시간이 진정한 휴가이다. 휴가가 별것 있나….
내가 좋아하는 소소한 것들을 하나씩 하는 게 중요하다.

살랑이는 바람에 잠시 눈을 감아본다. 오늘 밤에는 별이 많이 뜨길… 바라 본다.

출근

오랜만에 지하철과 버스를 탔다. 출근 시간 때는 사람들도 많지만… 걸음도 빨라서… 정신이 없다.
 오늘은 회사에서 늦게까지 미팅이 있는 날이라서… 차를 집에 두고 출근하는 길이다.

 밤늦게 운전보다는 대중교통을 이용하는 게 참 편하다. 이렇게 앉아서 갈 수 있으면, 짧은 글도 적을 수 있으니… 여러가지로 득이 많다.

 버스 밖으로 보니, 아파트 옆 작은 동산에 있던 나무들이 단풍 색깔로 어느새 옷을 갈아입고 있었다.
 언제 저렇게 울긋불긋 바뀌었을까… 참 예쁘다.

 꽃집 앞에도 가을을 알리는 국화들이 앞자리에 놓여져 있고, 가을을 알리는 꽃들이 가득했다.

 계절을 제일 먼저 알고, 피고 지는 꽃들을 보면서… 이사오기 전 집이 잠시 생각났다.

 단풍이 참 예쁜 집주변이었다. 아이들 등하굣길이 단풍잎 덕분에 더 즐거웠다.
 따뜻한 커피 한 잔을 단풍잎을 바라보면서… 마시고 있으면 세상 부러울 것이 없었다. 그만큼 풍경 덕분에… 커피도 맛있었다.

생각만 해도 행복해지는… 가을… 추억도 많아서, 더 기분 좋은 하루가 될 것 같다.

놀이

핸드폰 없이는 생활이 되지 않는 시대를 살고 있다. 어릴 때만 해도 핸드폰, 티브이 없이도 재미있는 일들이 너무 많았다.

그런데, 이제는 핸드폰 없이는 일상생활이 불편하다. 그리고, 친구들끼리 모여도 잠깐 근황을 물어보고 각자 핸드폰을 한 번씩 보게 된다.

옛날에 핸드폰 없이도 친구와 약속을 하고, 재미있게 놀았는데 요즘은 핸드폰 영상을 보면서 많은 시간을 보내고 있다.

그 많은 시간을 무슨 놀이를 하면서 보냈을까… 지금 생각해도 참 신기하다.

미디어 영상 노출이 심해… 내 생각을 깊게 할 수 없는 시대가 아닌가 생각된다.

친구들과의 놀이 속에서… 사실은 사회를 배우고, 사람들과 관계를 배운다. 그런데, 핸드폰은 일방적인 메시지라서… 무엇인가를 함께 공유할 수가 없다.

지난주 아이들과 여행을 통해… 나는 아이들의 해맑은 웃음을 가득 선물 받았다.

멋진 키즈카페도 없고, 좋은 장난감 없이도….
아이들은 밀려오는 파도에 까르르~~ 웃었다.
그리고 재미있었다고 했다.

유년기에 최고의 선물은 여행이구나… 생각했다.
그래, 올해 가을이 가기 전에 많이 많이 여행을 가보자.

은행나무

길가 은행나무가 조금씩 노오란 색으로 물들고 있다. 지나는 길마다 예쁘게 옷을 갈아입는 걸 두 눈으로 보니… 더 예쁘게 느껴진다.

행복한 마음이 절로 든다. 이렇게 선선한 가을날… 따뜻한 커피 한 잔으로 하루를 시작한다.

10월은 하루하루가 참 아쉽다. 곧 추운 겨울이 온다는 걸 알기에… 이 좋은 계절을 마음껏 느끼고 싶다.

산책하기 좋은 이 계절… 어제는 남편과 아이를 데리고 집 앞 동산 산책을 다녀왔다. 야트막한 산이라… 그리 힘들지 않게 정상에 올라왔다.

큰 나무가 만들어주는 그늘 덕분에… 더 시원하고 상쾌했다.

가을이 참 좋다. 산책로에 떨어진 도토리와 알밤도 어찌나 귀엽던지… 마음이 평온하니 세상 모든 것이 아름답다.

그래… 이렇게 내 마음 편하게 살아보자. 행복한 마음이 이렇게 소소하게 스며드니… 내 마음도 행복하다

인생 목표

내 책에 주인공을 고민해야 하는 시기가 왔다. 제일 먼저 생각나는 그룹은 대학원 동기들이다. 동기라고는 하지만 나보다 스물 이상 나이가 많으시니, 직장에서 은퇴를 하셨거나 은퇴를 고민하시는 분들이다.

10년 전부터 인연을 맺고 있으니, 나름 오래된 인연이다. 그래서 알게 모르게, 스며들 듯… 동기 분들 한분 한분 사정을 많이 알고 있다.

은퇴 전 집을 짓는 소원을 이루신 동기분은 지금도 주말마다 농촌집을 수리하고, 살피는 일로 바쁘다고 하신다.
미리 집터를 알아보고, 집을 설계하고, 아내 분과 꼭 살고픈 집을 수없이 많이 이야기하셨다고 한다.

집은 완성되었고, 농촌 생활도 자리가 잡혔으니 이제 은퇴 이후 삶에 어디서 살 것인지는… 정해지셨다며… 너무 좋아하셨다.

얼마 전 자녀분 결혼식을 갔었는데, 뭔가 모를 후련함이 있다고 하셨다. 부모로서 책임을 다했다는… 그 마음이지 않을까… 짐작해보았다.

몇십 년 동안 한 가정의 가장으로, 힘들 때도 직장생활을 가정의 생계를 위해 계속 다녔고, 집안에 힘든 일도 아내 분과 이겨내셨으니…

은퇴 이후의 삶은 오로지… 부부의 아기자기한 소꿉놀이가 되시길 바라 본다.

나는 은퇴 이후 삶을 조명하여, 글을 적어보려고 계획하고 있다.

몸살

으슬으슬 추운 것을 보니, 몸살이 오려나 보다. 며칠 이런저런 신경 쓸 일이 많아서, 잠을 제대로 못 잤더니… 몸 이곳저곳이 아파온다.

이럴 때는 하던 일을 멈추고, 잠시 쉬어야 한다. 2년 휴직을 하면서, 가장 많이 했던 것이… 잠시 멈추는 것이다.

쉼 없이 달려왔던 20대, 30대를 지나고 보니, 아쉬움 부분들이 많았다. 그중 하나가 바쁘다는 핑계로 아이들과 많은 시간을 보내지 못한 것이다.

아기 때 더 많이 놀아줄 걸… 그때 휴직하면서 아이들과 함께 보낼 걸… 후회가 든다.
아파트 산책을 하다가 이제 막 걸음마를 뗀 아이들을 보면, 우리 아이들 어릴 적 모습들이 떠오른다.

짹짹~~ 아기참새처럼 재잘재잘 작은 입을 오물오물거리고, 내 손바닥보다 작은 신발을 신고… 참 예쁘게도 걸어다녔었다.

아이들이 초등학생이 되고 나니… 아기 때 모습이 더 귀엽게 느껴진다. 나중에 성인이 되면, 지금 이 모습을 또 생각하겠지 싶다.

어느새 내 어깨만큼 키도 자라고… 발도 커지고… 말도 조리 있게 잘하는 아이들 모습이 기특하다.

일은 잠시 멈추고, 아이들과의 시간을 더 잘 보내기 위해… 내가 건강해야 한다. 몸살아 안녕~~

가을비

가을비가 떨어진 낙엽에 부딪히며… 타닥타닥 소리를 낸다. 오랜만에 비가 내린 것 같다. 가을비는 사실 농촌에 농부들에게는 반갑지 않은 손님이다.

한참 가을 수확을 해야 할 때 반갑지 않은 비가 내리면, 하던 일을 멈추게 하고… 일을 더디게 만든다.
겨울이 오기 전에 힘들게 농사지은 농작물을 거둬들여야 하니… 농부들의 마음은 초조해진다.

  시기를 조금이라도 놓치면, 한해 농사를 망치게 되기 때문이다. 무슨 일이든 그 시기에 꼭 해야 하는 것들이 있다.
  밭에 콩을 심는 시기, 논에 모내기를 하는 시기, 감자를 심는 시기 등 농사에 때가 있듯이… 말이다.

  인생에도 중요한 때가 있는 것 같다.

  공부를 열심히 해야 하는 시기, 직장생활에 집중해야 하는 시기, 아이들이 한참 자라나는 시기… 그때그때 중요한 시기를 슬기롭게 잘 보내는 것이 중요하다.

  지혜로운 사람은 그 시기마다, 미리미리 준비하고 대비하고… 그 어떤 상황이 와도 크게 당황하지 않고… 그때를 잘 보내는 사람일 것이다.

  그런데… 그런 사람이 많을까… 나는 크게 당황하는 사람이라, 그리 지혜롭지 못한 것 같다. 지나고 보니… 20대, 30대를 크게 당황하고, 울기도 많이 울었던 것 같다.

  지나고 보니 별일 아닌 일들이었는데… 그때는 왜 그리 크게 보였는지… 40대를 보내고 있는 지금은 어떤가….

 아직도 소소한 일상 속에서 크고 작은 일들이 있지만… 예전처럼 큰일 아니야… 하고 기도한다.

 곧 지나가는 일들이야… 그냥 지금 내가 겪어야 하는 그때가 온 거야… 하고 생각하고, 기도한다.
 나이가 든다는 것은 이런 경험들이 쌓여서… 나에게 작은 지혜를 주는 것이 아닐까 싶다.

 오늘도 내가 겪어야 하는 그 시간을 보내고 있다. 이왕 보내는 시간… 어제 예배 때 목사님 말씀처럼 끌려다니지 말고, 당당하게 힘차게 달려가보자.

불만

 짜증이 났다. 사실은 스스로에게 화가 난 것이 큰데, 그때를 참지 못하고, 내 입으로 내 얼굴 표정으로 그 짜증을 표출해버렸다.

한 번만 더 참고, 생각했으면 그냥 지나갈 일인데… 나는 그러지 못했다. 짜증을 내고, 화를 낸다고 해결되는 일도 아닌데… 나는 너무 쉽게 화를 내버렸다.

내가 낸 짜증은 내 입이 가장 먼저 알고, 내 귀가 제일 먼저 듣는데… 누굴 향한 짜증인가… 나이가 들면서 이 부분을 제일 많이 생각하고, 고민하는데 잘 고쳐지지 않는다.

상대방에게 여유롭고, 천천히 말하며 이해와 존중이 필요한 대화… 사실 정말 어렵다.
내가 체력적 여유가 없고, 시간이 없으면 상대방 말을 잘 듣기보다는 내 말을 듣기를 바라고… 내 시간이 가장 소중해진다.

누구나 내 말을 잘 들어주고, 호응해주고, 조금 다른 생각을 가지고 있더라도 함께 공감해주는 사람을 좋아하고 따른다. 그리고, 객관적인 자료나 비판이 담긴 말보다는 이해와 공감이 있는 말이 사람들을 설득하는 데 더 도움이 된다.

화를 내고, 짜증이 나면… 얼굴 표정부터 일그러진다. 바로 앞에 거울이 있다면… 그 모습이 참 밉게 보일 것이다.
미운 얼굴, 미운 말… 2024년이 지나기 전에….
내 모습, 내 말에 대해 다시 고민해보자.

무리

어제 무리했더니, 몸살이 왔다. 목이 붓는 것 같더니… 어김 없이 감기가 찾아왔다. 일을 무리하게 하거나, 스트레스 받을 때 감기는 꼭 찾아온다.

생각해 보니… 몇 년 동안 운동을 거의 하지 않았고, 비타민도 잘 챙겨먹지 않았다.
산책은 했지만, 몸에 땀이 날 정도의 운동은 거의 하지 않았으니… 몸이 버티지 못하는 것 같다.

몸에 좋은 것은 하지 않고, 달콤하고, 튀긴 음식을 좋아하니… 몸무게가 조금씩 늘고… 조금만 움직여도 쉽게 지친다.

예전에는 쉬는 것도 외부 활동을 많이 했던 것 같은데… 이제는 집에서 조용히 지내는 게 제일 좋다.
오늘처럼 이렇게 몸이 아플 때면… 평소에 운동을 좀 해 둘걸… 후회를 하게 된다.

몇년 전 아침에 요가를 한 적이 있는데, 참 좋았다.
가끔 가기 싫은 날도 있었지만, 막상 요가를 시작하면 찌뿌둥했던 몸이 시원해지는 기분이 들었다.

마지막에 바닥에 대자로 누워서, 잠시 명상을 하면 아주 짧은 시간 숙면을 한 것처럼… 몸과 마음이 편안해졌다.

이번 감기가 지나가면, 다시 요가를 시작해보아야겠다.

얼굴

어제 병원에 다녀온 뒤로 계속 얼굴에서 열이 난다. 링거를 맞고, 집에 와서 반찬도 하고 아이들 뒷정리도 잘 도와주었는데… 아무래도 이번 감기는 조금 오래갈 것 같다.

목은 여전히 부었고, 열이 나니… 두통이 수시로 찾아온다. 속도 울렁거리니… 오늘 점심은 간단히 건너뛰는 것이 좋을 것 같다.

찬바람이 지나간 자리에 어김없이 감기가 오는 걸 보니… 어른들이 말씀하셨던 계절을 타나 보다.

계절의 변화에 몸이 빨리 적응을 못 하니… 이렇게 골골하는 것 같다.

이번 주 일요일까지 일정이 있어서, 하루 쉬지를 못하는데… 그저 기침 없이 열만 올랐다 내렸다 하는 걸로 잘 지나가길 바랄 뿐이다.

언니한테서 걸려온… 걱정 한 통 전화가… 더 마음을 무겁게 한다. 감기로 머리가 지끈거리는데… 통화 내용은 그리 좋은 내용이 아니고… 해결 방법도 딱히 없어서 더 걱정이 된다.

나이가 들면서… 다른 사람이 하는 이야기가 내 마음에 들어오지 않을 때가 있다. 그런데… 가족들이 하는 이야기는 정말 한 번쯤은 새겨들었으면 하는 마음이다. 그 대상이 형제이기에 기도로 내 마음을 내려놓을 수밖에 없을 것 같다.

그저 잘 지나가길… 바라는 그 마음이… 부모님의 근심과 걱정이 조금이라도 덜어주길 바라는 마음, 아마 가족이라면 다 비슷한 마음이 들 것이다.

찬 바람 때문에 찾아온 감기보다, 전화 한 통이 더 내 몸과 마음을 무겁게 한다.

기다려지는 목요일

목요일 오후… 주말이 기다려지는 시간이다.

이번 주는 일요일에 회사 일정이 있어서, 토요일에는 아이들과 함께 맛있는 것도 먹고, 나들이를 나갈 생각이다.

아이들이 좋아하는 것을 위주로 동선을 짜고, 아이들이 먹고 싶은 것을 먹을 예정이다. 키즈카페나 문구점은 꼭 가게 되지만… 한 달에 한두 번 아이들이 하고 싶은 것을 같이 하는 것이 나도 재미있다.

까르르~~ 웃는 모습만 보아도 절로 웃음이 난다.

추운 겨울이 오기 전에, 아이들과 외부 활동을 많이 해야겠다. 집에만 있으면, 아무래도 티브이나 핸드폰을 많이 보게 되고… 활동성이 없으니… 밥 먹는 것도 시큰둥하다.

나들이를 하면, 구경도 많이 하고… 활동력도 많으니… 아이들이 밥도 잘 먹는 것 같다. 밥만 잘 먹어도 볼살이 포동포동 오르니… 한여름 복숭아처럼 얼굴에서 빛이 난다.

아직 춥지 않을 때 많이 놀러다니는 것이 아이들에게도 좋은 추억이 될 것 같다.

아이들에게 좋은 추억이, 나에게도 좋은 추억이다.

사탕

지난주 몸살과 두통이 있어서 링거도 맞고, 약도 먹었다. 금방 좋아지지 않아, 계속 약을 먹었지만 머리에 뿌연 연기가 있는 것처럼 … 맑지가 못했다.

그러다… 어제 지인을 만나, 나들이를 다녀왔는데 거짓말처럼 머릿속에 있던 연기가 사라졌다. 강바람에 연기가 사라진 것일까… 아님 언니와의 재미있는 대화 속에 연기가 사라진 것일까….

일이 있어 출근을 하면서 언니가 두고 간 사탕도 챙겨서 한 개 먹었더니… 눈도 맑아졌다.

참 신기한 일이다.

그렇게 독한 약을 일주일을 먹어도 지끈지끈하던 오른쪽 머리가… 하루아침에 이렇게 맑아지다니….

언니 가족들이 주고 간 엔돌핀이… 두통약보다 더 큰 치유제가 됐나 보다. 소소한 일상대화와 서로의 근황에 대해 이야기하다 보니… 몇 시간이 금방 지나가버렸다.

저녁 식사까지 함께 맛있게 먹고, 언니네 가족은 집으로 갔다. 남편과 뒷정리를 말끔하게 한 뒤 아이들과 포근한 이불에 누워서… 꿀잠을 잤다.

아침 일찍 일어났지만, 피곤하지 않은 주말 아침이다.

따뜻한 아메리카노 한 잔이 오늘따라, 더 고소하고 따사롭게 느껴진다.

아기 냄새

비가 내리는 화요일 아침이다. 어제 뉴스에서 오늘 비 소식을 예보하더니, 진짜 아침부터 비가 내리고 있었다.

보슬보슬 겨울을 알리는 겨울비인지, 가을을 마무리하는 가을비인지… 비 내리는 소리가 아침잠을 더 달콤하게 한다.

비 오는 날 아침은 유독 포근한 이불속에서 빠져나오기가 너무 힘들다. 10분만 더 자고 싶다는 생각이… 수십 번 들지만… 아이들 등교 준비를 해야 하니… 이불 속에서 나왔다.

막상 자리에서 일어나면, 아침 루틴 그대로 움직여지게 되는데, 그 시작이 너무 힘든 아침이었다.

물통에 물을 담고, 따뜻한 아침밥을 준비하고 오늘 입을 옷들을 살펴준다.

비가 오니 우비가 겸비된 겉옷을 준비한다. 그리고 아이들을 잠속에서 조금씩 깨워준다.

이불을 개려고 하니, 둘째가 이불을 파고든다. 조금만 입으로 조금만 더 잘래~라고 말하는 아이가 너무 귀엽다.
강아지처럼 부드러운 볼에 몇 번이고, 뽀뽀를 한다.

아직은 아기 냄새가 나는 것 같은 아이들에게 수십 번 뽀뽀를 해준 뒤 조금 뒤에는 최종기상을 알려준다.

밥을 먹고, 학교 갈 준비를 다 하려면 최소시간이 있는데, 거기까지는 최대한 이불속에서 잠을 깨우는 시간을 준다.

눈도 뜨지 못했던 아이들은 잠옷을 벗고, 씻고, 로션 바르고 옷을 갈아입고 밥을 먹는다. 아침잠은 너무 달콤하지만, 학교는 꼭 가야 하니, 학교 갈 준비도 잘한다.

반복되는 일상 속에서 비가 내리는 아침은… 나를 더 차분하게 만들어준다.

눈

새하얀 눈이 내렸다. 온 세상이 눈으로 덮이고, 포근해졌다. 눈이 내리기 전까지는 세찬 바람이 불고, 기온이 엄청 떨어지더니… 눈이 내리면서… 포근해졌다.

하얀 눈송이가 소복소복 내리는 걸 보니… 저절로 웃음이 난다. 아이들과 등교 준비를 하고, 밖으로 나와서 짧은 눈싸움을 했다.

둘째가 눈사람을 만들자고 해서, 아주 작은 눈사람도 만들어주었다. 아무리 좋은 장난감이라도… 이 눈을 대신할 장난감은 없을 것 같다.

친구들과 까르르~~ 웃으면서 등교하는 아이들 모습이 너무 예쁘다.

며칠이 지나면, 녹아서 사라질 눈이라서 더 아쉽다.

오늘따라 따뜻한 아메리카노와 쿠키가 더 맛있게 느껴진다. 눈이 내린 아침… 세상 모든 것이 더 포근하고, 행복해 보인다.

따뜻한 커피 한 잔과 반짝이는 크리스마스 트리가 2024년 연말이 이제 얼마 남지 않음을 알려준다.

작년 이맘때쯤 어떻게 복직을 하나… 할 수 있을까… 수많은 걱정을 했었다. 그런데, 벌써 1년 정도 지났다.

잘 적응했는지… 잘 지내고 있는지… 스스로 물어본다면… 내 대답은 내 몸과 마음이 편안하다고 말해주고 싶다.

그리 급할 일도, 그리 걱정할 일도 없다.
모든 일은 시간이 지나면 다 지나간다.

그러니 미리부터 너무 걱정하거나, 두려워하지 말자.

넌 잘 할 수 있고, 이미 잘하고 있다.

폭설

폭설로 인해 도로가 온통 질퍽질퍽하다. 평소보다 속도를 줄이고, 브레이크 사용을 최소화하면서 출근을 했다.

어제보다는 제설 작업이 많이 된 곳이 많아서, 그나마 큰 무리 없이 출근을 했다. 평소 아무 생각 없이 다니던 길을… 오늘은 빙판길을 걱정하면서 조심조심 걸었다.

이런 날은 무조건 운동화를 신는다. 질퍽거리는 눈길도 문제지만, 눈 때문에 계단도 많이 미끄럽기 때문이다.
눈길에는 스스로 조심하는 것 말고는 방법이 없다.

아이들에게도 여러 번 당부를 하였다. 뛰지 말고 천천히 걸어다니라고 말해두었는데, 아마 눈싸움하느라 이리 뛰고 저리 뛰고 할 것 같다.

눈으로 온 세상이 하얗게 변한 오늘… 출근길은 조금 불편했지만… 라디오에서 들리는 캐롤 음악 덕분에 마음이 따뜻했다.

정말 연말이 다가오는구나… 올해도 다 끝나가는구나… 새삼 느낀다.

　교회에 예쁘게 장식된 트리 밑에서, 아이들과 사진을 찍고 크리스마스 시즌에 무엇을 할 건지… 행복한 고민을 해본다.

　이 겨울… 하늘에서 내린 눈 덕분에 아이들도 나도 행복한 아침이.

상처

　손에 물집이 크게 잡히더니, 큰 상처가 났다. 일할 때는 몰랐는데, 이제 보니 아프다.

　연고를 바르고, 밴드를 붙여본다. 며칠은 손에 물이 들어가면 안 되니, 많이 불편할 것 같다.

　무슨 일이든 강약 조절이 필요한데, 이번에는 약을 못 해서 온 몸이 솜뭉치처럼 축 처지고, 관절 마디 마디가 쑤신다.

매번 하던 일이었으면, 요령이 있었을 텐데… 힘으로만 하다 보니… 몸이 아프다.

몸이 아프니, 만사가 귀찮고, 힘들다.
이럴 때는 쉬는 게 답이다. 다음 주는 일이 많은 주라서, 걱정이 되지만… 옆에서 든든하게 계서주시니, 친정엄마 덕분에 위안이 된다.

일찍 저녁을 먹고, 잠자리에 들어야겠다.
따뜻하게 푹 자고 나면, 개운하겠지….

천천히, 강약조절을 다시 한번 생각해보자.

화

짜증이 나는 하루였다. 몸이 피곤하니 조금만 움직여도 한숨이 후~~ 하고 나올 정도였다.

짜증은 또 다른 화내는 친구를 데리고 와서, 짜증과 화가 동시에 났다. 이럴 때는… 그냥 혼자 조용히 있는 게 답인 것 같다.

차 안에서 오늘 있있던 일들에 대해 다시 한번 생각했다.
내가 놓친 일이 무엇이 있을까.
내가 해결해야 되는 일은 무엇일까.

커피를 여러 잔 마셔도, 오늘 피곤은 쉽게 사라지지 않았다. 어제 잠을 푹 자고 싶었는데, 새벽에 여러 번 잠에서 깼다.

마음이 편하지 않으니, 몸이 더 축하고 처진다.
물에 젖은 솜뭉치처럼 바닥에 누우니, 바닥과 한 몸이 된다.

오늘은 아무 생각 말고, 푹 쉬어야겠다. 걱정이 많으면, 오히려 일은 더 풀리지 않는다.

이럴 때는 머릿속을 비우고, 마음을 차분하게 해야겠다.
내일 아침은 또 다른 하루가 시작되니… 오늘은 비울 수 있을 때까지 비워보자.

지침

오늘 아침은 믹스커피 한 잔을 진하게 마셨다. 달콤한 커피 한 잔 덕분에 기운을 차렸다.

이번 주에는 일정이 많아서, 마음을 단단하게 먹고 외출을 했다. 아직 몸이 말을 잘 듣지는 않지만, 약속된 일정이 있으니, 힘을 내본다.

며칠 동안 팔, 다리에 힘이 없고, 힘들다는 생각이 머릿속에서 떠나지 않는다.

어제 일찍 잠들려고 했는데, 막상 누우니 잠이 오지 않았다. 12시가 넘어서 살짝 잠이 들었고, 새벽에 잠이 깼다.

다시 누워도 잠이 오지 않아서, 아침까지 조용히 아이들 옆에 누워있었다. 이런저런 생각의 꼬리가 끊이지 않아서, 그냥 눈을 감고 있었다.

눈만 감고 있어도, 쉬는 효과가 있다고 하니… 그나마 오전에 힘을 냈다.

휴~~ 하고 한숨을 쉬어본다. 한숨을 휴~~ 하고 내쉬니… 답답했던 마음이 조금은 가라앉는다.

조금만 더 힘내자. 이번 주말에는 푹 쉴 수 있다.

쉬고 싶다

슬픔이라는 아이가 찾아왔다. 갑자기 추워진 날씨 때문일까? 아니면 컨디션이 좋지 못해서, 마음에 병이 생긴 것일까?

잠을 자도 개운하지 않고, 쓴 커피만 마시게 된다. 마음이 편하지 않으니, 산책을 해도 기분이 좋아지지 않는다.

몸과 마음은 함께 움직이니, 피곤한 몸이 어떤 일을 해도 짜증을 만들어내는 것 같다.

조금 쉬고 싶다는 생각을 했다. 올해는 내가 하고 있는 일과 가족들 일까지… 신경 쓸 부분이 너무 많았다.

하나하나 잘 끝나간다고 생각했는데, 반대로 나는 지쳐있었나 보다. 그냥 좀 쉬고 싶었다.
오로지 나를 위한 휴식의 시간이 필요했다.

다른 일을 하기 위한 충전의 시간이 아니고, 그냥 좀 쉬고 싶었다. 내가 하지 않으면 곤란한 일들이 회사 일에도… 가정 일에도 있다.

가끔은 땡땡이를 치고 싶지만, 그럼 금방 티가 난다.
하루만 미뤄도 숙제는 쌓인다. 그날그날 해결해야 하는 일들을 하면서… 힘이 들었나 보다.

아닌 척하는 모습을 보이려고, 더 많은 에너지를 쓰니… 더 힘이 들었다. 나는 그렇게 활달한 성격이 아닌 것 같다.

그러기에 에너지가 많이 소모되는 일들을 하면… 힘이 많이 들어간다. 내가 좋아서 하는 일이 아닌… 어쩔 수 없이 해야 하는 일들….

잠시 그 일에서 벗어나서, 눈을 감고 휴식을 취해본다.

스트레스

어제 수요예배 때 목사님의 큰 목소리가 내 귀에 쏙 들어왔다. 많이 듣던 성경 구절인데, 어제는 몇 배는 더 큰 울림으로 내 마음속에 들어왔다.

아마 요즘 내 마음이 평안하지 않으니… 내 몸이 피곤하니 그 말씀이 내 아픈 곳을 지나 마음속에 들어왔을 것이다.

어제도 일찍 잠자리에 들었지만, 1시쯤 잠에서 깨었다.
다시 잠자리에 들기까지는 시간이 조금 걸렸지만, 예배 때 마음속에 가지고 온 말씀을 몇 번이고 말하면서… 다시 누웠다.

옆에서 새근새근 자고 있는 아이들의 모습을 보고, 사탕 같은 달콤한 향기가 나는 아이들의 특유의 냄새를 맡으면서… 마음을 진정시켰다.

스트레스가 심하면, 극심한 속쓰림이 오는데 어젯밤에도 살짝 속쓰림이 찾아왔다. 이럴 때 약을 먹는 방법도 있지만, 어제는 몸을 아이들처럼 살짝 웅크리고, 성경 구절을 말했다.

1시간쯤 지났을까… 속쓰림은 조금은 잦아들었고… 내 마음도 가라앉았다. 신기한 경험이다.

걱정과 근심이 살짝 가라앉으니, 속쓰림도 증상이 없어졌다.

언제 잠들었는지 모르게 나는 아침까지 푹 잘 수 있었다.

두려워 말라. 그래 두려워하지 말자. 그리고 내 마음을 평안하게 가져보자.

힘든 한주

정말 힘든 한주였다. 월요일 아침부터 힘듦이 더해지더니… 어제는 최고였다. 하루 종일 이어지는 미팅은 내 몸을 더 지치게 만들었다.

눈을 살짝 감고 뜨면… 집안 이불속이었으면 좋겠다는 생각을 했다. 지친 눈은 자꾸 감기고, 몸은 계속 늘어졌다.

몸은 땅속으로 꺼지고, 속은 쓰렸다. 새벽에도 계속 속이 쓰려서 잠을 깼다.

금요일 저녁까지 업무는 이어져서, 아이들 밥을 차려주고 식탁에서 일을 했다.

그냥 노트북을 덮고 아이들 밥을 잘 챙겨주고 싶었지만, 오늘까지 꼭 해야 하는 일들이 있으니, 참고 일을 끝냈다.

그래, 해야 하는 일이라면… 집중해서 해보자.
큰아이가 이런저런 질문을 했는데, 제대로 대답해주지 못했다.

금요일 저녁… 얼마나 행복한 시간인가… 아이들도 금요일 저녁을 기다렸을 것이다.

내가 이렇게 기다려지는데, 아이들은 더 얼마나 기다렸겠는가.

빨리 집중해서, 일을 끝내고 아이들 저녁에는 함께 놀아주어야지… 다시 돌아오지 않는 황금 금요일.

숙면

일주일만에 숙면을 했다. 어제 늦게 아이들 일정까지 마무리하고, 집에 오자마자 잠을 잤다.

아침에 부스럭부스럭거리는 소리는 잠이 깼으나, 주말에는 남편이 있으니… 남편 찬스를 사용했다.

워낙 아이들 아빠는 밥도 잘하고, 집안일도 잘해서… 반찬만 잘 챙겨주면, 걱정이 없다.

9시쯤 일어나서 간단히 아침을 먹고, 일과를 시작해야지… 마음을 먹었는데 마음과 몸은 따로 움직였다.

다시 이불 속으로 들어가서 점심시간이 훌쩍 지난 시간에 일어났다. 잠을 푹 잔 덕분일까… 컨디션이 많이 회복되었다.

시원한 아이스아메리카노까지 마시니… 정신까지 맑아졌다. 오랜만에 느껴보는 상쾌함이었다.

오늘 저녁에는 식사 약속이 있어서, 주문해둔 꽃다발과 케이크를 찾고… 화장 대신 립스틱만 살짝 발랐다.

 아이들 밥과 간식을 챙겨두고… 내일 아침에 먹을 국거리를 냉장고에 넣어두니… 정말 외출준비가 끝났다.

 어디를 가더라도… 냉장고부터 확인하는 습관이 생겼다. 요리를 잘하는 편은 아니지만, 아이들이 외부 음식을 많이 먹는 날에는 꼭 한 번씩 탈이 나서… 될 수 있으면 간단히라도 집에서 먹으려고 한다.

 택시를 타고, 옆자리에는 케이크까지 있으니… 이제 진짜 모임에 가는구나 싶다. 회사 일이 아닌, 좋은 사람들과의 만남은 늘 설레고, 행복한 시간이다.

 오랜만에 느껴보는 작은 설렘과 행복~~ 즐겁게 잘 보내고 오자.

만화

아침 일찍 미역국을 끓여서, 아이들 아침을 주고 교회에 갈 준비를 했다. 어제 조금 늦게 들어왔지만, 컨디션이 나쁘지 않았다.

새벽에 미역을 물에 담궈두어서, 아침 준비가 수월했다. 밥도 있어서, 간단히 반찬만 준비했다.

냠냠 한 그릇 뚝딱 다 먹는 아이들과 남편을 보니, 아침 일찍 아침밥을 준비한 보람이 있었다.

날씨가 많이 추워서, 옷을 따뜻하게 입고 밖으로 나왔다. 매주 일요일 아침은 교회에 가야 되고, 9시 예배를 드리기 때문에 평소 아이들 등교 시간처럼 아침 준비를 했다.

조급함과 성급함에 대해 생각해 볼 수 있는 시간이었다. 나는 어떤 사람인가? 조급함도 많고, 성급함도 많다.
오늘 예배를 통해… 하나님과 동행을 마음속에 새겨본다.

지난주 내가 많이 힘들었던 것은 아마 내 마음속 조급함과 성급함 때문이 아니었을까….

그저 하나님께 맡기면 되는 것이었는데….

내 마음속 조급함과 성급함이 스스로를 공격했다. 그리고 괴로워했다. 지나고보면… 아마 웃으면서, 지나갈 일이었을 것이다.

예배를 다녀온 뒤 몇 시간을 더 쉬었다. 따뜻하게 한숨 푹 자고 나니, 컨디션이 좋아졌다.

몸을 추스리고, 아이들과 만화카페에 와서, 크리스마스 만화를 함께 본다. 평온하고, 따뜻한 일요일 오후 시간이다.

예배를 잘 드리고, 그것을 실천하는 삶을 살아가기 위해 노력하자.

크리스마스

크리스마스가 이제 얼마 남지 않았다. 지난달 미리 만들어 놓은 크리스마스트리에 건전지가 없는지, 불빛이 반짝거리지는 않지만… 거실 한켠을 예쁘게 장식해주고 있다.

오늘은 얼굴은 알고 지냈지만, 개인적으로 친하지 않은 사람과 점심 식사를 했다. 내가 먼저 커피 한잔을 하자고 했던 것 보면… 평소에 어떤 사람일까 궁금했었나 보다.

우리나라 사람들의 특성인… 나이와 고향을 시작으로 개인적인 질문을 이어갔다. 그러다 문득… 이 사람 나랑 닮은 점이 많구나… 생각이 들었다.

30대 때… 아니 정확히 말하면… 20대 후반이었던 나와 비슷했다. 다소 공격적으로 보이는 말투와 행동도 비슷했다. 그래서였을까… 공감되는 부분들이 많았다.

나와 비슷한 생각을 하는 사람이 만나니… 왠지 모르게 친근하게 생각이 들었다. 그리고, 반가웠다.
밥 사주길 잘했다는 생각도 들고, 다음에 또 사주고 싶다는 생각도 들었다.

그래… 나랑 비슷한 사람… 참 오랜만이다.
20대 초, 중반 나는 거침이 없었다. 솔직히, 세상 무서운 게 없었던 것 같다. 안 되면 되게 해야지… 하고야 만다. 어금니를 깨물고, 버티고 버티었던 것 같다.

회사생활이 다 이런 거겠지… 월급 받으니… 이 정도는 참고 인내해야지…. 스스로 할 수 있다는 동기부여를 끊임없이 했었던 것 같다.

그 친구를 보니… 20년 전 내 모습이 살짝 보였다.
그리고 나도 모르게… 참 잘 이겨냈지만… 힘들었겠다. 스스로에게 툭 하고 말해버렸다.

집으로 오는 길… 여러가지 생각이 머릿속을 떠다닌다.
지금 현실에 나는 그때로 돌아갈 수도… 돌아가고 싶지도 않지만… 하나 확실한 건 있다.
20대 푸른솔아~~~ 조금 천천히 가도 괜찮으니… 삶을 좀 즐기렴… 이 말을 꼭 해주고 싶다.
코끝이 쨍한 12월 어느 밤… 내 20대가 살짝 그리워지는 밤이다.

일정

오늘 아침 아이들 등교를 하면서, 취침 시간에 대해 이야기를했다. 오늘은 일찍 자자 했더니, 큰아이가 오늘 수요예배 가는 날이고, 내일은 숙제 양이 많고, 금요일은 수영장 가는 날이라 일찍 잘 수 없다고 한다.

아차… 맞다. 매주 반복되는 일인데, 나는 그걸 깜박했다. 바쁜 일상 속에서, 정해진 스케줄을 모두 소화하기 위해서는 많은 노력이 필요하다.

갑자기 일정이 변경되면 보강도 잡아야 하고, 시간조정도 필요하다. 매일 나도 아이들도 꼭 해야 하는 일정 속에서 하루, 한 주를 보낸다.

그렇게 일주일 잘 보내는 것이 생각보다 쉽지 않다. 중간중간 변수가 많기 때문이다.

이제는 스스로 본인 스케줄을 조정하는 아이를 보면서, 참 대견하다. 내가 챙겨주는 일이 차츰 줄어든 것이… 아이들이 스스로 해결할 수 있는 일들이 많아지면서인 것 같다.

아이들이 어릴 때는 내 손을 많이 필요로 했다. 그런데, 조금씩 그런 시간들이 줄고, 내 시간이 많이 생겨나기 시작했다.

시간이 지나면, 더 그렇겠지….

갑자기 많아진 시간을 잘 이용하기 위해서… 나도 스케줄 조정을 잘 해보아야겠다.

2024년 한 해가 저물어가고 있다. 우리 가족은 또 어떤 한 해를 보낼까.
확실한 일정 하나는… 모두 주님 안에서 기도하는 일정은 빼먹지 않는 것이다.

긴 일정

길었던 한주가 끝났다. 부모님이 서울에 오셨고, 일도 많았고, 아이들 학원과 과제도 많았다.

금요일 퇴근하자마자 방바닥에 대자로 누웠다. 잠시 눈을 감고, 쉬었다. 내 안에 아무런 힘이 없는 것처럼 바닥으로 쑥~~ 들어가는 기분이 들었다.

마냥 쉴 수 없어서, 집안일을 조금씩 시작했다. 아침에 돌려둔 빨래를 정리하고, 이불도 정리했다.

해도 해도 끝나지 않은 집안일을 보면서… 휴~~ 하고 한숨이 나왔다. 누가 정리 좀 해주었으면… 좋겠다.
절로 그런 말이 나왔다.

매일 아침 출근 전에 간단히 집안을 정리하고, 쓰레기를 미리 버리는 것은 해도… 조금씩 정리가 더 필요한 곳이 있다. 그런 곳들을 정리하자고 마음먹으니… 언제 또 다 하지… 한숨이 나왔다.

4식구의 짐은 적은 편이 아니다. 매번 계절에 맞게 옷과 이불을 셋팅하고, 세탁하고, 정리하고… 그래도 해야 하겠지….

오후에 주유를 하기 전 세차장에 갔다. 눈, 비 핑계로 세차를 못 했더니… 차상태가… 말이 아니었다.
매일 나의 다리가 되어주는 차인데… 너무 신경을 쓰지 못했다.

매번 기계식 세차 후 내 손으로 닦아주었는데, 오늘은 전문가 선생님들께 내 차를 맡겼다.

30분 뒤에 갔더니 내 차는 눈부시게 다시 하얀색이 되었다.

말끔해진 차를 보니… 내 기분도 좋아졌다.

길었던 한 주… 내 손이 아니라, 남의 손 덕분에 깨끗해진 차… 가끔은 남의 손 찬스를 써보려고 한다.

두통

두통이 다시 찾아왔다. 반갑지 않은 손님이다.

오전에 교회에 다녀온 뒤 한숨 자고, 쉬었는데도 두통이 있다.

약을 먹을까 하다가… 조금 더 있어보기로 한다. 눈꺼풀이 무겁고, 조금 힘이 없는 거 보니… 몸살이 찾아오려나 싶기도 하다.

편안한 주말 저녁… 오늘은 조금 더 일찍 잠자리에 들어야겠다. 두통도 잠이 푹 들면, 사라질 것이다.

지난주 걱정거리를 아직도 생각했었던 것 같다. 걱정한다고 해결되는 것이 아니라는 걸… 너무 잘 알면서도 나는 또 걱정을 하고 있었던 것이다.

스스로를 힘들게 하는 걱정거리들….
시간이 지나고, 하나씩 해결하다보면 어느새 지나가있을 텐데… 나는 또 쓸데없는 고민과 걱정을 하고 있었다.

살면서 이런 일들이 많이 일어났고, 앞으로도 벌어질 일이다. 그러니… 너무 많은 에너지는 소요하지 말자.

이 또한 지나간다. 그래
요즘 내 마음이 갈대처럼 왔다갔다 한다. 좋고, 싫음이 왔다갔다 할 때마다, 가족들에게 짜증을 부릴 때가 있다.

내 근심은 가족들이 준 것이 아닌데… 나는 괜한 심술을 부리고 있었다.

그만 하고, 좋은 일들만 생각하자.
두려워 말라. 강건하라. 평안하라.

추위

추위가 다시 찾아왔다. 아이들 겉옷 안에 내복을 챙겨 입혔다. 겨울에 두꺼운 외투도 중요하지만, 얇은 내복이 겨울 한기를 이기는 데 도움이 많이 된다.

잘 자고, 아침밥도 잘 먹고 등교하는 아이들을 보니… 어제 몸이 힘들어 잘 챙겨주지 못하고, 짜증냈던 일이 생각이 난다.

일요일에 다다음 주에 계획된 여행 계획을 세워보기로 했는데, 그러지 못했다. 내가 그럴만한 체력이 되지 못했다. 오후 시간에는 아무 일도 하지 못했다.

어제 새벽 살짝 잠에서 깨었을 때… 내가 진짜 문제가 많구나… 생각이 들었다. 쉽게 짜증내고, 화를 내는 내 모습을 보면서… 또 한 번 실망했다.

나이가 들면 마음의 폭이 넓어진다고 하는데… 나는 그러지 못하는 것 같다. 그렇게 조금 유연하게 살아가고 싶다고 수많은 다짐을 했는데… 어째 내 다짐은 실천으로 옮겨지지 못하고 있다.

어제도 그냥 말을 했으면 됐을 일이다. 내가 좀 힘드니… 좀 쉬었다 가자, 아님 좀 도와줘…. 그런데 얼굴을 붉히고 화를 내고 말았다.

좋은 말이 그렇게 많은데… 나는 왜….
그러지 말아야지… 하면서.

내가 단단해져야 한다. 또 한 번 다짐을 해본다.

새벽 공기

오늘 아침은 어제와 다른 아침을 보냈다. 남편이 출근하기 전에 아파트를 한 바퀴 빠른 걸음으로 돌고, 실내 자전거를 10분 타고 편의점에 파는 커피를 가지고 귀가했다.

이 모든 일이 30분 정도 걸렸다. 실내 자전거는 아주 빠른 속도로 탔는데, 10분 정도만 타도 등에 땀이 났다.
7시 전인데도 헬스장에는 사람이 참 많았다.

부지런하게 하루를 시작하는 사람이 많구나… 생각하면서, 내일도 아침에 꼭 와야지… 다짐했다.

아주 짧은 시간이지만, 이렇게 상쾌하게 아침을 시작하니 하루 종일 기분이 좋고, 컨디션도 좋았다.

매일 미뤄지는 숙제를 오늘은 끝냈다는 생각도 들었다. 운동해야지… 해야지… 마음만 먹고, 몸은 늘 이불 속에 있었는데, 오늘은 그 이불을 박차고 운동화를 신고 밖으로 나왔다.

남편 출근 전까지 시간이 그리 길지는 않지만… 그래도 오늘 시작했다는데, 큰 의미를 가져본다.

다른 작가님들도 글도 쓰시면서, 본업도 잘하시고… 자기관리도 잘하시는 걸 보면서 본받아야지… 나도 해봐야지 했던 것을 그래도 올해가 가기 전에 실천하게 되었다.

내일도 이불을 박차고, 딱 30분 나를 위해 에너지충전을 해봐야겠다.

행복한 만남

좋은 사람을 만났다. 어떤 이야기를 해도 그저 즐겁고, 행복하다. 같은 공간에서 서로 좋은 기운을 주고 받으니… 피곤하지 않다.

누구 하나 불평이나 비난이 없으니… 행복하다. 어떤 모임이든 불평불만이 있다.

그런데 오늘 모임은 처음부터 끝까지 즐거운 시간이었다.

겨울 준비

오늘 아침부터 집 정리 시작했다. 작은방 아이들 옷을 정리하는 데만 2시간 정도가 걸렸다.

여름옷, 가을옷, 작아진 겨울옷을 분류하고, 내년에는 못 입을 옷들은 헌옷수거함에 보내주었다.

내년 여름이 오면, 아이들은 훌쩍 커져 있을 것이고, 지금은 입을 수 있지만… 내년에는 반팔, 반바지는 작아져 있을 것이다.

작년에는 혹시나 하고, 여름옷들을 잘 챙겨두었는데… 역시나 올해 여름에도 다시 입을만한 옷은 많지 않았다.

이제는 엄마가 사주는 옷보다는 본인들이 직접 고른 옷을 입는 것을 좋아하는 아이들을 위해… 내년부터는 각자의 옷은 직접 고르는 것을 해봐야겠다.

몇 벌만 있으면, 한 시즌은 잘 보낼 수 있다.

성경

20년 전부터 인연을 맺어오고 있는 지인분을 만났다.
가끔 연락을 드렸으나, 휴직을 하고… 이래저래 지내다 보니… 연락을 잘 못 드리게 되었다.

오랜만에 만났는데도 이야기가 끝이 없었다. 아침 10시에 만나서, 4시까지 밥과 간식을 먹으면서… 참 많은 이야기를 나누었다.

그중에 성경 말씀을 나누고, 좋아하시는 찬송가도 같이 불렀다. 참 은혜가 되었다.

몇년 전부터 성경공부를 열심히 하시고, 전도도 하신다면서… 그동안 바뀐 일상에 대해 많이 이야기해주셨다.
참 고맙고, 소중한 인연이다.

처음 20대 때 뵈었을 때는 내가 교회에 잘 다니지 않았고, 지인 분도 지금처럼 열심히 신앙생활은 하지 않으셨다. 그래서, 오늘처럼 서로 감명받은 성경 구절을 나누는 일은 없었다.

오랜 시간 동안 이야기를 나누었는데도… 전혀 피곤하지 않다. 오히려 힘이 나고, 컨디션이 좋아졌다.

몇 주 전 걱정과 근심이 있었는데… 교회에 가서 예배를 드리고, 아침 일찍 짧은 산책을 끝내고 잠언을 읽으면서 하루를 시작하니… 평안해졌다.

이렇게 간단히 스스로를 다스릴 수 있는 방법이 있을까… 싶다.

나를 위해 10년을 기도해주신 은사님 이야기도 오늘 다시 한번 이야기하게 되었다. 어제도 지도교수님과의 식사 자리에서 은사님 이야기를 드렸다.

아직 하나님을 모르는 제자가 얼마나 안타까우셨을까… 사모님과 눈물의 기도를 하셨을 것 같아, 마음이 아파왔다.

며칠 전 전도 중인 남편 이야기를 말씀드렸더니… 지혜롭게 대화를 이끌어가라는 말씀을 해주셨다.

그래… 그저, 기다리고, 기도하고… 존중하면 언젠가는 같은 길을 갈 것이라는 믿음만 있으면 된다.
내 마음을 잘 다스리고… 행복한 마음을 나누면, 우리 가족 모두 행복해진다. 평안하자… 다시 한번 되새겨본다.

올 한해도 덕분에… 감사하게도… 마음 따뜻해지는 일들이 많았다. 감사함이 가득한 금요일 저녁이다.

여행

눈이 내린 토요일 아침… 오전에 일정이 있어서 아이들과 외출을 했다.

추운 날씨 때문에 몸은 움츠러들었지만… 막상 밖으로 나오니, 기분이 상쾌해졌다.

겨울이라고 집에만 있으면, 활동력이 줄어들어서 아이들도 심심해하고, 밥맛도 없어 한다.

밖에 하얀 눈도 내렸고, 컨디션도 좋아서 아이들도 마냥 신이 났다. 학교생활과 학원 수업까지 일주일을 보내니… 아이들도 힘들었을 것이다.

1박 2일로 짧은 여행을 나왔다. 반복되는 일상에서 가끔 이렇게 외출을 하면, 기분도 좋아지고 일상이 행복해진다.

눈이 내린 설경에 눈이 즐겁고, 코끝을 스치는 겨울바람에 머리도 맑아진다.

맛있는 저녁도 먹고, 따뜻한 숙소에서 맛있는 과자도 먹으니… 정말 여행온 것 같다.

내일 아침에는 내가 좋아하는 커피집에서 따뜻한 아메리카노를 마실 계획이다. 숙소 근처에 예쁜 커피숍이 있어서, 이곳에 올 때 마다 들리는 곳이다.

익숙한 여행이라, 더 편안한 여행이 되는 것 같다.

늦잠

어제 일찍 잠들었는데도 오늘 아침은 8시까지 푹 잤다. 아이들 부스럭거리는 소리에 잠이 살짝 깨었지만… 늦장을 부려본 아침 이다.

휴일 아침이 아닌가… 간단히 아침 준비를 한 남편 덕분에 아침 이 더 여유로웠다. 아이들이 어렸을 때는 한 끼 밥도 준비할 것들 이 많았는데, 이제는 한 끼 정도는 매운 라면도 잘 먹고… 고기도 많이 잘 먹어서 예쁘다.

일어나자마자 커튼을 열어 보니… 그사이 눈이 더 많이 내려서 소복하게 쌓여있었다. 누구도 지나가지 않은 눈밭을 보고 있자니… 절로 미소가 지어진다.

눈밭에 부딪히는 예쁜 빛이 너무 예쁘다.
새하얀 눈 덕분에 온 세상이 예쁘게 변했다.

간단한 아침을 먹고, 향 좋은 헤이즐넛 커피를 한 잔 마셨다. 평소에는 잘 마시지 않는 헤이즐넛 커피가 여기서는 참 맛있게 느껴진다.

여행 장소마다 그곳에 맞는 커피가 있는 것 같다.
여기는 헤이즐넛… 주변에 모두 산이라서… 조용하다.
여름에는 이름 모를 새들이 지저귀는 소리에 잠에서 깨고, 가을에는 예쁜 단풍들이 입구에서 손짓한다.

아마… 이곳을 좋아하는 이유가 사계절 뚜렷하게 계절의 변화를 느낄 수 있어서가 아닐까 생각이 든다.

아이들도 남편도, 나도 모두 이곳을 좋아하니… 이만한 여행 장소도 없다. 좋은 시설도 좋지만… 지내다 보니… 내 마음 편한 곳이 제일인 것 같다.

행복한 생각과 편안한 마음… 여행이 주는 최고의 선물이다.

은혜로운 삶

지난주 지인분을 만나서, 좋은 이야기를 많이 나누었더니… 이번 주 계속 그 대화가 생각이 난다.

내 기분이 좋지 못하고, 컨디션이 나쁘다는 핑계로 주변 사람에게 쉽게 짜증을 내고 화를 냈었는데, 이런 상황도 반복되면, 습관이 된다는 것이다.

그래, 맞다. 습관이 된다는 말이 맞다. 지나서 생각해보면, 그렇게 화낼 일도… 짜증낼 일도 아니었다.
그런데, 그냥 툭 하고 생각하지 않고, 내 화를 밖으로 표출해버린다.

90프로의 반응이 10프로의 결과를 결정한다는 말씀은 주말 내내 내 마음속에 담겨 있었다.

그렇다. 다소 화가 나는 있더라도 처음 반응을… 밝은 얼굴로 대한다면… 결과는 정반대로 나타날 것이다.

예를 들어 약속 시간을 잊은 친구에게… 너는 또 약속 시간을 어겼구나… 핀잔을 주기보다는….

오히려, 무슨 일 있었냐며… 걱정을 먼저 하는 것이다.

늦잠을 자서, 약속 시간을 어긴 친구는 오히려 더 미안해하고, 다음에는 늦지 않으려고 노력할 것이다.

불평불만을 하는 것은 쉽다. 그냥 내 마음대로 하면 된다. 그런데, 그 불평, 불만은 내 마음을 제일 먼저 상처를 낸다. 심통이 나고, 얼굴이 찌그러진다.

상대방에게 전달되기 전에 나부터 힘들게 하는 것이다.

그리고, 상대방이 그 마음을 100프로 알 수도 없다.

그럼… 누구를 위해 화를 내는 것일까?

궁극적으로 화를 낸다는 것은… 스스로를 못살게 하는 것이다.

그럼 이제 그만하자.

그리고 노력해보자. 참고, 인내하면… 화낼 일도, 짜증날 일도 없어진다고 한다.

크리스마스 이브

과일가게에 갔더니, 사장님께서 딸기를 추천하신다.

우선 향부터 맡아보라고 권하시는데… 향을 맡고는 사지 않을 수가 없었다.

코끝부터 달콤한 딸기향이 너무 좋았다. 한 바구니에 조금 비싼 가격이었지만, 오늘은 크리스마스 이브가 아닌가… 한 바구니 주세요. 큰 소리로 말했다.

부산에서 올라온 어묵이라면서… 또 추천하셔서, 예정에 없던 떡볶이를 오늘 저녁에 할 예정이다.

아이들도 좋아하고, 남편도 좋아하니~~ 부산어묵을 잔뜩 넣고 오늘 떡볶이를 맛있게 해봐야겠다.

크리스마스 시즌이 되면, 조금 마음이 붕 떠진다. 눈이 내리는 크리스마스라면… 더할 나위가 없다.

어른이 되어서도 크리스마스는 늘 기대감이 있고, 설렌다. 행복한 시간이 두 배가 된다.

조금 속상한 일들도 크리스마스 시즌에는 조금 내려놓고, 이 계절 다시 오지 않을 이 기분 좋은 시간을 보냈으면 좋겠다.

내일은 크리스마스 예배가 있는 날이다. 아이들과 남편과 9시 예배를 가려면, 조금 일찍 아이들을 준비시켜야겠다. 온누리에 행복과 은혜가 함께 하길 바라 본다.

미용실

크리스마스 예배를 드리고, 큰아이와 미용실에 왔다.
학교와 학원 때문에 미용실 갈 시간이 없었는데, 오늘은 하고싶어 했던 브릿지 염색도 하고, 커트도 한다고 한다.

빨강 머리를 좋아하는 큰아이는 몇년 전에도 빨강 브릿지를 한 적이 있다. 아직 초등학생이니… 만화에 나오는 주인공처럼 예쁜 머리가 하고 싶었을 것이다.

잘못된 일이거나, 남에게 피해를 주지 않는 일이라면, 아이들의 요청을 대부분 허락해준다. 한번 해봐야 경험이 쌓이고, 보고 배우는 것들이 많아져야 사회성이 풍부해진다고 생각한다.

염색을 할 생각에 아이는 벌써부터 기분이 좋나 보다. 아이일 때 느낄 수 있는 행복은 그리 큰 것들이 아니다.
하고 싶은 일들을 하는 것… 친구들과 놀고 싶을 때 놀고, 달콤한 아이스크림을 먹고… 작은 장난감을 사는 것이다.

연령에 맞는 놀이를 하면서… 아이들은 쑥쑥 자란다.
행복한 미소가 아이를 성장시킨다.

메리 크리스마스… 다른 사람과 나누는 행복을 느낄 수 있는 오늘 하루가 되길… 아이들에게 말해본다.

많이 보고, 느끼고, 행복한 마음을 많이 느끼면서 살아가길 바라 본다.

온누리에 행복을… 메리크리스마스.

마음

　마음을 나누는 일은 매우 쉽다. 내가 가진 것 중 가장 좋은 것을 주면, 별일이 없다. 그리고, 내가 무엇인가를 주었다는 것을 잊어버려야 한다.

　그런데, 그 잊어버림이 쉽지 않을 때가 있다. 흔히, 말하는 본전 생각이 나기도 하고, 가끔 주지 말걸 후회하기도 한다.

　그런 스스로의 모습에 또 실망도 한다. 왜 그렇게 속이 좁니… 마음이 넓지 못하니… 그러지 말아라… 토닥여보기도 한다.

　회사생활을 하면서, 사람들과 많은 에피소드들이 있었다. 내가 도움을 받은 적도 많고, 사람들을 위해서 도움을 준 적도 많다.

　그런데, 도움을 준 일들은 생각이 많이 나는데, 반대로 도움을 받은 일들은… 사람이 참 간사하다는 말이 여기에서 나오는 것 같다.

성탄 예배에서 목사님 말씀에… 나는 마음이 따끔거렸다.
가족들에게 생색내기와 내 마음대로 되지 않은 일들에 대해 짜증을 부린 일들이 생각났다.

며칠 마음이 불편했다. 그래… 새해에는 그 어느 것보다… 이 생색내기와 불편한 마음을 가지지 말자… .

그저 마음을 나누었으면, 지우개로 깨끗하게 지우자. 그리고, 일을 만들지 말자…. 누구나 하고 싶은 일, 바라는 일들이 각자 정해져 있다.

내가 한 호의가 상대방에게는 친절보다는 불편함이 될 수 있다는 것도 명심하자. 내가 바라는 것보다, 남이 바라는 일을 함께해 주는 한 해를 보내자.

출국 전 설렘

　오늘은 가족여행이 계획된 날이다. 일본 오사카 3박 4일 여행 준비를 위해, 며칠 전부터 짐을 싸고, 동선을 체크해보았다.

　짐을 최대한 줄여야지… 마음을 먹었는데 싸다 보니 짐은 또 많아졌다. 아이들을 편의를 위해… 이것저것 챙기다 보니 짐은 줄어들지 않았다.

　그래…. 당장 필요한 물건은 챙겨가자….
　짐이 많아졌지만, 마음은 편해졌다. 다른 나라에 가는 일은 생각보다 쉬운 일이 아니다. 특히, 아이들이 아직 어리니, 필요한 의약품도 한 보따리이다.

　새벽에 살짝 내린 눈이 걱정이 되었는데, 아침에 일어나보니 그래도 눈이 쌓이지 않아서, 다행이었다.

　인천공항까지 차를 가지고 가려면, 아무래도 눈길은 더 조심해야 되고, 신경도 많이 쓰인다.

　눈이 쌓이지 않았는데, 도로에는 사고차량들이 많았다. 운전을 하면서, 나도 여러 번 접촉사고를 낸 적이 있는데 그때마다 한순간에 사고는 일어났다.
  그저 조심조심 안전 운전하는 것이 답이다.

  여러 번 준비사항을 체크하고, 드디어 공항에 도착했다.
  간단히 점심을 먹고, 게이트 앞으로 이동해서 잠시 쉬고 있는 이 순간이 여행 중에 가장 기억에 남는 순간인 것 같다.

  곧 이륙을 위한 준비가 시작되겠지.
  아이들과 남편이 잠시 공항 구경 간 이 순간 잠시 혼자만의 시간을 자유롭게 가져본다.

딸기

  딸기 12개 정도를 25,000원에 샀다. 아이들이 워낙 과일을 좋아하고, 타국까지 와서 사달라고 하는 건 사주려고 한다. 먹어보고, 어떤 맛인지 알아야… 여행의 참 의미를 알 수 있기 때문이다.

딸기는 보통 봄에 열리지만, 요즘은 시대가 많이 바뀌었는지 겨울에도 딸기가 열린다. 시대 차이는 바꿀 수 없는 것 같다.

위에 세 줄은 딸아이가 적은 글이다.
내가 글을 적으면, 유심히 보는 경우가 있어서… 내 글에 이어서, 가끔 써보라고 추천한다.

딸아이는 신기한지… 한참 고민한 뒤 한 자 한 자 정성스럽게 글을 쓴다. 그 모습이 참 귀엽다.

여행 2일차… 아이들은 다행히 컨디션이 그리 나쁘지 않다. 콧물이 나서, 아침 식사 후 감기약을 먹였고 옷도 따뜻하게 입혔다.

아침밥도 잘 먹었고, 관광도 잘하는 것 같아서… 다행이다. 여행 와서 아프거나, 컨디션이 좋지 못하면 힘들 텐데… 얼마나 다행인가….

아직 일정이 많이 남았으니, 식사를 잘 챙겨먹이고, 아이들을 잘 살펴야겠다.

어젯밤에 나는 오히려, 작은 근심이 생겨서 거의 잠을 자지 못했다. 잠언과 시편을 읽으면서, 마음을 다잡고… 기도로 하루를 마무리했다.

오늘도 기도로 시작했으면, 어제보다 더 재미있게 가족들과 연말 여행을 보내야겠다.

음식

세상 살아가는 중에 제일 중요한 것은 음식이다. 이번 여행 동안 나와 아이들은 잘 먹는데, 남편이 입맛에 맞지 않아 보였다. 밥이랑 한국에서 가지고 온 김을 먹으면서, 관광을 했는데, 식사를 제대로 못 하니… 컨디션이 좋지 못했다.

방이 2개라서 어제는 혼자 방을 쓰고, 나와 아이들은 한방에서 잠을 청하였다. 피곤했는지 어제는 숙면을 취했다.

오늘은 아이들이 기다렸던 놀이동산 투어가 있는 날이다. 아침부터 추위를 잘 대비하고, 필요한 준비물을 잘 챙겨두었다.

어제 잠들기 전에 여행 짐을 정리해두어서 그런지… 2일째 아침은 여유로웠다. 입은 옷들은 따로 정리해두고, 과자들도 조금씩 비워져서… 공간이 많이 남았다.

이곳저곳 구경도 다니고, 아이들 장난감도 사주고… 행복한 한때를 보냈다. 요즘 들어서 가장 많이 걷지 않았을까 싶다. 다리가 뻐근하고, 눈꺼풀이 무거워진다.

오늘도 꿀잠 예약일 것 같다. 내일이 여행 마지막 날이니… 일찍 자고 마무리까지 잘 해보야겠다.
내일 입고갈 옷들을 챙기고 나니… 이제 정말 여행 막바지구나… 싶다. 올 때는 설렘이 가득하고, 갈 때는 추억이 가득하다.

체력적으로 힘들어하는 아이들을 잘 데리고, 마무리까지 잘해 야겠다.

새해 인사

새해 예배에 다녀온 뒤 은사님께 전화를 드렸다.

저를 하나님 곁으로 인도해주셔서, 감사합니다.
내 사랑하는 가족들도 사랑합니다. 아멘.

변화와 버리기를 잘하는 2025년이 되길 기도합니다.

은혜

은혜를 많이 받았다… 어제는 예배 속에서 큰 은혜와 감동 울림이 있었다. 나를 위해 기도해주신 교수님이 생각이 제일 많이 났으며… 포기하지 않으시고… 하나님 곁으로 인도해주신 교수님께 감사했다.

그리고… 알았다. 이 모든 것은 하나님의 계획이 있었고, 나는 그 안에 살고 있다는 것을….

시련이 있을 때마다, 남 탓을 했었고… 부족한 부분에 대해 불평했었다.

그런데 참 어리석었다. 버리는 것은 단지 사용하지 못하는 물건만이 아니다. 내 속에 자리 잡고 있는 나쁜 습관, 말, 행동도 버려야 했다.

그리고, 한 가정의 아내로, 엄마로 지내기 위해서는 내가 가지고 있던 어리석음과 자유로운 생활에 대한 생각을 버려야 했다.

예전과는 분명 다른 삶을 살고 있는데, 나는 가끔 착각했다. 내가 혼자였던 젊은 시절에 했었던… 자유로운 생각, 행동, 시간에 대한 자유로움에 대해 그리워했다.
참 어리석은 생각이다.

그 시간은 다시 돌아오지 않는다. 그리고, 내 책임을 다해야 하는 순간이 왔다.
내가 결정한 선택들에 대해, 최선을 다하자.

지금 제일 중요한 것은… 아이들을 건강하게 잘 자라도록 옆에서 비바람을 막아주고, 햇볕을 주는 일이다.

그래… 명심해라.

기도

매일 기도하는 삶을 살아가기 위해 노력해야 된다. 세상일은 그냥 일어나는 일이 없다.
애를 쓰고, 매일 노력해야 된다.

때로는 그 애쓰는 게 힘들 때도 있고, 귀찮을 때도 있다. 그렇지만… 매일 매일 조금씩 애를 쓰고, 노력하다 보면 결과물이 쌓인다.

기도하는 마음과 매일 성경을 읽는 것은 애를 써야 할 수 있다. 그래… 그저 이루어지는 삶은 없다.

마음을 다해 간절히 기도하고, 또 기도하자
무거운 마음도, 아픈 머리도… 기도를 통해 털어버리자.
세상일이 마음먹은 대로 다 이루어지면… 참 좋겠지만 내 마음 같지 않다.

그러니… 마음을 조금 더 내려놓고, 행복한 생각만 해보자

치과

 아이 치과에 왔다. 이미 진료를 보고 있는 아이들 중 아파서 우는 아이들도 있고, 시작하기도 전에 울먹거리는 친구들도 있다.

 아직 차례가 되지 않아서, 만화도 보고 장난감을 가지고 노는 아이를 보니… 천진난만 그 자체이다.
 곧 치과 진료 받기 싫다고, 할 텐데… 잠시나마 실컷 놀도록 그대로 둔다.

 토요일이라서 치과에 사람이 더 많다. 치과는 검사도 있어서, 진료 시간이 조금 더 길다.
 오늘 이 진료만 잘 끝나면, 오후에는 놀이터도 가고, 하고 싶었던 놀이들을 같이 할 예정이다.

 밥도 잘 먹었고, 어제 잠도 푹 자서… 컨디션이 참 좋아서 다행이다. 겨울에는 그저 감기 없이… 잘 먹고 잘 자는 것만으로도 아이들에게 감사하다.

 아기 때는 하루가 멀다 하고, 병원에 기침, 콧물약을 받으러 갔었다. 회사 출근해도 아픈 아이들 생각이 떠나지 않았고, 밤새 열이 오르락내리락하는 아이들 이마를 또 만져보고 또 만져보았다.

이제 조금 자라서, 예전처럼 마음졸이는 일들은 없지만… 배탈이 나거나, 감기가 심할 때는 아이들도 많이 힘들어한다.

그저 아프지 말고, 건강하게만 자라렴.

쉬어 가도 된다

아이들 아빠가 감기가 심해져서, 금요일부터 모든 집안일과 아이들 스케줄을 모두 혼자 다 했더니… 조금 지친다.

기력을 회복한 걸 확인했으니
일요일 저녁은 조금 쉬어보려고 한다.

나도 아프다

결국 나도 병원에 왔다. 한참 지났지만, 제대로 된 진료가 필요했다. 그래… 병은 그대로 둔다고, 괜찮아지지 않는다.

전문의에게 내 상태를 정확히 이야기하고, 그에 맞는 적절한 약물이나 치료를 받아야… 상처는 아물고, 염증은 없어진다.

아주 간단한 일인데, 나는 미루고 미루었다. 괜찮아지겠지… 괜찮아지고 있어… 그냥 모른 척했다.
회피한다고 피해 갈 수 있는 일이 아닌데… 나는 그랬다.

오늘 휴가를 내고, 병원에 온 것은 참 잘한 일이다. 내가 건강해야 모든 일을 할 수 있다.

즐거운 목요일

목요일 아침이 밝았다. 새해가 시작한 지… 벌써 며칠이 지났다. 그사이 많은 일들이 있었다.

집안에도 변화가 있었고, 내가 하는 일에도 작은 변화가 있었다. 올 한해 어떤 하루를 보낼지에 대한 기대감이 크다.

그저 웃고, 기뻐하는 일들이 많았으면 좋겠다. 그뿐이다. 가족이 모두가 건강하고, 매일 웃는 일들이 가득하다는 것 말고… 더 중요한 것이 있을까….

웃는 일들을 계속 만들고, 조금씩 웃는 일들을 만들다보면… 그 웃음의 크기는 커진다.
자꾸 웃어야 웃을 수 있다.

올 한해 가족들과 행복한 일들을 조금씩 만들고, 그 속에서 웃음꽃을 찾으려고 한다.
그래…. 행복한 일들은 가까이에 있다.

공기

쉼이라는 공간 속에서 잠시 쉬어간다. 이렇게 잠시 쉬는간 거다. 휴~~~~ 숨을 한숨 쉬고 나니까… 더 홀가분하다.

예배에 참석하고, 잠시 혼자만의 시간이다,
이 시간에 커피를 마시러 갈 시간이지만… 오늘은 잠시 미뤄본다.

오로지… 나만을 위한 시간이 꼭 필요했나 보다.
그렇게 나는 조금 쉬고 있다.

눈을 잠시 감고, 내 마음속 근심을 잠시 들여다본다. 아직 일어나지 않은 일들이고…. 주님이 꼭 지켜주실 것이다.

여유를 가진다는 것은 아주 잠시 시간을 갖는다는 것이다. 행복은 이런 여유에서 찾아온다.

무리해서 무엇인가를 하기보다는… 잠시 내 시간을 갖고… 생각을 해보자.

무엇이 가장 내 가정에 좋은 일인가…. 생각 또 생각해본다.

그래…. 결정은 나중에 해도된다.
내가 선택해야 하는 일들은 무수히 많다.

그중에 우리가 할 수 있는 최선을 하자.

다 지나간다

미루다가 병원에 다녀왔다. 확실히 약을 먹으니… 힘이 나고 아픔이 사라진다.
진작 참지 말고 다녀올걸…. 후회가 든다.

하루 휴가 내고, 뜨끈한 방에서 푹 쉬면 괜찮아질 줄 알았는데, 그렇지 않았다. 몸은 점점 아파오기 시작했다.
꼭꼭 쑤시던 두통에서 온몸을 쑤시는 몸살로 넘어갔다.

병을 키운다는 것이 이런 거구나 싶었다.
입맛도 없으니, 약을 먹어도 온 쓴맛이 내 입속에 남아 있었다.

다이어트 때문에 고민이었는데, 저절로 살이 조금 빠졌다.

일석이조네…. 내심 흐뭇하다.

콧물로 다시 두통이 시작되지만, 내일은 즐거운 금요일이고, 며칠 쉬면 또 쌩쌩해질 것이다.
그래…. 이 또한 지나가리라… 믿는다.

아침에 눈을 떠서 포근포근 자고 있는 아이들을 보았다.
복숭앗빛처럼 발그레한 모습을 보고, 이불을 살짝 덮어주었다.

내가 아픈 건… 어떻게든 이겨낼 수 있다. 오늘 아침 이 평안한 하루를 허락해주신 하나님께 감사함을 느낀다.

오늘 하루도 두려워 말라. 강건하라. 평안하라.

회복의 단계

회복의 단계가 있는 것 같다. 절망과 분노가 휩싸이다가… 손에서 일을 놓기도 한다. 그러다 문득 파란 하늘을 바라보면서, 작은 용기를 내어본다.

그래, 할 수 있을 거야…. 인생은 어떻게 변할 줄 모르는 하루하루의 연속이니까….

일단 눈을 크게 뜨고, 신발을 신고 밖으로 나가보자.
내가 할 수 있는 일은 내 능력안에서 최선을 다하고,
조금 부족한 일은 다른 사람의 도움을 받자.

이 세상 살기 위해서는 다른 사람과 함께 공유하고, 협심해서 살아가야 된다.

때로는 힘든 과정을 겪고 또 겪겠지만… 이 또한 지나갈 것이고… 좋은 날도 많이 올 것이다.

끝

드디어… 힘든 고비의 시간이 지나가는 것 같다. 연말부터 지금까지 3주간을 나를 붙잡고 놓지 않은 걱정거리가 이제 내 옆에서 조금 떨어진 것 같다.

다시 또 언제 올지는 모르지만… 그래도 그 시간들을 기도와 가족들의 사랑으로 잘 이겨냈다.

나로 인해 상처받은 사람에게 사과를 하고, 용서를 구하는 일은… 세상에서 제일 쉬운 일이지만….
어렵다. 그 발 한걸음은 얼마나 무거운지 모른다.

그래도 한 걸음 나아가면… 내 몸과 마음이 가벼워진다.
숨을 쉴 수 있고, 머리가 맑아진다.
답답했던 내 속마음을 내려놓을 수 있다.

천천히 여유롭게…. 조금 늦어도 괜찮아
쫓기듯 살았던 내 마음을 조금만 내려놓자.

그래…. 내려놓자…. 할 수 있다.

곧 좋은 날이 올 것이다.

병

오늘은 더 병원에 왔다.
어제부터 긴장되었던 마음이 쉽사리… 진정이 되지 않는다.

괜찮겠지, 안심하면서도 걱정되는 이 마음은 어쩔 수가 없다.
그래, 괜찮을 거야…. 아무 일 없을 거야.

병원에 오기 전 기도를 하면서… 하나님께 모든 걸 다 맡긴다는 기도를 하였다.

나는 약하지만, 하나님은 강인한 분이시니… 손을 꼭 잡아주시리라….

엄마로 나는 빵점 엄마이지만, 그래도 작은 노력으로 하나씩 내 마음에 은혜를 쌓아가고 있다.

그 은혜가 하나씩 쌓여, 내 마음이 꽉 차면 성령님이 내 손을
꼭 잡아주시리라 믿는다.

하늘에 계신 하나님을 믿고, 의지하고, 따릅니다.
모든 제 마음을 맡기오니… 제 손을 꼭 잡아주소서.

구토

큰아이가 밤새 구토를 했다.
배가 아파하는 아이에게 수건을 챙겨주고, 등을 만져주었다.

점심 때까지는 괜찮았는데… 뭐가 탈이 났나 보다.
아침 일찍 병원에 가서 링거를 맞게 하고.
바나나와 보리차를 사왔다.

한숨 더 자라고 했으니… 저녁에는 괜찮아지길… 기도한다.

# 졸림

점심 식사도 하기 전에 이렇게 졸린 거 보니… 오늘 아침 꼬맹이의 이른 아침 기상이 영향이 있는 것 같다.

조금 쉬다가 일어난다는 것이 4시간을 푹 자버렸다.
기절했나… 할 정도이다.

살다 보면 정말 기절할 것처럼 힘든 일들이 찾아온다.
이럴 때 나는 어떻게 대처했을까.

아마 큰일이 난 것처럼… 이리 뛰고 저리 뛰고 했을 것 같다. 사실 지나고 보니 큰일이 아니었는데….
뭐가 그렇게 급히 움직였는지…. 생각해 보니 웃음이 나오는 포인트들도 있다.

지나고 보니… 별일 아닌 일들이 얼마나 많았나.
그래, 오늘 아침 걱정도 별일이 아니길….

바람처럼 지나가는 삶이니….

작은 습관

잠을 푹 자서인지 오늘은… 아이들보다 먼저 일어났다.
보리차 한 잔을 단숨에 마시고, 정신을 차리니….
집안일들이 보였다.

그래…. 아침에 후딱 해버리자. 건조기에 넣어둔 빨래를 후딱 다 개고, 예쁘게 정리해서 넣었다.

어젯밤 설거지한 그릇들도 제자리를 찾아 넣으니… 한결 집이 깨끗해졌다.

빨래는 생각이 없었으나… 주섬주섬 모으다 보니 또 한 세탁기다. 4식구 하루 빨래가 적지는 않다.
그래도 손으로 빨지 않고… 청소기 이모님 세탁비 이모님이 쉬지 않고 내일을 대신 해주셔서 그저 감사할 뿐이다.

직장생활을 하면서 가끔 멘붕이 올 때가 있다.
지침 몸인데, 집은 엉망일 때다.

그래서, 패턴을 바꾸어봤다. 아침에 이불 정리, 청소기 돌리기,

세탁기 돌리기, 집안 큰 짐들은 정리를 해두는 것이다.

  시간이 오래 걸릴 것 같지만… 정신을 바짝 차리고 집중해서 하면 그리 오래 걸리지 않는다.

  그리고 문제의 욕실은 두 곳을 들어갈 때마다 조금씩 정리하고, 닦았더니 따로 큰 청소가 필요 없게 되었다.

  이불은 꼭 필요한 것만 내어두고, 일단 장롱 속으로 애들 작은 짐들도 통에 담아서 베란다에 두니 책상이 정리가 되었다.

  그래, 조금씩 작은 습관을 만들어보자.

온 맘 다해

  아이가 온 맘 다해 찬송가를 좋아한다.
  나도 계속 듣다 보니… 힐링이 된다.

요 며칠 힘들었던 마음이 음악을 들으면서, 울렁거렸던 마음을 다잡았다. 그래 누구나 한 번쯤은 고난을 겪고, 힘든 상황을 처한다.

그래도 꾸준히 간절한 기도와 평정심으로 한 달을 잘 지켜낼 수 있었다.

그래, 이미 알고 있지 않은가… 내가 할 수 없는 일들이 있다는 것을… 하나님께 두 손 모아 기도드렸다.
오로지 하나님께 모든 걸 다 맡긴다는 간절한 기도 덕분이었을까….

조금씩 내 삶이 다시 정리가 되고 있다.
사실 그동안 왜 그런 말과 행동들을 했을까… 후회와 자책이 되는 부분도 많다.

그래도 이제 알았다. 그렇게 행동하면 안 된다는 것을…. 나이는 그냥 먹는 것이 아니었다.
그만큼 성장을 하기 위해서는 조금 고통이 필요하다.
아니, 아주 많은 고통이 있다.

그 와중에 제일 후회되고, 반성하고, 미안한 일은
아이들에게 내 힘듦을 전했다는 것이다.

천진난만한 아이들에게 상처를 준 것이 씻을 수 없는 내 마음의 큰 상처를 냈다.

용서를 구한다고 그 상처가 쉽게 아물지는 않겠지만 매일 기도로 하나님께서 어루만져 주시길 기도한다.

하나님 저희 가족들 손을 꼭 잡아주세요.
부모님, 형제들을 위해서도 기도합니다.

아멘

평안

하루가 평안했다는 것에 감사함을 느낀다.

며칠 휘몰아치는 걱정거리에 정신을 차릴 수가 없었다.
그럴 때 잠시 걸음을 멈추고, 숨을 한번 쉬고 찬물을 한 사발 마셨다.
지금도 내 옆에는 생수가 있다.

물 한 모금의 여유가 나를 다시 움직이게 했다.

그리고 다 잘되었다.

그래…. 이렇게 하면 되는 것이었다.

모든 것은 하나님께 맡기고, 기도를 한다.
내 모든 삶은 하나님 손잡고 간다.

다행

한 달 동안 걱정했던 일을 오늘 진행했다.
수백 번 생각했지만, 그래도 하나님께 기도하고 다녀왔다.

다음 주 결과가 있지만 이것 또한 걱정하지 않는다.
하나님께서 손 잡아주고 계시기에….

오늘은 진짜 물 한 모금 잘 먹지 못했지만,

숙제 같았던 일을 해결하니 배가 고프지 않다.

아이들, 아빠 반찬을 만들어두고, 수요예배에 간다.
후련하다.

점점

점점 좋아지고 있다.
내 마음도 몸도⋯ 어제는 병원에 가서 링거도 맞고 약도 잔뜩 받아왔다.

한숨 푹 자고 일어나니 저녁 시간이었다.
라면을 먹는다는 소리에, 간단한 구이 반찬을 몇 가지 만들어주었더니 모두 잘 먹었다.

식세기 담당을 남편에게 맡기고 거울 앞에 앉았다.
다소 수척해보였다.
몇 끼를 먹지 못했으니⋯ .이참에 날씬한 나로 다시 태어나보려한다. 가능할지는 모르지만….

어제보다 따뜻해진 날씨 덕분에 이곳저곳 업무를 보는데 편했다.

서서히 봄이 오나 보다.
바람에서 느껴본다.

그래, 추운 겨울 뒤에 따뜻한 봄이 오고 있지.

산책할 생각에 설렌다.

회복

오늘은 5분도 못 쉰 것 같은 정말 피곤한 날이다.
저녁에 일정이 있는 아이들 픽업을 아이들 아빠에게 맡기고 싶었으나… 이번주 야근이 많았던 남편 일정을 알기에… 먼저 내가 다녀온다고 말했다.

지금도 눈이 천근만근이다.
10분 정도 눈을 감고 있으면 피곤이 조금 풀린다니….
아주 잠시만 쉬어가야겠다.

예전에는 쉰다는 것이 그냥… 하루 종일 내가 하고 싶은 것을 하는 건 줄 알았는데….

힘든 노동 뒤에 잠시 쪽잠도 큰 쉼이 되었다.
몰아서 쉰다고… 몸이 회복되는 것이 아니었다.
그저 내가 쉬고 싶을 때 하던 일을 잠시 멈추는 것이다.

그래… 이제 잠시 걸음을 멈추고, 잠시 눈을 감고 쉬자.
그렇게 해도 아무 일도 일어나지 않는다.

하루

저녁 식사 준비까지 끝났으니 주부로서의 내 임무는 마무리다.

식기세척기가 있으니… 내일을 덜어줘서 볼 때마다 참 고맙다…. 저 많은 설거지 다 했으면 힘들었을 텐데….
절로 웃음이 나온다.

눈이 많이 오더니 이제는 강추이다. 애들 감기 걸리지 않게 조심해야 되는 기간이라… 오이, 과일등을 비싸지만… 장바구니에 넣었다.

잘 먹고 잘 자는 게 감기에 걸리지 않는 최고다.
이번 주 토요일은 일정이 있어서 잠시 외출이 있다.

아이들과 아빠는 잠시 키즈카페에 다녀오라고… 당부하고… 일하고 올 생각이다.

일이라는 게 하기 전에는 다소 힘들지만, 막상 하고 나면 뿌듯하다. 직장생활이 단순히 금전적인 벌이가 되지만, 자아성찰과 동기부여가 될 때도 있다.

그저 부족함 없이… 넘치지 않는 믿음으로 한 해를 잘 보내야겠다.

친구

보고 싶은 친구, 그리운 친구, 다시 만날 친구

첫눈

소리 없이 첫눈이 내렸다. 사람들에게 눈이 내려요. 큰 소리로 말하면서, 곳곳을 다녔다.

첫눈은 그냥 내리는 것인데, 아이들은 참 좋아한다.

그 눈을 맞으며, 생각에 잠긴다. 나는 언제부터 눈을 좋아했을까 아마, 자라면서 생각이라는 것을 하고, 기억에 남는다는 추억이 있을 때부터였던 것 같다.

첫눈은 추억과 함께 소복소복 쌓이게 된다. 아무리 많아도 귀찮지 않고, 밉지 않은 존재인 눈은 정말 생각만으로도 기분을 좋게 한다. 점심을 먹고, 차 한잔을 하고 있는데, 소리 없이 눈이 날리는 걸 보고 잠시나마 옛친구들과의 추억이 떠올랐다.

사회생활을 시작하기 전 그저 중간/기말 걱정과 어떤 과를 선택할지 고민했던 시기가 참 그립다.

부모님께서 주신 귀중한 등록금과 용돈으로 부족함 없이 학교생활을 마무리할 수 있었다. 친구들과 소소하게 족발을 시켜서 야식을 먹고, 밤새워 수많은 이야기를 나누었던 그 시절…. 우리는 참 빛났다.

작은 것에도 웃음이 끊이지 않고, 친구의 슬픔에 함께 아주 많이 슬퍼해주던 그때가 생각난다. 지금은 각자의 가정에서 많은 시간을 가족들과 보내고 있지만, 나중에 시간이 조금 흐른 뒤에 함께 꺼내볼 추억의 사진에 감사하다. 3박 4일 동안 잠들지 않고 할 이야기가 많다는 게 얼마나 행복한 일인가…. 친구들과 이야기했던 것들은 잘 잊히지도 않는 것 같다. 말하고 또 말하고 해서 그런가….

2023년 11월 어느 날 갑자기 내린 흰 눈에 마음 고이 접어두었던, 추억의 종소리가 울려퍼지는 하루였다.

참 고마운 흰 눈…. 내 마음에 있었던 걱정들을 녹여버렸다. 우리 또 만나자.

첫인상

나는 사람을 볼 때 처음 첫인상을 굉장히 중요하게 생각한다. 물론 처음과는 다른 게 지내다 보니, 처음이랑 이미지가 다르다고고 느끼는 경우도 있지만 대부분은 처음 인상이 계속 가는 것 같다.

사람들마다 자신이 좋아하는 성향이 다른 것은 어쩌면 당연한 일이다. 지금까지 살아온 환경이 각자 다르고, 세상을 살아온 방법이 다르기 때문에 그 비슷한 사람 또는 완전 다른 삶을 살아온 사람들끼리 호감을 느끼는 것이다. 경계심이 많은 사람은 쉽게 자신의 옆자리를 주지 않고, 본인의 이야기를 하지 않는다. 자신의 이야기를 할 때 사람들은 서로 마음의 문을 열고, 조금씩 앞으로 나가는 것이다. 그 조금씩의 변화가 모여서, 오랫동안 잊지 않을 추억이 되고, 서로를 꾸준하게 만나게 되는 인연의 끈이 되는 것이다. 그 끈은 아주 오랫동안 유지되기도 하고, 중간에 끊어지기도 한다. 학생이나 사회초년생은 이 관계 형성 및 중단에 대해 큰 상처 또는 걱정을 안고 살지만 이 또한 여러 번 상황이 쌓이다보면 조금씩 아무 일도 아닌 것처럼 생각되거나, 조금은 가벼워진 마음을 느낄 수 있다.

가벼워진 마음이 여러 번 쌓이다보면, 누구를 만나든지 따스하게 사람을 만나고 대할 수 있다.

내가 그랬다. 사회초년생 때 첫인상으로 끝까지 그 사람 판단했던 나를 되돌아보고, 이제는 그 따스한 마음으르 처음 만나는 사람을 대하려고 노력하고 있다.

말동무

그냥 고맙다고 해주신다. 아무런 도움 없이 그저 어르신의 눈을 마주치며, 지금 티브이에 나오는 내용을 되새겨드린 것밖에 없는데 그렇게 고마워하실 수가 없다.

인생에 가장 큰 선물은 무엇일까.

내 평생 친구 남편과 함께 건강하게 맛있는 거 먹으며, 때로는 좋은 곳에 구경도 다니고 즐겁게 하루하루를 살아가는 것이다. 새로운 환경에 처음 만나는 사람들과 지낸다는 것은 많은 에너지가 소모된다.

시간이 점차 지나며 따라, 사람들과 나눈 대화에서 삶의 지혜가 쌓이고, 행복이 쌓인다.

행복은 순간적으로 쌓이지 않고, 한달 한달 적금을 넣듯이 저축이 되어야 한다. 그래야 내가 급하게 사용하고 싶을 때나, 꼭 필요한 순간에 사용할 수 있는 것이다.

적금도 여러 종류가 있듯이 행복의 적금도 여러 종류를 다양하게 저축해두어야 한다.

저축해둔 행복은 혼자 만들어지지 않고, 친구나 지인분들과 함께 이루어진다. 이 추억들로 평생을 함께하는 대화가 이어지는 것이다. 주변에 말동무가 많다는 것은 재산이 많은 분보다 더 행복한 사람이다. 삶이 종료될 때는 그 어떤 것도 천국으로 가지고 가지 못한다. 하지만, 끝까지 남아있는 청각을 통해, 편안한 마지막을 맞이할 수 있게 된다. 평생을 함께한 가족 친구들과의 추억 속에서 살아가는 사람이야말로, 세상에서 최고의 부자가 아닐까 생각된다. 나도 많은 사람을 만나면서, 서로 다른 인생을 살아왔으나, 생각이 깊이가 같고 성향이 비슷한 사람들과 유익한 대화를 많이 나누고 싶다.

친구

오랜 세월 알고 지내던 친구는 오랜만에 만나도 할 이야기가 참 많다. 그만큼 서로 간에 쌓인 추억들이 많아서, 대화의 주제가 끊이지 않는 것 같다. 나에게도 오랜 친구들이 있다. 이해심이 많고, 착한 친구들이다. 요즘은 자주 못 봐서 최근 근황을 잘 알지는 못하지만 무소식이 희소식이라고 생각한다.

학교 다닐 때 만난 친구들과 회사에서 만난 동기들은 그 만남의 주제가 완전 다르지만, 비슷한 생활 패턴이 이어지다 보니 주제가 겹칠 때도 있다.

그런데, 올해 하반기에 우연히 만난 모임에 친구들은 나랑 최소 20년 차이가 난다. 친구는 나이가 동갑이라고 친구가 아니고, 마음의 결이 비슷한 사람이 좋은 친구가 되는구나 하고 생각되었다. 처음에는 내가 모임에 잘 적응할 수 있을까 고민이 되었지만, 그 생각은 첫날 없어졌다. 연륜에서 오는 타인을 배려하는 모습과 생활의 노하우는 지금 내 주변 친구들에게는 찾아볼 수 없는 모습이었다. 그리고, 여러 번 모임을 하면서 그 속에서 편안함까지 느껴졌다. 집에 와서 곰곰이 생각해보니, 이 모임에 없는 게 있었다. 남편 험담, 시댁 험담 등 타인에 대한 비방, 사회에 대한 비방의 말이 없었고, 오히려 자신의 어려움도 웃으며 이야기하며 주변 사람들에게도 긍정적 메시지를 주고 있었다. 회사에서 만난 사람들은 의례적으로 회사에 대한 불만, 직장동료 간의 불화가 주제가 되는데 이렇게 몇 시간 이야기하고 집에 오면 너무 힘이 들었다.

분명 기분 좋게 나간 모임인데, 돌아올 때는 많이 지치고 담부터는 핑계를 대고 나가지 말까 고민도 되었다.

그런데 어제 모임은 몇 시간이 단 몇 분밖에 되지 않은 것처럼 너무 짧게만 느껴졌다. 그만큼 모임이 너무 즐겁고, 항상 좋은 에너지가 넘쳐난다. 요즘 들어서 더욱 생각하는 것은 당연하게 생각되었던 모임 참석을 나 스스로 끊어내야겠다는 생각이다. 미안한 마음과 타인의 시선 때문에 나를 힘들게 하는 모임은 지금 당장 STOP해야겠다. 세상에는 좋은 사람들이 너무 많고, 그 사람들을 다 만나기도 힘들다. 친구는 더구나, 나의 삶을 함께 가는 것이니, 같이 가기 힘들다고 생각되면 잠시 인연의 고리를 접어두는 것도 괜찮을 것 같다. 내가 행복하고, 즐거워야 주변도 밝아지고, 긍정의 에너지가 샘솟게 된다.

추억

오늘 아침 도로가 꽁꽁 얼었다. 조심조심 발을 옮겨보지만, 미끄러진다. 이런 날은 아무리 조심해도 온통 바닥이 빙판길이라 어쩔 수가 없다. 될 수 있으면, 외출을 줄이고 집에 있는 것이 최선의 방법이다.

빙판길 덕분에 조심조심 걷다가, 스케이트 타는 것처럼 쭉~~ 하고 타보았다. 어린 시절 작은 발로 이렇게 잘 놀았는데… 잠시 옛 기억을 떠올려보았다.

대학을 다닐 때도 나는 초등학생처럼 눈이 오면 친구들과 눈싸움을 하고, 비가 많이 오면 우산을 쓰지 않고 그냥 비를 즐겼다. 온전히 다 피하지 못한다면, 오히려 옷이 젖을까 봐 걱정하는 것보다 잠시나마 비와 놀았다.

어젯밤에는 친구가 꿈속에 나왔다. 2년 만에 처음이었다. 친구와 빵을 한가득 사고, 귀여운 황토색 똥강아지들이 많은 꿈이었다. 겨울에는 특히 그 친구 생각이 많이 난다. 워낙 추위를 싫어했던 친구라서, 잘 지내고 있는지 늘 걱정이 되었다. 나에게 안 좋은 일이 있을 때마다 참 많은 위로와 격려를 해주었던 친구는 항상 웃는 얼굴이었다. 내가 흥분하면서 말해도 친구는 늘 차분하게 대처하고, 좀처럼 급하게 서두르는 일도 없었다. 오늘 아침 빙판길 앞에서 또 그 친구가 떠오른다.

조심성 많고, 차분했던 나의 친구.

행복 깃털

요즘 아이들이 보는 만화책은 과학 관련 지식을 다루는 책들이 있다. 무지개는 어떻게 생길까?, 민들레는 어떻게 홀씨를 뿌릴까? 등 다양한 질문을 통해 아이들의 상상력을 풍부하게 만든다. 어릴 때 책을 많이 읽는 아이들은 감수성도 풍부해지고, 다양한 경험을 책으로 많이 하기 때문에 다른 사람에 대한 공감 능력도 뛰어나다고 한다. 내가 어릴 때도 학교에 가면, 자유시간이나 자습시간에 선생님들께서 책을 많이 읽으라고 권하셨다.

친구들과 장난치기 바빴던 나는 책보다는 친구들과 운동장에서 많이 놀았던 것 같다. 내가 언제부터 책을 정말 좋아하게 되었나 고민해 보니, 대학을 다니며 받은 첫 전공수업 때부터였던 것 같다. 그동안에는 시험을 위해서 읽고, 외웠던 책들이었는데 첫 전공 수업 때 받은 책은 지금도 내 책장 가장 잘 보이는 곳에 진열해두고 가끔 꺼내본다. 수업 시간에 교수님이 하셨던 농담까지도 페이지 모서리에 적어두었는데, 시간이 지나고 보니 그것도 좋은 추억이 되었다.

20대 그 시절로 돌아갈 수는 없지만, 잠시나마 추억 속 여행을 떠날 수 있어 행복하다. 아이들의 과학책처럼 행복은 어떻게 만들어질까? 행복은 내가 하루하루 만들어 놓은 추억들이 민들레 씨앗처럼 퍼져서 언젠가 나도 모르는 사이 행복의 꽃을 피우고 있는 것이 아닐까 생각해본다.

친구

오랜만에 친구들을 만났다. 예전 글에서 마음결이 비슷하면 나이 차이는 그리 중요하지 않다는 글을 적었는데, 어제 만났던 모임은 나보다 최소 20년은 차이가 나는 언니들이었다. 다른 시대에 학교를 다니고, 세대별 문화차이가 있지 않을까 생각을 할 수도 있지만, 이 모임에서는 그런 게 없다. 그저 반갑고, 반갑고, 반갑다.

많은 이야기를 하지 않아도 그저 따뜻한 차 한 잔으로도 그 온기가 따뜻하게 전해오고, 서로의 안부 인사는 얼굴빛으로 대신한다. 오랫동안 본 사이가 아닌데도, 그 친구의 가장 최근 고민이 무엇인지 알고 있으며, 섣부른 충고나 조언보다는 따뜻한 위로와 공감을 해준다.

그 위로와 공감은 참 오랫동안 마음 한켠에 남아서, 힘들 때마다 약이 되어준다. 결이 비슷한 사람들은 그런 공감 응원 덕분에 힘든 일도 웃으며 이야기할 수 있는 힘이 생긴다. 살다보면 참 많은 일들이 있고, 때로는 어려움도 있다. 그럴 때마다 징징대는 것보다, 웃으며 이 시련도 금방 지나갈 것이야…. 긍정의 힘을 가져보자.

구름이 혼자 움직일 수 없듯이… 더불어 함께 살아가는 연습도 많이 하는 삶을 살아보자. 주변 사람들에게 도움을 요청하고, 대화를 통해 문제해결을 하는 사람들은 누구보다 행복한 사람이다. 그런 분들은 노년에도 주변에 친구들이 많아서, 행복한 시간을 보내고 계신다. 누구나 도움을 받을 일이 생기고, 또 도와줄 일도 생긴다.

그럴 때마다 군더더기 말을 더하기보다 감사히 도움을 받고, 조용히 도움을 드리는 삶을 살아보자.

어느 날 문득

어느 날 갑자기 전화해도 친구는 내 속사정을 다 알고 있다. 어찌 그리 잘 아는지… 많은 말을 하지 않아도 내 고민을 다 아는 것 같다. 전생에 부부가 아니었을까 싶을 정도로 내 마음을 다 알고 있다.

어느 날 문득 친구랑 재미있게 놀았던 추억을 꺼내보았다. 그렇게 웃긴 대화 주제도 아니었는데, 우리는 참 많이 웃었다. 그 웃음 덕분에 학교생활이 더 재미있었는지도 모른다.

대학 시절 바람에 예쁘게 날리던 벚꽃만 바라보면서, 지금 우리의 청춘이 참 좋다고 이야기 나누었던 친구들이 이제는 결혼하고, 사회생활을 하느라… 그 감성을 조금 잊고 지낸다고 한다.

참 따뜻했던 그 봄 햇살 아래에 추억이 참 많다.

엊그제처럼 느껴지는 그 시간들이 아쉽고, 그립지만 그 또한 추억할 수 있는 일이 생긴 것 같아 감사의 마음으로 생각하려고 한다.

어느 날 문득… 친구, 벚꽃, 봄 햇살이 생각나는 날….
그리운 친구들에게 전화해본다.

친구

오랜만에 친구와 통화를 했다. 가족들 근황과 건강에 대한 부분을 이야기하니 30분이 금방 지나갔다.

20년 전부터 알고 지냈으니… 목소리만 들어도 친구가 요즘 어떻게 지내는지 대충 감이 온다.

회사 일이 힘들어서 작년에 몸이 많이 상한 친구는 여전히 회복 중인 듯했다. 혼자였으면, 그냥 덮어두고 쉬었을 텐데…. 가족들이 있으니 마냥 아플 수만 없었다.

챙겨야 하는 가족들이 있고, 그중에 자식은 내 몸이 아파도 반드시 챙겨야 하는 존재이기에… 아픈 몸을 이끌고 집안일을 해야만 한다.

가까이 있으면 맛있는 밥이라도 한 끼 사주고 싶지만, 멀리 있으니 따뜻한 위로의 말로 그 마음을 대신 전했다.
여러 번 내 글에서도 언급했지만, 결혼을 하고 자식이 있으면 아파도 마음대로 아플 수가 없다.

나는 굶어도 자식들 밥과 반찬은 꼭 해주어야 한다는 책임감이 있어서, 아픈 그 순간에도 밥은 차려주게 된다. 나도 여러 번 그런 경험이 있는데, 그럴 때마다 친정엄마가 많이 생각났다. 우리 엄마도 이렇게 아프셨을 텐데… 그때도 7식구 밥을 다 챙기셨으니… 얼마나 힘드셨을까.

친구는 내 몸이 아픈 것보다, 자녀의 교육 문제와 교육비에 대한 부분이 더 걱정이 된다고 했다. 자녀도 식물처럼 물을 주고, 거름을 주고 자주 찾아와 사랑을 주면 잘 자라는 것처럼… 자녀도 부모의 적당한 사랑과 관심으로 쑥쑥 자라는 것을 나도 알기에….

친구에게 교육비 대신 네 몸을 걱정해서 회사 일을 줄이라는 말을 하지 못했다. 나도 자식을 키우는 입장에서 자식이 하고 싶다는 공부를 내 힘이 되면, 끝까지 해주고 싶기 때문이다.

끝이 없는 투자일 수도 있고, 회수가 되지 않은 투자일 수도 있지만 내 부모가 나한테 그랬듯이…. 나도 자식이 해보고 싶은 학업이 있고, 그에 따른 교육비가 든다면 최대한 해주고 싶다.

친구도… 나도 그렇게 내 앞날에 대한 생각보다, 자녀들의 앞날을 위해 고민하는 시기가 점점 커지는 것 같다.

친구 1

나의 글에는 친구라는 단어가 참 많이 나오는 것 같다. 오늘처럼 이렇게 비가 내리는 날에는 특히 친구가 생각이 많이 난다. 지금도 어딘가에서 잘 지내고 있을 거라는 작은 믿음과 나도 언젠가 가야 할 그곳에서 뭐 하면서 지내고 있을까 궁금하기도 하다.

이제는 목소리는 들을 수는 없지만… 가끔 그 친구라면 지금 나에게 이런 조언을 해주었겠지… 하고 생각하곤 했었다. 오래 만난 친구라서 그 친구의 말투와 특유의 제스처까지 아직도 또렷하게 생각이 난다.

비 내리는 걸 참 좋아했던 그 친구와 나는 대학 시절에도 커피 한 잔을 두고, 참 많은 이야기를 했었다. 벌써 몇 해가 지나갔는데도 이 글을 쓰는 내내 눈에 눈물이 가득해진다.

익숙해지고, 조금은 무뎌졌지… 하고 생각했는데, 그렇지 않았다. 후드티, 가디건, 청바지를 자주 입었던 친구는 추위를 참 많이 탔다. 한여름을 제외하고는 겉옷을 꼭 가지고 다녔으니 말이다. 길가에서 비슷하게 입고 다니는 사람들을 보면… 그 친구가 더 보고 싶어진다.

옆에 있을 때 잘하라는 말이… 참 맞는 것 같다. 가족끼리 놀러 가자는 말… 말…. 그 말을 실천에 옮기지 못해서 참 많이 후회하고, 미안했었다. 회사일, 집안일 잠시 내려놓으면 그만이었는데… 왜 그리 2순위로 밀어두었을까.

모든 회사 일을 쉬는 동안… 수백 번 생각했었다.
내가 최선을 다했을까…. 그 친구가 서운한 점은 없었을까…. 그 친구가 나라면 더 잘했을 텐데…. 후회해도 소용없다는 것을 잘 알지만…. 그래도 가끔은 그 친구를 그리워하고 싶다. 내 마음이….

봄을 향해 가는 이 시기… 그 친구가 더 생각나고 그리워지는 화요일 아침이다.

친구 2

봄 햇살이 버스정류장을 비춘다. 겨울 동안 입고 다녔던 두꺼운 외투 대신 조금 춥지만, 가벼운 외투를 걸치고 나오니 세상 가볍게 다닐 수 있는 것 같다.

아직은 겨울 날씨라서 감기에 걸릴 수도 있지만, 조금 춥다는 느낌이 오히려 기분을 상쾌하게 한다.
버스정류장 앞에 묘목을 파는 농원들이 줄지어 있는데, 작은 나무 묘목을 잔뜩 가져다 놓으셨다. 다음 달이면 식목일이니… 한참 나무를 심을 시기인 것이다.

아버지께서 나무에 물이 오른다는 말씀을 자주 하셨는데 나무에 물이 오르면 봄이 왔다는 신호가 된다.

몇 해 전 이맘때 친구는 이렇게 봄이 올 때 많이 아파했었다. 3월이 되면 그래서 친구가 더 생각이 난다.

앙상했던 팔과 다리를 보고 집으로 오는 길 참 많이 울었다. 함께 가셨던 지도교수님도 눈물을 보이셨다.

그 많은 제자 중에서 유독 아끼셨고, 많은 사랑을 주셨던 제자이기에… 그 슬픔은 크셨다.

어제 지인분께서 글쓰기에 대한 좋은 조언을 해주셨다. 비슷한 주제를 가지고 10편, 20편을 써보라는 이야기셨는데, 나는 친구와 은사님 이야기를 써보려고 한다.

많은 추억들이 있어서, 까먹기 전에 글로 남겨두면 나중에 보면 나에게 좋은 추억이 될 것 같다.

소소했던 그 시절 추억을 하나씩 정리해보려고 한다.

친구 3

낮 기온이 15도까지 올라간다고 하더니…. 정말 오늘 아침은 포근한 것 같다. 아이들을 등교시키고, 엄마랑 동네 빵집에서 커피 한 잔과 카스테라를 아침으로 먹었다.

된장찌개가 집에 있지만, 아침에 이렇게 엄마랑 서양식 아침을 먹으면, 잠시나마 여행온 것 같아 기분이 좋아진다. 우리 어머니는 모든 음식을 다 잘 드셔서, 어디를 모시고 가도 맛있다 하시며 맛나게 다 드신다.

딸이 사주는 거라면, 뭐든 맛있게 드시는 엄마가 고마웠다. 작년에 실습을 하면서… 부모님께서 자식이 드리는 음식을 조금이라도 드시는 것만으로 행복해하는 방문객을 보면서… 많은 생각을 했었다.

먹고 싶은 것이 있고, 가고 싶은 곳이 있으면 우울증이 아니라는 김창옥 선생님의 말씀처럼 나도 가끔은 내가 지금 우울증은 아닌가 걱정했었는데…. 그건 잠시 화가 나서 빡친 거라고 정의해 주셔서 한참을 웃었다.

그래…. 나는 잠시 사람들. 회사 일에 지쳐서 잠깐 빠친 거지…. 우울증이 아니었다. 왜냐하면, 아침에 일어나면 좋아하는 커피를 마시러 매일 집앞 커피숍을 갔으며… 좋아하는 도너츠도 먹고… 좋아하는 동네목욕탕도 매일 갔었다.

오늘 엄마가 드시는 카스테라를 보면서, 또 친구가 생각났었다. 위암으로 세상을 떠난 친구가 유일하게 조금씩이라도 먹었던 음식이 부드러운 카스테라였다.

부산으로 출발하는 기차에 친구가 타면… 카스테라를 무릎 위에 올려주었다. 조금씩이라도 먹으라고… 힘내라는 말… 할 수 있다는 말도… 같이 했었다. 그랬다. 무엇이든 조금이라도 내가 부모님께 드리는… 친구에게 주는 음식을 먹어주는 것만으로도 행복했다. 내 부모가 내 친구가 내가 맛있게 음식을 먹는 모습을 보면서 행복해 했었던 것처럼….

그래도 그때는 혼자서 기차를 타고, 서울까지 왔으니…. 그때가 친구랑 가장 많이 이야기할 수 있었던 시간이었던 것 같다.

지나고보면… 그때 조금 더 대화를 많이 할걸…. 후회를 한 적이 많다. 몇 해가 지났지만… 어떤 음식이나, 장소를 보면 친구가 생각난다.

오늘처럼 화창한 목요일 오전… 친구야, 잘 지내.

친구 4

어제 지인분 아버님 조문을 갔었다. 사회생활을 시작할 무렵부터 장례식장을 참 많이 다녔다.

처음에는 어떻게 조문을 해야 할지 몰라서, 우왕좌왕했지만, 집안에 어른이 돌아가시고 몇 번의 장례를 치르고 나니 고인을 잘 보내드리는 것이 어떤 의미인지 조금은 알 것 같다.

작년 실습을 하면서도 고인이 되신 어르신을 뵈었는데, 정말 숨도 가쁘게 쉬시고… 음식을 못 드셨다.

얼굴 표정에서도 힘들어하시는 모습이 보여서, 한참을 서서 힘내시라고 기도를 드렸다. 내가 할 수 있는 일이 기도밖에 없었다.

내 기도를 통해서 조금이라도 조금 덜 아프시길… 바라고 또 바라보았다. 끝까지 남아있는 청각을 통해서, 내 목소리가 전해진다면… 좋겠다는 믿음과 함께…. 나이가 들면서 축하하는 자리보다 위로를 해드려야 하는 자리가 많아졌다. 인생을 살면서 참 많은 일들이 있다. 결혼, 출산, 죽음…. 축하와 위로가 있는 일들을 거치면서 조금씩 어른이 되어간다는 느낌을 받는다.

친구가 먼저 가면서, 장례식장을 가면… 조문할 때 슬픈 감정이 많이 올라올 때가 있다. 전광판에 보였던 친구의 사진이 실감이 나지 않아서, 현관문에 한참을 서 있다 겨우 장례식장 안으로 들어갔었다.

믿기지 않는다는 말이 이때를 두고 하는 말이구나… 하는 것을 그때 알았다. 친구 부모님을 부여잡고, 한참을 울었다. 꽃 같고, 너무 착한 아이가 먼저 갔다며…. 우시는 부모님 모습이 생각난다.

꽃 같던… 내 친구 부모님이 오늘도 행복하고, 건강한 하루 보내고 계시라고… 기도하며 하루를 시작해본다.

친구 5

봄 날씨가 이어지고 있다. 2주 정도 친정어머니께서 아이들과 살림을 봐주시고, 오늘 오전 집으로 가셨다.
아버지 혼자 식사를 드셔야 되니, 친정 언니들이 돌아가면서 국과 반찬을 해드렸나 보다.

형제들이 많으니, 이럴 때 돌아가면서 부모님 식사를 챙겨드리니, 마음이 한결 가볍게 느껴진다.
연로해지시는 부모님은 하루가 다르게 걸음걸이가 느려지시고, 둔해지신 것 같다. 몇 달 만에 얼굴을 뵈면, 주름이 더 깊어지셨다는 것이 한눈에 봐도 보인다.

아침을 간단히 빵과 우유를 챙겨드려서, 가는 길에 드실 수 있도록 하였다. 집에 가시면 저녁에는 갈치 조림을 해서 아버지랑 같이 드신다며, 얼려둔 갈치와 고등어를 가지고 가셨다. 2주 만에 집에 가시니… 살짝 들뜬 기분이신 것 같아 보기 좋아보였다.

손녀, 손자가 예쁘지만, 어머니 집에서 지내시는 게 제일 편하고, 좋으실 것이다. 바쁘지 않으실 때 또 놀러오라는 말과 함께 버스를 향해 손을 흔들며 집으로 왔다.

친구의 자녀들도 이제 초등 3학년이 되었을 텐데…. 지금 어찌 지내는지 궁금해진다. 화창한 토요일 오후… 가족들끼리 야외로 놀러가는 모습을 보고, 나도 아이들 손을 잡고, 남편과 점심을 먹으러 나왔다. 평범한 일상의 행복이… 행복하고, 편안하다.

친구 6

노오란 꽃이 아파트단지에 피기 시작했다. 어제 라디오에서 올해는 벚꽃이 빨리 필 거라고 하더니… 정말 봄꽃을 빨리 보았다.

어제 새벽 1시쯤 잠이 들어서 8시에 눈을 뜨고… 잠시 이불속에서 부비적거렸다. 주말 아침에만 누릴 수 있는 작은 행복감이다. 남편이 주말에는 집에 있으니, 아이들 아침을 좀 부탁해본다. 사실 부탁하기 전에, 이미 아침을 차려서 먹이고 있다.

주중에는 식사, 청소, 빨래가 대부분 내가 해야 할 일이지만, 주말에는 반대로 남편이 대부분의 가정 살림을 해서 참 편하다. 사실 남편도 주말에 쉬고 싶을 텐데…. 묵묵하게 아이들을 잘 살펴준다.

결혼을 하고… 조금씩 서로 서로 자신이 잘 할 수 있는 일들을 하게 되니… 가정에 질서가 잡히고, 집안 살림도 효율적이고 편하게 할 수 있게 되었다.

두 아이를 키우는 것이 혼자서는 참 힘들다가… 이렇게 주말에 남편이 짜잔~~ 하고 같이 해주면 내 자유시간도 생기고 좋다.

부부가 함께 이렇게 아이들이 혼자서 잘 지낼 수 있을 때까지 지켜준다는 것이 어떤 의미인지… 얼마나 소중한 시간들인지… 새삼 깨닫는다.

친구 7

어제 아이들과 무작정 버스를 탔다. 대부분 집 차를 타고 이동하는 일이 많은데, 어제는 다 같이 버스를 탔다.
딱히 목적지는 없었지만, 그래도 살짝 들뜬 마음이 들었다.

워낙 날씨도 좋았고, 컨디션도 너무 좋았다. 원래 가기로 했던 곳은 김포공항 아울렛이었는데, 중간에 버스에서 내렸다. 버스 노선표를 쭉 보니… 어린이대공원으로 바로 가는 버스가 있어서, 잠시 기다렸다가 버스를 탔다.

버스에는 나들이객들이 많아서, 사람들이 많았지만 다행히 아이들은 한 의자에 같이 앉아서 목적지까지 안전하게 갈 수 있었다. 집에서 그리 멀지 않은 곳에 아이들과 산책도 하고, 놀이기구도 탈 수 있는 곳이 있어서 참 좋았다.

풍선을 사달라고 했던 딸아이의 말을 잊지 않고, 오랜만에 핑크색 풍선을 사주었다. 가게 아저씨도 오랜만에 나들이객들이 많아서, 연신 싱글벙글하며 풍선값을 깎아주셨다. 조금 더 지나면 이런 풍선을 사달라는 이야기를 하지 않을 나이가 될 테니… 최대한 아이들이 사달라고 요청하는 동심의 선물은 사주고 있다.

어릴 적 우리 부모님께서 나에게 해주셨던 것처럼, 내가 해줄 수 있는 것들은 대부분 다 해주고 싶다. 그러고 싶다….

놀이기구를 신나게 타서인지…. 많은 줄을 기다려서 피곤할 텐데도 아이들은 신나있었다. 오랜만에 놀이기구 나들이에 더 신이 났는지도 모른다. 그리고, 그 사이 아이들 키가 자라서 탈 수 있는 놀이기구들이 많아진 것도 좋았다.

편의점에서 간단히 과자를 먹고, 비눗방울 놀이도 하고 사진도 재미있게 찍으며… 하루를 잘 마무리하고 집으로 돌아왔다. 아이들이 너무 재미있었다며… 행복하다는 말을 했다. 나도 행복했다.

그래…. 이렇게 하루하루 행복을 더해가면서, 살아보자…. 이런 내 모습을 보고 있을 친구를 생각하며….

글을 쓰면서도, 어제도 마음 한구석이 몽글몽글해지는 것은 아마 같은 생각 때문이겠지…. 생각했다. 친구의 가족도 이런 따뜻한 봄햇살 같은 나들이 많아지길 기도한다.

친구 8

주저주저할 때는 오히려 도전해보는 것을 추천한다.

망설인다는 것은 작은 용기만 더하면, 추진할 수 있기 때문이다. 20대 때 많은 도전을 했었다. 취업을 하기 위해서 이력서를 무작정 내고, 면접을 보았다.

면접 준비를 하기는 했지만, 생각보다 면접이 어렵거나, 힘들지 않았던 건… 모르는 곳에 가방을 메고 간 것 자체가 나에게는 큰 도전이었기 때문이다.

처음 보는 사람 앞에서 나를 소개한다는 것은…. 작은 설렘처럼 다가왔었다. 그리고, 그때 처음 뵈었던 여 면접관이 멋져보였다. 5명의 면접관 중 한 명이 내 눈에… 내 마음에 멋진 모습으로 확 들어왔다. 정갈하게 빗은 머리 스타일과 딱 떨어진 옷…. 20년이 넘었지만, 생생하게 기억에 남는다.

그만큼 강렬한 인상이었다. 면접 질문을 그분을 보면서… 준비해온 지원동기를 이야기했었다.
다소 떨리는 목소리였지만… 내 기억에 표정은 좋았다. 왜냐하면 나를 보고 있었던 면접관분도 살짝 웃고 계셨기 때문에 느낄 수 있었다.

결과는 합격이었다. 아직도 그때의 기쁨이….
부모님과 교수님의 만류에 합격한 곳에 갈 수는 없었지만… 후회는 없다. 다만… 아직도 두근두근 설렘은 있다.
동경인 듯하다.

친구도 같이 그때 내 면접을 알기에… 참 많은 이야기를 했었다. 오늘 아침에도 주저하고 있던 나에게….

일단 해 봐!!!라고 해주었을 것 같은 교수님과 내 친구 덕분에 진행하겠습니다!!! 문자를 보내버렸다.

이제는 앞만 보고 가면 된다. 중간에 힘들고, 고민도 있겠지만, 그건 내일 오후부터 생각해보려고 한다.

친구 9

아침 일찍 목욕탕에 다녀왔다. 어제 피곤했는지…. 아침에 따뜻한 물에 쏙 들어가고 싶다는 생각이 들었다.

목욕만큼 사람의 기분을 짧은 시간 확 바뀌게 하는 게 없는 것 같다. 뜨거운 탕에 몸을 담그면, 세상 걱정이 잠시 없어지는 기분이 든다.

돌아가신 할머니께서 세상에서 목욕비가 제일 싸다고 하셨다는데, 그 말이 맞는 것 같다. 가성비로 따지면, 제일인 것 같다. 깨끗하게 씻고, 오늘처럼 찬바람을 맞으면 그렇게 상쾌할 수가 없다.

소소하지만 확실한 행복이 있다면, 바로 내가 가장 좋아하는 일을 할 수 있는 시간이 허락되고, 그 시간을 즐길 수 있는 마음의 여유가 있다는 것이 아닐까 생각된다.
한참 마음이 복잡할 때는 시간이 있어도, 마음의 여유가 없었고, 마음의 여유가 생길 때는 시간이 없었다.

오로지 나만의 시간으로 나에게 주어진 24시간을 사용할 수 없으니…. 항상 여유시간을 남겨두는 습관이 생겼다. 나름 허둥지둥하지 않으려는 나만의 비법이다.

내가 몇 년 전 살던 곳은 40년이 넘은 아주 오래된 목욕탕이 있었는데, 시설은 오래되었지만 정이 많은 어르신들이 많은 곳이었다. 그곳에서 40년을 넘게 살아오신 어르신들은 친자매들처럼 지내셨다.

목욕을 같이 하시고, 담소도 나누시고 점심을 같이 드시러 가셨다. 뵐 때마다 참 보기 좋았고, 나도 나이가 들면 저렇게 소소하지만, 확실한 즐거운 만남이 있는 아침을 맞이하면 좋겠다 바랐다.

그 친구랑 같이 봄날 야외테라스에서 커피 한 잔을 마시며, 소소하지만 확실한 힐링 시간이 많이 남아있는 줄 알고 살았는데… 지나고 보니… 내 마음의 여유와 시간이 없었나 보다. 이제는 그렇게 바쁘게 지내지 말라고 알게 해준 친구가 고맙다.

친구 10

아침 일찍부터 업무가 시작되었다. 커피 한 잔을 모두 마시지 못하고, 텀블러에 담아 들고 출근을 하였다.
요즘 나의 아침은 조금 일찍 시작하여, 10분 집안을 정리정돈하고 집을 나선다.

아침에는 분주하니, 청소는 퇴근 이후에 많이 했었는데 쉬는 동안 아침 10분 정도 청소를 하니, 오히려 집도 더 깨끗하고, 내 마음도 편해졌다.

청소라는 게 매일 해도 크게 티 나지 않으니, 반복되는 일상이 가끔은 버겁게 느껴질 때가 있다. 4인 가족 일상을 평화롭게 보내기 위해서는 각자가 해야 할 일은 해야 하는 것이다.

　남편도 청소와 빨래를 같이 하고, 아이들도 해야 하는 부분은 잘 해주고 있다. 그럼에도 엄마이면서, 주부인 내가 챙겨야 하는 부분이 많다. 장보기, 요리, 아이들 준비물…. 지금은 익숙해졌지만 나도 시행착오를 많이 겪었다.

　한 스푼만 힘듦이 더해지면, 몸살이 나고 마음도 힘겨워하는 것이다. 몇 해 이런 나의 생활을 지켜보면서, 나는 내가 꼭 쉬어야 하는 타임을 알게 되었다.

　그 힘듦 한 스푼이 더해지기 전에 주변에 도움을 요청해야 하고, 그 한 스푼을 덜어내야 하는 용기도 필요하다.
　말하지 않으면 내가 지금 어떤 상황인지… 무엇을 필요로 하는지 모른다. 그저 추측일 뿐…;

　친구의 힘듦 한 스푼을 내가 조금 일찍 덜어줄걸…. 생각해보는 아침이다. 눈부신 이 아침….

친구 11

친구가 떠나는 날 비가 왔었다. 오늘처럼 이렇게 많은 비는 아니지만, 많은 사람들의 슬픔을 알기라도 하는 듯…. 구슬픈 비가 내렸다.

하늘로 여행을 떠나는 친구를 생각하며, 나는 베란다에서 한참을 내리는 비를 바라보고, 또 바라보았다.

비는 친구와 많은 추억이 있다. 우산이 있는데도 일부러 우산을 쓰지 않고, 비를 맞고 교정을 돌아다녔으며, 내리는 비를 과방 앞 등나무 밑에서 많이도 보았다.

기억이 희미해질 것이라고 생각했는데, 친구를 생각하며 글을 적으니… 조금씩 더 또렷하게 기억에 남는 부분들이 많다. 20대 시절 갓 대학에 입학해서, 고민도 많고 할 일도 많고, 대학 청춘을 재미있게 보냈던… 나에게 친구는 또 다른 의미였다.

슬픈 일도, 기쁜 일도, 힘든 일도 같이 해주었던 친구는 참 배려가 많았다. 지금도 싸우지 않고, 잘 지낸 건 다 그 친구의 배려심 덕분이었다고 생각한다.

급한 성격으로 화도 잘 내는 나에게 친구는 항상 조용한 목소리와 차분한 말투로 이야기를 했다.

학생회 일로 힘들 때는 오히려, 친구 성격에 맞지 않게 단칼에 상황정리를 하는 추진력도 보여주었다. 참 멋진 내 친구가 나에게 많은 영향을 주었구나… 살면서 더 많이 느낀다.

아낌없이 주는 친구의 배려가 그때는 잘 모르고, 친구는 항상 내 옆에 당연히 있는 공기처럼 생각했었던 것 같다.

떠나고 난 뒤 하나하나 추억이 생각날 때마다, 글로 남겨두면 나에게 또 다른 선물이 될 것 같다. 20대부터 40대까지 추억… 그 이후의 추억도 친구와 함께 써 내려가야겠다.

친구 12

오늘은 새롭게 인연이 된 새 친구를 만나러 간다. 첫 만남부터 마음이 편하고, 마음의 결이 비슷하다는 느낌을 받았다. 나보다

10년 이상 나이 차가 나지만, 그건 그리 중요하지 않다.

　작년에 새로운 공부를 하면서, 이미 20년 이상 차이가 나는 언니들과 많은 추억을 함께했다. 뜨거웠던 그 여름 우리는 서로를 격려하며, 학업을 끝낼 수 있었다.

　갓 찐 고구마, 구운 계란, 샌드위치 등 그 바쁜 아침 시간에 미리 준비해서 가지고 오신… 그 마음이 아직도 마음에 전해진다. 아이들의 간식을 가지고 왔더니, 오히려 더 많이 돌려주는 그 마음들…. 오늘 이 내 글에 남겨두고 싶었다.

　그 어떤 위로보다, 언니들과 함께 마시는 커피 한 잔이 그날 하루 힐링 포인트가 되었다. 그저 말없이 서로의 이야기를 들어주고, 공감해주는 것만으로도 고민되었던 부분들이 아주 작은 고민으로 내려가고… 어쩌면 고민이 아니었구나 생각되었다.

　각자의 고민의 크기를 서로 나누면서, 그 크기가 점점 작아지는 걸 느꼈다. 처음 탁자에 앉아서, 이야기를 시작할 때와 집에 돌아갈 때는 얼굴 표정들이 밝아져 있었다.

　항상 막내라고… 많이 챙겨주셨던 언니들 손길이 집안 곳곳에 남아있다. 커피, 샌드위치, 김밥, 오이, 호박, 무말랭이, 립스틱….

어디를 가도 제일 먼저 언니들이 떠오르는 것 보면, 정말 정이 많이 들었나 보다.

내가 오늘 새 친구를 만나러 갈 수 있었던 것도 어쩌면, 이 언니들의 따스한 손길이… 이어졌으리라 생각된다.

그리고, 어쩌면 내 친구가 하늘에서 손짓을 하지 않았나 생각된다. 내향적 성격이지만, 겉으로는 외향적으로 보이려고 노력하는 나는 사실… 여러 사람을 만나는 것이 힘들 때가 있다.

그런 내가 대학 시절 친구들 처음 만났을 때처럼 새 친구를 만나러 가는 길이 설레고… 행복하다.

영화를 예약해준 남편에게 감사하고, 토요일 오후 시간을 허락해준 아이들에게 감사하다. 그리고, 그 여유를 함께 해줄 수 있게 해준 새 친구에게 감사하다.

친구 13

오랜만에 늦게까지 이야기꽃을 피웠다. 그동안 고민했던 것들을 두서없이 쏟아내었는데, 새 친구는 그걸 모두 잘 들어주고… 해결방안도 제시해주었다.

직장생활을 조금 오래 다닌 나는 언젠가부터 상대방의 이야기를 들으면서, 한쪽으로는 내가 하고 싶은 말들을 생각하는 것들이 많아졌다.

물론 적당한 호응과 대답이 대화의 순조롭게 이어갈 수 있으나…. 정말 상대방의 이야기를 듣고 위로나 공감을 하려면, 내 머릿속에서 내가 하고 싶은 이야기를 생각할 수 없음을 알게 되었다.

눈빛과 표정은 숨길 수 없어서, 내가 정말 공감하는지는 나뿐만이 아니고, 상대방도 알 수 있다.

그래서 정말 위로의 순간에 내가 제일 먼저 하는 일은… 상대방의 눈빛을 계속 쫓아가는 것이다. 시선을 따라가다보면… 그 사람의 심정이 저절로 전해진다.

바쁜 일상 속에서 오랜만에 만난 지인들과 대화를 시작하기 전… 오늘 나는 어떤 마음으로 이 모임에 왔는지… 내 마음을 잘 알고, 상대방의 이야기를 잘 들을 준비가 되었는지 살펴보는 연습이 필요한 것 같다.

어제 친구와의 대화 속에서 나는 몇 가지 다짐을 했다. 진심으로 내 이야기를 공감해주고, 위로해주는 친구 덕분에 나도 위로와 공감을 잘하는 사람이 되도록 노력해야지… 고민해본다. 가장 쉬운 것부터… 제일 먼저 할 수 있는 일들을 해보려고 한다.

친구 14

출근길 버스 안에는 각자의 회사로 가는 사람들이 지친 표정으로 자리에 앉아 있다. 월요일 출근길은 주말 동안 쉬기도 하지만, 일정들이 많으니 피곤할 것 같다.

나 또한 가족들과 천호문구 거리에 나들이를 다녀왔다.
딸아이 과제를 하러 가는 길이었는데, 오히려 아이들은 장난감

보다 문구 거리에 있는 놀이터를 좋아했다.

　장난감은 아주 작은 병아리 인형 하나를 샀는데, 아이들은 이름까지 지어주었다. 문구점에 있었던 아주 작은 병아리 인형이 아이들의 친구가 되는 순간이었다.

　보들보들 털이 있는 병아리는 내가 만지고 놀아도 참 기분이 좋아졌다. 주머니에 쏙 들어가니, 어디를 가도 데리고 다닐 수 있는 친구인 것이다.

　집에 돌아와서 책상 위에 아주 폭신한 곳에 병아리를 두는 아이를 보고… 내 옆에 있는 친구… 나중에 만날 친구를 생각했다.

　처음 만나 친구의 이름을 물어보고… 서로의 안부를 묻던 친구… 이제는 추억 속에 남아있지만 이렇게 친구를 가끔 생각하면, 아이의 병아리처럼 내 옆에 있는 것 같은 생각이 들 것 같다.

친구 15

'엄마는 친구 같아~~' 며칠 전에 길을 걷다가 딸아이가 했던 말이다. 주말에는 아빠는 아들과 함께, 나는 딸과 함께 시간을 보내는 일이 있다. 어린이집에 다닐 때부터 딸아이와 작은 데이트를 시작했는데, 기억이 많이 남는지… 가끔 엄마랑 데이트 오랜만이다. 재미있다 등 말을 한다.

엄마랑 어릴 때 데이트할 때 여기도 갔었지…. 저것도 샀었는데… 오물조물 말하는 게 너무 귀엽다. 지금도 어린데… 몇 년 전 일을 아주 먼 이야기처럼 하는 것이 애기 같다.

사람의 기억은 사실 어찌 보면, 내가 기억하고 싶은 그 순간을 사진처럼 찍어 놓는 것이 아닐까 생각한다.
어릴 때 심한 감기에 걸린 나를 위해 어머니가 한약을 달이시고, 아버지께서 황도를 사다주시던 그 찰나를 나는 사진으로 기억하나 보다.

사람의 기억은 생각보다 오랫동안 저장할 수 있는 것 같다. 내 또한 어릴 때 좋았던 기억이 사진처럼 떠오르는 걸 보면 말이다.

우리는 기억의 저편 행복했던 일들을 잠시 잊고 살 때가 있다. 그런데… 조금만 잘 생각해보면… 즐거웠던 일들은 차고 넘치게 많다.

친구 같은 엄마가 되고 싶었던 나는 때로는 7살 아이가 되어 아이와 다투기도 하고, 삐지기도 한다. 나도 엄마가 처음이라… 어떻게 아이들과 살아가야 될지… 가끔은 고민이 되지만… 한 가지 확실한 건… 내가 기분이 좋아야 우리 가정이 평온하다는 것이다.

나뿐만 아니고, 가족 구성원 모두 각자가 행복하고 평온해야 모두가 평안할 수 있는 것 같다.

네가 가장 소중하고, 네가 가장 잘 챙겨먹고, 네가 건강해야 된다고 이야기해주었던 내 친구 덕분에 나는 또 한 단계 성장할 수 있었다.

친구 16

부모님이 서울 병원을 오셨다. 다행히 검사예약이 되어서 검사를 하고, 다음 달 진료를 볼 수 있을 것 같다.

병원 진료를 받을 수 있는 게 이렇게 다행인지는 이번 일을 겪고 나서 더 잘 알 수 있었다. 당연하게 사용하던 편의시설들이 갑자기 사용 중지가 되거나, 고장이 나면 참 난감할 때가 많다.

공기처럼 물처럼 꼭 필요하지만, 그 고마움을 가끔 잊고 지내는 것들에 대해 다시 한번 그 고마움을 생각해볼 일이다.

밝은 빛이 고마운 것은 깜깜한 터널을 지나본 사람들은 더 크게 생각하게 될 것이다. 희망이 보이지 않는 사람들에게 한 줄기 빛은 생명줄과 같은 것이다.

밝은 빛은 때로는 주변 사람들이 비추어 주기도 해서, 항상 지인들과 대화할 때 내 지금 상태에 대해 솔직히 이야기할 필요도 있다.

가족이라도 내 마음이 어떤지 다 알지 못하니… '주변에서 알아주겠지' 하기보다는… 내 마음을 조금 열어서 주변 사람들과 나눠 보는 것도 중요한 것이다.

부모님 진료도 본인보다는 늘… 자식들의 편안을 우선으로 생각하시기에… 다음에 가자는 말을… 반대로 듣는 연습이 필요하다. 진료도 진료지만 내가 시간이 괜찮으면, 손자, 손녀 얼굴도 보고 가고 싶구나 하고….

몇 해 전에는 진료 보러 오기 싫다고 하시는 부모님께 짜증을 낸 적이 있다. 그냥 오시지…. 일도 바쁘고, 애들도 보고… 내가 너무 피곤하니… 말도 짜증이 섞였다.

그런데, 아주 잘못된 행동이었다. 오기 싫다고 하신 것은 딸에 대한 배려였던 것이다.

친구가 나에게 말했다. 바쁘니 오지 말라고…. 나는 그 말을 듣지 않고, 친구가 떠나기 전 얼굴을 보러 갔다.
내가 친구에게 평생 한 일 중 가장 잘한 일이다.
친구의 앙상해진 손을 한번 잡아준 것….

친구 17

　병원에서 오늘 5시간을 넘게 있었다. 아버지께서 검사를 받으러 서울에 오셨는데, 금식을 해야 하는데 저녁을 먹는 실수를 해서 꼬박 3시간을 병원에서 더 대기했다.

　조영제 때문에 금식을 했어야 했는데, 채혈을 하고 배고프실까 봐 저녁을 먹어버렸다. 내일 오전에 다시 병원에 오는 것보다는 조금 더 기다렸다가 CT를 찍고 가자고 하셔서… 아버지와 나는 1시간 넘게 병원 밖을 산책하면서 돌아다녔다.

　벌써 집에 가서 쉬어야 할 시간에… 늦게까지 기다리는 시간이 피곤하실 텐데…. 짜증을 내시거나 힘들어하시지 않으셨다. 오히려, 내가 배고플까 봐 네가 밥 먹자고 한 건데… 하시며, 나를 배려하셨다.

　이번 주 업무 때문에 회사 분에게 문자를 보낸 적이 있는데, 대뜸 전화해서 화를 내는 사람을 보았다. 나는 그분을 위한 배려였는데… 화부터 내는 그분과 본인의 불편보다는 자식을 먼저 생각하는 부모님이 겹쳐보였다.

하늘 아래, 무조건적인 사랑은 부모님밖에 없다는 말이 맞는 것 같다. 타인에게는 잘해주려고 하다가도 오해가 생겨… 죄송하다는 말을 먼저 하게 되는데… 부모님은 오히려 나에게 바쁜 시간을 뺏는다며 미안해하신다.

조건 없는 사랑에 대해, 정의한다면… 부모가 자식을 향해 쏟는 관심과 사랑일 것 같다.

그리고, 내 친구… 조건 없이 나에게 친절을 베풀고, 항상 배려해주었던 친구가… 오늘따라 더 생각난다.

친구 18

오늘 기차역에 부모님을 모셔다드렸다. 어제 어머니가 좋아하시는 꽃 화분을 10개쯤 색깔별로 골고루 화원에서 샀는데, 오늘 큰언니에게 4개를 주셨다고 한다.
어머니는 좋은 것이 있으면, 자식들에게 먼저 주신다. 그러면 본인이 다 가지고 계신 것보다, 더 좋아하신다.

꽃을 좋아하시지만, 돈 주고 사는 것은 아깝게 생각하시는 어머니를 위해 매년 철쭉꽃 화분을 사다 드리거나, 봄 꽃구경을 함께 다녀오곤 했다.

봄바람에 살랑이는 바람을 따라 벚꽃이 날라오면, 소녀처럼 좋아하시면서 젊었을 때 친구랑 오리배 같은 걸 타다가 강에 빠졌다며… 50년 전 일을 어제 일처럼 또렷하게 기억하셨다.

재작년에는 모닝 커피를 마시다가, 친구에게 전화를 하시는 엄마에게서 내 모습을 발견했다. 익살스러운 표정과 장난기 가득한 말투로 친구분과 장난스러운 통화를 이어가셨다.

옥화 아주머니는… 어머니의 50년 넘은 친구분이신데, 몸이 좀 편찮으시다고 하셨다. 처음 전화를 받으셨을 때는 기운이 없으셨는데, 엄마의 쟁쟁한 목소리만으로도 기운이 나고, 즐겁다고 하셨다.

엄마는 한참을 통화하시다, 일 줄이고 밥 잘 챙겨먹고 건강하라는 말로 전화를 끊으셨다. 청춘을 넘어 지금까지 인생의 길을 함께 지내온 친구와의 통화만으로 엄마는 무척 행복해보이셨다.

그런데, 참 신기하게도 끝마무리는 나와 내친구의 대화와 비슷했다. 건강하게 잘 지내라는 말과 전화해줘서 고맙다는 말…

나도 그랬다. 회사 일에 지치고, 힘들 때 친구와 몇 분의 통화만으로 스트레스가 줄어들고, 통화가 끝날 때에는 장난치는 내 모습을 볼 수 있었다.

그때는 그런 전화 한 통이 소중한 줄 잘 몰랐다. 50년을 함께 지낼 줄만 알았던 친구라고 생각했다.
이제는 수신이 되지 않은 곳에 있는 친구야….

더 이상 아프지 말고, 행복하게 지내….

친구 19

3월의 마지막 토요일 아침은 토스트와 차로 아침을 먹고, 간단히 집안 정리를 하고 밖으로 나왔다.
토요일 아침에 오전 내내 이불 속에 있는 것도 좋지만, 출근 시간보다 조금 늦게 일어나… 평일처럼 아침을 맞이하는 게 조금 덜 피곤한 것 같다.

아이들은 늦잠 자는 일이 없으니, 자연스럽게 부지런해지는 주말 아침이다. 커피를 마시지 않은지 7일이 지나고 있는데, 내 몸에 변화를 이제 알 것 같다.

새벽마다 잠시 깨던 일들이 없어졌다. 속이 쓰린 증상 때문에 3~4시에는 잠에서 깬 적이 많은데… 일주일 동안 아주 숙면을 했다.

회사 업무 때문에 자연스럽게 마시던 커피 대신 주문할 때 의식을 하고, 커피 말고 따뜻한 차로 주문을 했더니 며칠은 커피향 때문에 조금 힘들었지만… 이제 조금 참을만하다. 라떼를 우유를 가득 넣고, 마시면 그나마 좋을 것 같은데, 라떼 종류를 원래 좋아하지 않아서… 못 마셨다.

오랜 습관처럼, 매일매일 반복되는 일을 중단한다는 것은 참 어렵구나… 생각했다. 흡연을 하시는 아버지께 짜증 섞인 말로 담배 좀 그만 피우시라고 핀잔을 드렸던 일이 죄송해진다.

커피를 마시지 말아야지… 주문을 하는 것조차 이렇게 어려운 일인데… 평생을 피우신 담배는 아버지의 작은 여유의 시간이었겠구나… 생각이 되었다.

내가 커피 한 잔으로 힐링의 시간을 보낸 것처럼, 아버지도 담배 한 개비가 그랬을 것 같다.

지난주 진료를 기다리며, 한강공원에 앉아서 많은 이야기를 했었다. 별 탈 없이, 잘 지내주어서 아버지 어머니는 그저 고맙다고 하셨다. 나는 그 순간… 쿵 했었다.

지난 몇 년 내 마음이 괴롭다는 핑계로 그렇게 짜증을 냈던 딸에게… 부모님은 고맙다고 하셨다.

친구가 늘 나에게 말해주었던, 넌 잘 할 수 있어… 친구라서 고마워~~~ 했던 말…. 참 고맙다, 감사하다는 말은 큰 힘이 있는 것 같다. 그 어떤 조언보다, 스스로를 뒤돌아보게 된다. 그래서 나도 생각하게 되었다.

얼마 전 내 딸이 나에게 했던 말처럼… 나도 이제 부모님의 친구가 되어야겠다.

친구 20

아이들이 갑자기 유모차 놀이를 좋아해서, 근처에서 나눔을 받아 태워주었더니 너무 행복해한다.

아기였을 때 회사생활이 바쁘다는 핑계로 유모차를 많이 못태워줘서 그런가… 싶어서 유모차와 웨건을 번갈아 태워주기로 했다. 어제 합평회에서 나온 말처럼 유모차도 총량의 법칙이 있으리라….

웨건은 괜히 짐이 되는 건 아닌가… 고민하다가 다른 짐도 싣고 다닐 수 있다는 합리화를 하면서, 당 제로로 구입했다.

두 아이 모두 웨건을 보자마자 환호성이다. 많은 장난감을 뒤로하고, 아빠가 끌어주는 유모차랑 웨건이 좋은가보다.

지금의 추억은 모두 기억할테니… 사길 잘했다는 생각이 들었다. 메뚜기도 한철이라고, 엄마가 하셨던 말이 기억난다. 다 때가 되면, 좋아하고 많이 하지만… 그 시간이 그리 길지 않다는 것이다.

어제 합평회에도 딸아이를 데려갔는데, 너무 행복해하고, 재미있었다며… 웃음꽃이 가득이었다.
또 가고 싶다고 하는데, 사실 나는 혼자 가고 싶다. 그 시간만큼은 오로지 집중하고 싶기 때문이다.

그래도, 어제는 재잘재잘 잘 때까지 내 옆에서 책과 강연에 다녀온 이야기를 하는 아이를 보면서 진짜 글을 쓰기 잘했구나… 책과 강연 백일백장에 도전하기를 잘했구나 생각했었다.

글을 적고, 낭독을 3번째 하면서 나는 많은 것을 정리해나가고 있다. 이제는 멍하면서 하늘만 보기보다는… 오늘, 지금 이 순간을 행복하고, 알차게 보내기 위해 스스로를 다잡는다.

내 친구가 말했던 것처럼… 너는 잘할 거야…. '잘'이라는 의미가 무거웠던 적이 많았는데, 이제는 그 '잘'을 내가 조절할 수 있다. 세상 간단하게, 그냥 내가 할 수 있는 만큼 즐겁게 하면 되는 것이었다. 그걸 깨닫는데, 오래 걸렸다.

그걸 친구가 알려주었다. 참 고맙다.

개나리

　아침 일찍 등교 준비를 끝낸 아이들과 10분 정도 놀이터에서 놀았다. 시소를 타고, 트램펄린을 좀 뛰더니… 아이들은 더 밝아졌다. 아침에 간단히 운동을 하는 것이 뇌 운동에도 좋고, 무엇보다 잠들어 있던 몸을 완전히 깨운 것이라… 컨디션이 더 좋아지는 것 같다.

　이제 완전한 봄 날씨라서, 내일도 조금 일찍 등교 준비를 끝내고 놀이터에서 조금 놀다가 등교하려고 한다.
　베란다 문을 열어도 이제는 찬바람보다는 봄바람이 집안으로 들어오는 것 같아서, 문을 열어두고 출근하는 길이다.

　어느새 계절은 봄이 되었고, 나도 아이들도 새 학기, 직장에 잘 적응 중이다. 큰 탈 없이 한 달을 잘 보낸 것만으로도 스스로에게 칭찬을 해주었다.

　2년 동안의 휴직은 나에게 큰 의미가 있다. 진정한 쉼이 무엇인지… 행복은 무엇인지… 무엇을 위해 살아가야 하는지… 여러 가지 질문들에 대한 해답을 찾는 시간이었다.

남편 때문에 지방으로 이사를 간 것이 아니라, 남편 덕분에 강제 휴식 시간이 생기면서… 나는 비로소 아이들과 오롯이 2년의 봄을 즐겼다.

해가 저물도록 놀이터에서 놀았고, 원 없이 책도 보고, 잠도 푹 잤다. 코로나 기간에는 아이들과 집안에서 여러가지 에피소드들이 있지만… 나름 재미있었다.

동네 사우나 어른들과 담소를 나누었고, 그곳에서 딸아이는 어른들의 배려로 목욕탕 귀염둥이가 되었다.
길가 야채 가게 사장님은 항상 웃는 모습이셨고, 행복해하셨다.

지나고 봐도 좋은 추억거리가 많은 2년이었다.
그 시간 속에 오늘처럼 개나리가 필 때… 이맘때쯤 가장 힘들어했던 그 친구가 더 생각난다.
하늘에도 개나리가 피겠지….

추억

　추억은 참 많은 것을 생각하게 한다. 그저 지나가는 인연일 수도 있는데, 잠깐의 인연으로 맺어진 관계 때문에 좋은 추억들이 많이 생겨날 수 있다.

　내 친구들, 지인들도 내 추억을 함께했다. 20년 전에 만난 친구들은 내가 그동안 무엇을 했는지… 요즘 고민은 무엇인지… 다 이야기하지 않아도 안다.

　내 표정만 보고도 내가 지금 어떤 상태인지 아는 것이다.
　목소리에서 나오는 힘없는 말투가 내가 오늘 하루 힘들었음을 지인들은 금세 알아버린다.

　그래서… 힘든데 좋은 척을 할 수가 없다. 숨길 수가 없다.
　가끔은 내 힘든 모습 때문에 친구가 더 슬퍼하는 모습 때문에… 힘들었던 이야기를 했던 것을 후회한 적이 많다.

　그 친구도 사회생활을 하느라, 힘든 일들이 많았을 텐데…. 내 힘든 이야기를 들어주느라…. 정작 친구의 힘들었던 일들을 나는 많이 듣지 못했다.

참 이기적이다…. 친한 친구라고 하지만… 나는 얼마나 친구의 이야기를 많이 들어주었을까.

생각을 했다. 스치듯 지나가는 인연이 될 수도 있었지만, 친구가 되었고, 많은 이야기를 했던 것 같은데… 돌이켜 보니… 내 이야기만 한 것 같아… 마음이 저린다.

조금만 일찍 알았더라면, 친구의 이야기를 많이 들어주었을 텐데…. 이제는 후회해도 소용없다는 것을 알지만…. 이 글을 통해 전하고 싶다.

친구야 내 이야기 들어줘서 고마워…. 나중에 다시 만나면 그때는 네 이야기 많이많이 들어줄게.

그리고… 고마워. 친구야.

은사님

아침 일찍 은사님께 전화를 드렸다. 은사님은 20년을 넘게 때로는 친구처럼… 때로는 선생님으로… 내 인생의 중요한 고비마다 여러가지 해결방안을 제시해주시거나, 진심으로 공감해주셨다.

아마, 내가 장래 희망을 바꾸게 된 것도 교수님의 영향이 클 것 같다. 인생의 험난 파도를 먼저 겪어보신 교수님은 내가 어떤 상황에 놓여 있는지… 내 목소리만 들어도 단번에 아셨다.

학창 시절 교수님 조교를 자원했던 것은… 아마도 내 부족함을 하나님께서 채워주시려는 게 아니었을까 생각된다. 암튼 대학 4년 동안 강의 시간과 기숙사에 잠자러 가는 시간 빼고… 나는 학교에 있었다.

그만큼 학교가 참 좋았다. 언젠가 이곳에서, 시간강사를 하고 싶다는 말도 안 되는 상상을 하기도 했다.
그런데, 이제는 그 상상을 현실로 옮기고 싶다는 생각을 해보았다. 교수님께서도 내가 강의하는 걸 바라셨다.

지난 여름 내가 교육을 받는 센터에서… 다른 사람들에게 과제를 알려주고, 내가 발표하는 모습을 보고….
지인분들이 강의를 추천해주셨다.

지금 당장은 돈을 벌어야 되니, 직장을 그만둘 수는 없지만 세상에는 참 많은 교육 기회가 있었다.

나는 그 길을 하나씩 찾아가고 있다.

생각의 끈을 놓지만 않는다면, 언젠가는 나는 내가 원하고, 바라던 그 길에 서 있을 것이다.

그 길에는 나 혼자가 아닌… 내 가족… 은사님과 친구가 함께 하고 있다.

홍대

오랜만에 벚꽃이 절정일 때 홍대에 갔다. 10여년 전 북가좌동에 살 때 홍대에 지인 가족이 살고 있어서, 자주 갔었다. 그때보다 지금이 사람이 더 많은 것 같고, 연남동의 변화에 깜짝 놀랐다.

그때는 카페 한두 개 정도가 인기 있는 곳이었는데, 지금은 홍대 일대로 많은 곳이 변화되어가고 있었다.
젊음의 거리 홍대, 신촌이 조금씩 내 거리가 아니구나… 느끼는 걸 보니… 정말 나도 40대가 되었구나 생각이 들었다.

친구들과 홍대 호프집에서 회사 이야기를 나누고… 옷을 사던 때가 20대였으니, 조금은 많은 시간이 지났구나 싶었다.

길은 그대로인데, 주변 상가가 바뀌니 조금 당황했지만… 금세 젊은이들의 거리에 빠져있었다.
활기가 넘치는 이곳에서, 참 많은 사람들이 벚꽃 향기를 따라가고 있었다.

나도 오늘은 홍대 호프집 대신, 친구들과 함께 의미 있는 시간을 보내고 왔다. 개인 PT처럼 잘 짜여진 프로그램대로 2시간 반 정도를 아주 알차게 보내고 왔다.

술은 잘 못하지만, 옹심이와 맑은 막걸리 한 잔 짠~ 하고 싶어서 한 잔을 쭉~ 마셨다. 좋은 사람들과의 만남은 그 어떤 보약보다 큰 에너지를 발산하는 것 같다.

주말에는 늦잠을 자는 내가 오늘 아침 일찍부터 눈이 반짝 떠진 것도 아마… 어제의 좋은 기운이 이어졌으리라 생각된다.

좋은 기운을 받았으니, 다음 주에는 더 좋은 기운을 나눠드리러 출근해야겠다.

대화

사람들과의 대화는 매우 중요하다. 내가 어떤 생각을 가지고 있고, 어떤 마음인지를 상대방에게 잘 전달할 수 있는 방법이다.

그냥 의미 없이 말하는 것은 공중에 그냥 없어져버릴 수도 있지만, 심도 있는 대화시간은 오랫동안 내 마음속에 남아있다.

시간이 많이 지나도 또렷하게 기억에 남고, 오히려 그대화의 시간이 그립고, 또 그리워질 때가 있다. 일상적인 대화로만 끝나는 것이 아니라, 진심으로 내 어려움을 공감해주고, 섣부른 조언은 하지 않는다.

내 친구가 그런 사람이었다. 내 목소리, 내 표정만 보아도… 말을 아끼고, 나에게 스스로 정리할 시간을 주었다. 하나하나 원인을 찾기보다는 그저 기다려주었다.

길모퉁이에 항상 있던 나무처럼 친구는 늘… 한 자리에 있는 것처럼 묵묵히 내가 이야기할 때까지 시간을 만들어주었다. 20대 시절에도 그렇게 심성이 크고, 넓은 친구였으니… 지금 같이 40대를 맞이했으면….

더 큰 바다가 되어 있지 않을까 생각되었다.

어제 벚꽃길을 걷고, 홍차 한잔을 하니⋯ 문득문득 그 친구 얼굴이 떠올랐다. 이제는 슬픔보다는 좋은 추억들이 하나하나 생각난다.

대학 시절⋯ 교정에도 벚꽃이 많았다. 그 길을 재잘재잘거리면 참 많이 웃고, 또 웃었다.

편지

좋은 글 고마워. 진달래, 개나리, 벚꽃, 아름다운 꽃들이 흐드러지게 피어 있어 오랜 과거로부터의 아름다움이 가슴에 알알이 아프게 박힌다.

오랜 과거로부터의 아름다움이 무엇일까⋯ 생각해보았다. 아마 좋은 사람들과 함께했던 추억이 아닐까 생각되었다.

매년 지천에는 꽃이 피고, 지고 단풍나무가 새로운 옷을 갈아입는다. 그 광경을 함께 했던 친구들은 이제 40대를 맞이하고도 조금 더 지났다.

엊그제 어느 어르신이 젊어서 좋겠다며… 젊은 사람들이 부럽다고 하시길래… 어르신, 저도 20대가 부러워요. 하고 말했다.

그렇다. 나도 20대 청춘들이 부러울 때가 있다. 아주 가끔이지만, 지난날 내 대학 시절이 그립다. 그렇다고 다시 돌아갈 생각은 없다.

그저 웃고, 공부하고, 수다 삼매경… 저녁에는 야식을 시켜 먹으면서… 뭐 먹고 살까를 고민했던 그 시절 말이다.
항상 답 없이 끝내는 대화였지만… 그 속에서 친구들과 나는 우리도 모르게 성숙해지고 있었다.

지금에 와서 보면… 그때 그 고민들이 지금의 우리를 만들었지 않았나 생각된다.

핸드폰

　4년 넘게 내 손에서 가장 오랫동안 나랑 함께했던 핸드폰을 이제 바꿔야할 때가 왔다. 그동안 배터리가 금방 없어져서, 항상 보조 배터리를 가지고 다니는 생활을 해야 했는데 이제는 그러지 않아도 된다.

　신형 휴대폰은 배터리도 오래가고, 저장공간도 많아서 내가 업무보기가 더 편해질 것이다. 작은 금들이 가 있는 내 핸드폰을 나는 귀찮다는 이유로 바꾸기를 여러 번 취소했다.

　저장되어 있는 어플들을 새로 옮기고, 비번을 다시 설정하는 일들이 번거롭게만 느껴졌기 때문이다.
　단지 그 이유 때문에 핸드폰 교체를 미루었구나 했는데… 막상 휴대폰 매장에 가서 내가 쓰던 이 핸드폰을 두고 와야 하는구나… 생각이 드니… 조금 섭섭했다.

　내 손때가 묻은 이 핸드폰은 나랑 4년 넘게 이곳저곳 많은 곳을 다녔고, 친구랑 많은 통화도 했다.
　그런 추억이 있다고 생각하니, 바로 새 핸드폰 주세요. 하는 말이 나오지 않았다.

누군가… 그런 이야기를 나에게 해주셨다.

본인 물건을 잘 사용했으면, 버릴 때도 소중히 대해주라고… 검정 비닐봉지에 넣어 잘 보내주라고… 맞는 말씀이시다.

보내줄 때 보내주더라도 지금 이 순간에도 내 글을 저장해주는 핸드폰을 소중히 잘 사용하다가… 잘 보내주어야겠다.

비

지방에 잠시 내려왔다. 비가 내리는 오후… 운전을 하면서 옛날 노래를 듣다 보니… 생각나는 내 친구….

이렇게 비가 내리고, 옛날 노래에 잠시 잠겨있다 보면, 옛날 추억이 더 생각이 난다.

오래되면 오래될수록 좋은 것들이 많은데, 그중 하나가… 아니, 최고가 좋은 친구가 아닐까 생각된다.

물건들은 시간이 지나면, 낡고 그 쓸모가 조금씩 없어지지만, 친구는 지나면 지날수록 추억이 쌓이고, 좋은 일들이 더 해진다.

행복했던 기억은 생각보다 오래도록 남는다. 소소한 이야깃거리였지만, 그 시절 함께 했던 시간들을 고스란히 올라갈 수 있어서 더없이 행복했었다.

지나간 시간을 돌이킬 수는 없지만, 가끔씩 추억 속 여행을 떠날 수는 있어서, 그나마 위로를 받는다.

20대 시절 꿈많던 학생은 직장인으로… 한 가정의 엄마로 아내로 지내고 있지만… 가끔은 대학생이었던 나로 돌아가서 보면, 참 행복했었다.

그때도 나는 지금이 가장 행복한 순간이었다는걸 알고 있었다. 그냥 공부만 하고, 대학 시절을 즐기기만 하면 된다는 것을 알았다.

동기

오래전 동기 인연을 맺었던 분들을 뵈러 지하철을 타고 가는 길이다. 저녁 시간에 비가 온다고 하더니, 정말 비가 내리고 있었다.

이미 집을 나선 길이라, 다시 돌아가면 그만큼 시간이 늦어지니… 조금 내리는 비를 맞으며 열심히 약속 장소를 향해 걸어갔다.

퇴근길 반대 방향 도심으로 향하는 지하철은 다행히 앉을 의자가 넉넉해서, 서서 가지 않고 편안히 앉아서 가고 있다.

빽빽한 지하철을 타면, 몸이 두 배는 더 힘들고 쉽게 지친다. 이렇게 앉아서 글도 쓸 수 있으니 얼마나 행복한가.
퇴근길, 은사님 사모님과 오랫동안 통화를 했다.

휴직 이후 복귀했으니… 잘 적응하고 있는지 물어보셨고 나는 조금 어리버리거리기는 하지만… 나름 적응을 잘하고 있다고 말씀드렸다.

예전에 자신감 있게 했던 일들도, 몇 년을 쉬니 솔직히 내가 잘하고 있나, 잘할 수 있을까 걱정이 드는 건 사실이다. 그렇지만, 몇 년 사이 바뀐 게 있다.

그건 바로… 내 마음가짐이다. 너무 많은 시간과 내 마음을 회사 일에 남겨두지 않는 것이다. 출근을 하면 최선을 다하되 즐겁게 하고, 퇴근을 하면 아이들과 맛있는 저녁을 먹고 남편과 오늘 일상에 대해 이야기를 한다.

그리고, 오늘처럼 지인들 모임도 참석한다. 퇴근 후 바로 집으로 빨리 와준 남편 덕분에… 보고 싶었던 동기들 얼굴을 볼 수 있어서 기분 좋은 저녁 시간이다.

인생에 큰 행복이 있다면, 오늘처럼 내가 가고 싶을 때 갈 수 있는 시간이 허락되고, 내 마음이 편안할 때 만나고 싶은 사람을 만날 수 있는 것이 아닐까 생각한다.

나이 많은 친구들

나에게는 언니들이 참 많다. 나랑 성을 같이 하는 친자매도 3명이나 있는데, 터울도 10살, 5살, 3살이나 차이가 난다.

그래서 자라면서 언니들을 보고, 배운 것들이 많다. 지금도 언니들이 내 육아에 많은 도움을 준다.

그런 나에게 더 많은 터울과 인생에 나침반이 되는 언니들이 많이 나타났다. 우연한 만남으로 인연이 되었다고 생각했는데… 지나고 보니 우연이 아니었다.

꼭 만나야 하는 사람들이었고, 나에게 많은 것을 생각하게 해주는 사람들이었다. 스쳐 지나가는 인연도 소중히 하라는 어느 책의 구절처럼…. 나는 인연의 소중함을 조금은 안다.

몇 년 전 큰일을 겪으면서, 내 주변에 지인들의 소중한 추억이 얼마나 소중한지 많이 아프면서 깨달았다.
좋은 추억은 돈으로 살 수 없다.

그리고, 되돌릴 수 없는 일들도 세상을 살다 보니 많이 깨닫는다. 후회할 때는 이미 늦었다.

후회하는 일들을 많이 만들지 않기 위해서는 행복한 순간을 그저 즐기고, 오랫동안 그 마음을 이어가야 된다.

나보다 20살이나 많은 언니들을 보면서 나는 오늘도 내가 경험해보지 못한… 인생을 배운다.

그런 언니들이 있어서… 나는 행복하다.

성장통

살면서 성장통을 겪지 않은 사람은 없을 것이다. 갓난아기도 조금 더 크기 위해서는 성장통을 겪고, 학생일 때는 사춘기를 겪는다.

어른이 된 나도 성장통을 겪는다. 처음 부모가 되는 성장통, 중년을 잘 보내기 위한 갱년기…. 한번씩 이 고비가 지나갈 때마다 무척 힘이 들지만… 지나가고 보면 별일 아니다.

내가 겪은 성장통 중 가장 기억에 남는 일은 무엇일까 고민했더니… 30대에서 40대로 넘어가는 시기였다.

모든 것이 평온해보이지만, 나는 그 속에서 성장통을 혹독하게 겪고 있었다.

그렇게 좋아하던 일들이 부질없어 보이고, 만사 귀찮아졌다. 그저 혼자서 차 한 잔 마시던 것이 힐링의 시간이었다.

바쁘게 지나가던 일상에서 잠시 벗어나, 시간적 여유가 생겼지만 나는 그 시간을 알차게 사용하지 못했다.
매일 매일 비슷한 루틴을 보냈다… 그런데 곰곰 생각해보니, 그 시간은 나에게 주는 휴식의 시각이었다.

타임라인이 정해져 있는 스케줄이 없으니, 오로지 24시간이 내 시간이었고 무계획이 계획이었다.

그 시간들이 없었으면, 지금의 시간이 즐겁고, 특별하다고 생각하지 못했을 것 같다. 전혀 다른 곳에서 특별한 사람들을 만나면서, 나는 혹독한 성장통 안에서 빠져나왔다.

며칠 전 보고 싶었던 지인들을 만나니… 더 그 시간들이 소중하다고 생각되었다. 다시 오지 않을 이 시간을 오늘도 즐겁게 보내자.

비

어제 예고된 그대로 일요일 아침 비가 내리고 있다. 휴일 아침 비가 내리니, 길가에 사람들도 없고 평소보다 차도 적게 다닌다.

토닥토닥 내리는 빗방울 소리가 참 듣기가 좋다. 나뭇잎에 떨어지는 빗방울 소리가… 자연에서 선물하는 음악인 것 같아 한참을 듣고 있었다.

창문을 열고, 내리는 비를 한참을 보고 있으니 지르륵 지르륵 새 소리도 들린다. 평온한 아침을 맞이하는 이 순간이 참 행복하다.

한여름처럼 느껴졌던 어제와는 완전 다른 얼굴을 하는 날씨가 변덕스러워 보일 수 있으나, 달궈진 대지를 한 번에 식게 해주어서 그저 고맙다.

농부가 작물을 심어서 하나하나 물을 주려면, 많은 손이 가는데 하늘에서 이렇게 한 번에 골고루 비를 내려주니…. 얼마나 고마운 일인가.

조용히 내리는 비를 보고 있으니, 여러 마음이 든다.

개인적으로 비 오는 걸 좋아해서 그런지… 비가 오면 마음에 몽글몽글 옛친구도 생각나고, 예전 추억도 많이 생각난다.

그리운 친구 얼굴이 한번 더 생각나는 비 오는 일요일 아침이다.

놀이터

아이들과 집 근처 놀이터에 왔다. 하교 이후 아이들은 학원 스케줄 때문에 놀이터에서 많이 놀지는 못한다.

우리가 학교 다닐 때는 학교 공부 외에 지금처럼 학원이 많지가 않아서, 친구들과 많은 시간을 함께 했었다.

놀이터에서 놀다보면, 서로 싸우기도 하고 토라지기도 했다. 근데 그건 아주 잠깐이었다. 다음 날이 되면, 언제 그랬냐는듯… 같이 어울려 놀았다.

그 시절 그 많은 시간을 우리는 참 재미있게 놀았다.

핸드폰도 없고, 티브이 채널도 많지 않아서 집안에서도 다른 놀이를 찾아서 놀았다.

친구들은 매일 매일 새로운 놀잇거리를 찾아내고, 규칙을 새롭게 만드는 놀라운 능력을 가지고 있었다.

지금 생각해보면, 창의적인 놀이들이 많고, 많은 사람들이 한 번에 어울릴 수 있는 놀이가 많았다. 놀이에 익숙하지 않은 친구는 깍두기라는 명칭으로 같이 놀게 했으니, 참 좋은 친구들이었다.

운동장에서 누구 하나 소외되는 사람이 없었으니, 큰 운동장에는 항상 시끌시끌했다.

지금은 아이들이 하교하면 운동장은 텅 비게 된다. 각자의 학원으로 큰 가방을 메고, 바쁜 발걸음을 옮겨간다.

교문에서 짧은 인사를 하고, 돌아서는 아이들의 모습에서 안쓰러움을 느낀다.

학교만 끝나면 가방을 던지고, 재미있게 놀았던 내 어린 시절이 생각난다. 지금 내 아이들에게도 그런 소중한 시간을 기억해주고 싶어서… 될 수 있으면 놀이터를 자주 간다.

내가 퇴근 이후에 해줄 수 있는 아이들과의 소중한 시간이다.

언제 만나도 좋은 친구

언제 만나도 참 좋은 사람들이 있다. 서로 안부를 묻기 전에 그동안 어떻게 지냈는지 알고 있고, 계획된 일이 어떤 게 있는지도 안다.

자주 만나니 지인의 근황을 잘 아는 것도 있지만, 사실은 무슨 이야기든 그냥 지나치지 않고, 공감하고 이야기를 잘 들어서 일수도 있다.

한번 했던 이야기지만, 처음 듣는 것처럼 경청해주는 것은 어쩌면… 여러 번 이야기하고 싶어 하는 지인의 마음을 읽어주는 것이다.

나도 같은 내용을 여러 번 이야기하는 경우가 있다. 좋은 일은 그때 그 기분이 그대로 생각나서… 더 신나게 이야기하고… 속상했던 일은 말을 하면서, 허공에 날려버리고 싶은 마음도 있다.

즐거움이 가득한 모임은 항상 활기를 준다. 그리고, 그 속에는 내가 좋아하는 이야깃거리가 넘쳐나고, 모임 이후에도 에너지가 넘친다.

예전에 나는 어쩔 수 없이 참석하는 모임들이 있었다. 분명 즐거우려고 모인 모임인데, 다녀오면 늘… 기분이 좋지 않았다.

시간이 많이 흘렀고, 수업료를 많이 냈다. 이제는 내가 좋아하는 사람들과의 시간이 소중하다.
시간 가는 줄 모르고, 이야기를 하다보면 세상 근심이 없어지는 듯하다. 행복한 만남을 통해 하루가 알차고 즐겁다.

초코빵

집 근처 세탁소 가는 길에 중학생쯤 보이는 여학생 두명을 만났다. 비슷하게 생긴 초코빵을 반반 나누어 먹는 모습이 참 보기 좋았다.

 학생 때는 정말 뭘 먹어도 참 맛있었다. 그리고, 항상 배가 고팠다. 키가 크려고 해서 그런 거라고, 엄마가 이야기해 주었지만… 그건 아닌 것 같다.

 친구들과 학교 쉬는 시간에 먹었던, 김밥 한 줄은 정말 꿀맛이었다. 재료가 많이 들어가지도 않은 그냥 김밥인데, 정말 맛있게 먹었다.

 심지어 자르지 않고… 우걱우걱 씹어서 먹었다.
 친구와 이야기를 하면서 기숙사까지 빵이랑 우유를 먹었던 추억이 새록새록 하다.

 이제는 그런 맛은 못 느끼겠지만…. 그 시절 그 추억은 그대로 내 기억 속에 남아있다.

 중학생 친구들이 각자의 초코빵을 반으로 나눠서 사이좋게 먹는 모습 덕분에 나는 잠시나마 내 학교생활로 돌아갈 수 있었다.

 무엇이든 시간이 지나면, 잊게 되지만… 좋은 추억을 함께한 내 친구와의 추억은 시간이 갈수록 더 또렷해진다.

내 친구… 내 10대, 20대, 30대, 40대를 함께했던 그 친구가 더 생각난다.

내일은 그 친구가 떠난 지 3년이 되는 날이다. 전화번호도 그대로 저장되어있고, 사진들도 그대로 있는데, 그 친구를 볼 수 없다는 것이 아직도 믿기지 않는다.

언제쯤… 이 먹먹한 마음이 괜찮아질까.

친구 21

내 친구는 항상 다른 사람을 배려하기 바쁜 친구였다. 자판기 커피 앞에서 동전이 부족한 사람에게 자신의 커피를 주는 친구였고, 큰 문 앞에서는 항상 뒷사람이 들어오기까지 기다려주는 친구였다.

강의 중간 쉬는 시간에도 아픈 학우들을 챙기고, 안부를 묻는 친구였다. 그 친구가 경찰이 된다고 했을 때 모든 학우들이 천상 경찰이라고, 다들 응원을 해주었다.

몇 번의 도전 끝에 경찰이 되었을 때는 진심으로 모두 축하를 해주었다. 경찰이 된 뒤로도 관내에서 칭찬받는 일들이 많았고, 주변 동료들의 미담도 많았다.

그런 칭찬들이 많을 수밖에 없는 친구는 지금 생각해 보니, 많이 힘들었을 것 같다. 나처럼 화도 내고, 소리도 지르면 스트레스 받을 일이 없었을 텐데…

친구는 모든 스트레스를 속으로 삭히고 있었을 것이다. 그래서, 속병이 났나 보다. 조금 일찍 내가 그 속병을 알았으면, 지금까지 함께 지낼 수 있지 않았을까.
수십 번, 수백 번을 생각하고 후회했다.

전화기 너머로 들리는 피곤한 친구의 목소리가 그저 경찰관 업무가 과중하고, 집안을 살피느라 힘들구나 정도만 생각했었다.

지나고 후회되는 순간들이 많지만, 가장 생각이 많이 후회되는 것은… 그 친구랑 조금 더 많은 이야기를 하지 못했다는 것이다.

회사생활 때문에 내가 지칠 때는 친구를 살피지 못했고, 내 앞에 닥친 일들이 우선이었다.

오늘처럼 이렇게 맑고, 화창한 어느 날을 함께 하지 못하는구나… 생각하니 다시 슬프다.

시간이 많이 흐르면, 괜찮아질 것 같았다. 그런데… 아닌 것 같다.

친구 같은 선배

정말 오래전 인연이 있었던 선배에게서 전화가 왔다. 15년 전 선배는 결혼하고 나서 미국으로 이민 갔다. 첫아이를 낳았을 때 잠시 본 게 마지막이었으니 거의 10년 만의 통화였다.

처음 직장에서 만났던 선배는 여자 직원 중에 최고참이었다. 신입사원이었던 나는 그 선배가 참 멋져보였다.
일도 멋지게 하고, 직원들과 사이도 참 좋았다.

평생 일할 줄 알았는데, 결혼하고 나서 그렇게 좋아했던 일을 딱 그만두는 모습을 보고 나는 그때 참 놀랐다.

하루아침에 경력이 단절될 텐데…. 그 모든 것을 내려놓을 수 있는 선배의 모습이 멋지면서도, 걱정도 되었다.

내가 조기 진급을 했을 때도 제일 먼저 그 선배는 맛있는 저녁을 사주었다. 다음 진급도 잘해야 한다는 약간의 부담을 주면서 말이다.

신입을 지나 내가 3년 차쯤 되었을 때는 이제는 더 이상 어리버리되는 신입이 아니었고, 나도 조금은 성장했었다. 그 밑바탕에는 그 선배의 진심 어린 조언이 많은 도움이 되었다.

내년이면 이제 직장생활을 한 지 20년이 되어가는데, 그때 그 시절 추억은 너무 생생하다. 전화 통화만으로도 20대 시절로 타임머신을 타고 가고 있는 것 같았다.

치마 정장이 참 잘 어울렸던, 선배와 바지만 고집했던 나는 정반대였지만, 일을 좋아하고 사람을 좋아하는 공통점이 있었다.

그래서, 참 많은 이야기를 할 수 있었고, 재미있게 회사생활을 했었다. 잊고 있었던 좋은 추억이 다시 떠오르는 전화 통화였다.

이번 달에 서울에 온다니, 얼굴 보고 그동안 하지 못했던 이야기를 해야겠다.

함께

오랫동안 등산을 함께 했던 지인들과 오늘은 야외로 운동을 나간다. 마음이 맞는 지인들은 오랫동안 함께 여행을 다녔지만, 별다른 이슈 없이 잘 지내고 있다.

아마도 서로에 대한 배려가 있기에 있을 수 있는 일인 것 같다. 간식 준비와 여행 스케줄, 준비물까지 잘 챙겨주는 지인이 있어서, 여행을 갔을 때 불편했던 일이 없었다.

그리고, 서로가 좋아하는 음식 종류가 무엇인지 알기에 식사도 골고루 메뉴선택을 잘했다.

가끔 마음이 상하는 일들도 있었으나, 그건 잠시뿐이고 금방 활기찬 모습으로 돌아왔다. 굳이 얼굴을 붉히는 시간을 오래 가지고 가지 않는 게 우리 모임에 국룰인 것 같다.

불편한 상황마다 솔직하게 내 마음을 이야기하는 것이 가능해서 그런 게 아닌가 생각된다. 어렵다고 생각되는 사람들 앞에서는 아무래도 내가 하고 싶은 이야기를 제대로 하지 못하는 경우가 많다.

그런데, 그런 일들이 자주 반복되면 그 모임에 참석하기 싫어질 때가 있다. 몇 번 정도는 그냥 참석하지만, 지속적인 모임을 위해서는 자신의 의견을 잘 이야기하는 것도 필요하다.

다른 사람의 기분이 어떤지 계속 눈치를 보게 되면, 내 마음도 다운되고, 그날 컨디션까지 영향을 받게 된다.

이미 사회생활도 오래도록 하고 있고, 나와 결이 비슷한 사람이 누구인지도 알 것 같은 나에게 이제는 누군가와 함께 무엇인가를 한다는 것은 서로를 위한 배려와 존중이 함께 하는 것이리라.

감기 친구

 딸아이가 며칠 전부터 기침을 하더니 오늘 아침 기침 소리가 조금 더 심해졌다. 아이가 조금만 컨디션이 떨어져도 엄마는 알 수 있다.

 아침을 먹고, 소아과로 왔다. 요즘 소아과는 감기 환자로 대기가 길다. 알고 왔음에도 대기줄을 보면서, 속으로 한숨을 쉬었다.

 아프지 않고 자라는 아이는 없지만… 우리 아이들은 씩씩하게 건강하게 자라나기를 바라는 마음이 크다.

 친구들과 잘 지내고, 내 감정에 솔직한 것을 나는 제일 많이 이야기해준다. 힘들면 힘들다고 이야기하고, 기분 나쁜 감정을 마음속에 담아두지 않고, 이야기로 풀어나갈 수 있도록 도와준다.

 내 어린 시절을 돌아봐도 그렇다. 형제 중에 막내 그룹에 속했던 나는… 언니들에 비해 부모님과 이야기를 많이 했다. 그리고, 해달라는 요구사항이 많았다.

 유년 시절의 기억은 오랫동안 마음속에 남아서 가끔 꺼내보곤

한다.

아프면 아프다고 이야기해서, 더 큰 병이 오기 전에 나를 보호하는 힘… 어릴 때부터 저축해가야 되는 동전이다.

그리움

내가 좋아하는 노래다. 그냥 가사가 슬프고, 애잔하다. 그냥 듣고 있으면 예전 생각이 많이 난다.
그리고, 잠시 추억에 잠긴다.

가끔은 그리움이 몰려올 때가 있다. 사람, 추억, 장소, 그 시절… 다시 돌아가고 싶은 시절이 있다.

이럴 때는 그냥 좋아하는 음악을 들으면서 잠시 옛 기억을 떠올린다.

그 시간대로 돌아가고 싶지만… 잠시 추억 속에 잠기는 시간으로 그 그리움을 대신한다.

예전 생각도 많이 나고, 그리움이 잠시 찾아온다.

>네가 없이 웃을 수 있을까
>생각만 해도 눈물이 나
>힘든 시간 날 지켜준 사람
>이제는 내가 그댈 지킬 테니
>너의 품은 항상 따뜻했어

진료

동생이 무릎이 아파서 진료를 봤다. 아직 젊은데 몇 해 전 다친 무릎을 그냥 괜찮겠지 하고… 그대로 두었다고 한다. 그런데 통증은 지속되고, 조금씩 더 아파서 진료를 다시 보게 되었다.

다쳤을 때 조금 쉬면서, 제대로 된 치료를 받았으면 괜찮았을 텐데… 후회해도 어쩔 수 없기에 치료 방법에 대해 고민을 해보았다.

우선은 병원에서 진통제를 주어서 약을 먹어보고 치료나 수술을 생각하기로 했다. 수술이라는 것이… 아주 작은 수술이라도 후유증이 생기고, 힘들 수 있어서 고민이 된다.

수술 후에는 재활치료도 받아야 되고, 푹 쉬어야 되니… 일이나, 여러가지 활동에 제약을 받게 될 것이다.
혼자가 아니기에… 여러가지로 생각하게 많아진다.

특히, 잘 때 많이 아팠다고 하니… 숙면을 못 했던 날들이 많았을 것 같다. 몸이 아프면 좀 쉬면서, 진료를 잘 받는 게 사실 나중을 생각하면 굉장히 중요한 일이다.

젊음이라는 단어로 몸이 아픈데, 그대로 몸을 혹사시키면… 몸은 오히려 조금씩 축적했다가 더 큰 병이나 아픔을 돌려준다.

몇 해 전 친구의 아픔을 겪은 나는… 요즘 주변에서 누가 아프다고 하면 덜컥 겁이 난다.
젊다고 병이 비껴가는 것이 아니기 때문이다. 나이가 들어가면서… 고민도 많아지고, 걱정거리도 많아지지만… 긍정의 회로를 돌려본다.

수술

우연히 47세 무릎 수술을 받은 분을 만났다. 내 동생도 수술을 받을 수 있어서… 남 일 같지 않았다.
왜 수술받으시는지… 언제 받으시는지… 이것저것 물어보고, 빠른 쾌유를 빌어드렸다.

두 모녀분이 간식을 서로 나눠드시면서, 천천히 재활 운동하면서 잘 지내보자고… 서로를 위안하셨다.
장기화되는 의료대란으로 응급실은 물론이고, 병원 진료도 받기가 굉장히 힘들어졌다.

병이 깊은 환자들은 어디를 가야 할지… 막막할 것이다. 도로 위에 엠뷸런스가 지나가면, 옆으로 잠시 비켜드린 뒤 차가 지나갈 때까지 잠시 기다린다.

심한 응급환자분들은 1분 1초가 생명과 직결될 것이다.
아이들이 아파서 응급실에 몇 번 갔었는데, 응급실 앞에 안내사항이 눈에 들어왔다.
응급실은 중증 위주로 진료를 먼저 본다는 것이다.

그럼에도 불구하고, 내 차례는 언제냐… 불만을 토로하는 환자분들이 많았다. 가족 중에 많이 아픈 사람을 봤으면, 아마… 응급실에서는 나 먼저… 순서대로… 라는 말이 생각나지 않을 것이다.

나이가 40이 넘으면서, 결혼식보다 장례식장에 많이 가면서… 나이드신 분들만 하늘나라로 가는 게 아니구나… 생각을 많이 했었다.

40대도 되기 전에 병에 걸려 1년을 꼬박 병원을 왔다갔다하면서 고생만 하다가… 돌아가신 분도 계셨다.

참 안타깝고 아까운 삶이다. 착하고 성실하게 살아왔는데… 왜 그런 병에 걸렸을까…. 원망이 들었다. 이제는 돌아올 수 없는 강을 건너버린… 친구가 또 생각난다. 수술을 해서 일상적인 생활을 할 수 있는 것만으로도 감사한 일이구나….

건강

　새벽에 건강검진을 하러 나왔다. 7시 전부터 시작된 검사는 심초음파검사도 하고, 피검사도 하고… 이것저것 검사를 했다.

　20대 때 건강검진을 하라고 하면, 건강한데… 무슨 건강검진인가… 검진센터에서 몇 시간 시간을 보내는 게 오히려 시간낭비처럼 생각했던 적도 있다.

　40대가 된 지금은… 20대 때 건강검진이 시간낭비라고 생각했었던 내가 얼마나 어리석었는지, 깨닫고 있다.
　조금씩 몸이 상했던 것을 인지하지 못했고, 병을 키운 것도 있다.

　그중 하나가 조금씩 찌기 시작한 몸무게다.
　운동을 많이, 잘했었던 20대는 나는 키는 작았지만… 등산도 잘하고, 마라톤을 즐길 정도로 운동을 좋아했었다.

　마냥 건강한 나라고만 생각했는데, 얼마 전 남한산성 트래킹을 다녀온 뒤 스스로 너무 실망했다. 힘든 산행도 아니고, 그냥 산성길을 따라서 사부작사부작 걷는 것인데… 무릎도, 호흡도 힘들었다.

예전에는 큰 등산 가방을 메고도 거뜬하게 등반을 했는데… 출산과 육아를 핑계로… 나는 나를 돌보지 못했다. 솔직히 말하면, 게을렀다.

충분히 운동할 수 있는 시간이 있었는데도… 그러지 않았다. 지금부터라도 조금씩 나를 돌보아야겠다. 떠나기 전에도 친구는 나에게 술을 마시지 말라며 내 건강을 걱정해주었다.

기다림

기다리는 일은 쉬운 일이 아니다. 그런데, 기다림이 설렘이 되기도 한다. 그리운 가족들을 만나러 가는 길이나, 친구를 만나러 갈 때 기다림은 즐거움이다.

날짜가 정해진 기다림은 하루하루 손꼽아 기다려진다. 친구를 만나러 가는 길… 참 기다리던 시간들이었다.
학창 시절 에피소드는 수없이 많이 이야기를 해도 할 때마다 너무 재미있었다.

아주 잠시지만 20대 때로 돌아가면, 그 시절 내가 느꼈던 감정들을 다시 느낄 수 있었다. 다시 돌아갈 수는 없지만… 추억을 공유할 수 있는 친구가 있어서 참 행복했다.

친구가 그리운 가을이다. 유독 추운 걸 싫어했던 친구는 가을바람만 불어도 겨울을 걱정했다.
늘 가디건을 챙겨 다닐 정도로 추위에는 약했다.

가을바람이 불어오는 이 계절… 아침저녁으로 불어오는 공기가 내 마음을 스산하게 만든다.

이제는 기다려도 기다려도 오지 못하는 친구가 보고 싶다. 추억을 공유할 친구가 이 세상에 없다는 생각이 들면… 갑자기 너무 슬퍼진다.

친구를 만나러 가던 그 길과… 그 시간들이 이렇게 소중한 일상이었다는 것을 그때는 미처 알지 못했다.
직장생활을 시작하면서… 바쁘다는 핑계로 친구의 안부를 많이 묻지 못했던 시간들이 아쉽고, 후회가 된다.

몇 년이 지났지만… 친구의 빈자리는 갈수록 더 커진다.

파란 가을 하늘을 올려다보면서… 오늘은 친구를 그리워하는 하루를 보낼 것 같다.

그 시절 음악

슬픈 음악은 마음이 슬플 때 더 슬프게 한다. 가사가 슬프면… 더 슬프다. 이 가을… 슬픈 가사 때문에 마음이 더 슬퍼진다.

단골 커피가게에 흘러나오는 가사가… 가을 공기와 만나서… 그리운 친구 얼굴이 생각난다.

지난번 자주 갔던 커피숍에서는 살아생전에 친구가 갔던 마지막 캠핑이 생각났다. 이 가을보다 조금 늦은 가을이었다. 그때는 다음 가을을 함께 할 수 있을 줄 알았다. 그런데… 짧은 생각이었다.

친구는 기다려주지 못했다. 그저 함께 아이들을 데리고, 나들이를 가고 싶었다.

해맑게 웃는 친구 아이들 사진이 마음을 더 시리게 한다. 그사이 많이 컸겠지…. 쌍둥이라서… 더 손이 많이 갈 텐데…. 남은 사람들의 삶도 걱정이 된다.

삶은 그냥 지나가는 바람 같다고 하지만… 아직도 마음속으로 찬바람이 스칠 때가 있다.

언제쯤… 괜찮아질까….
친구가 보고 싶다.

추위를 싫어했던 친구

아침 바람이 예사롭지 않은 아침이다. 겨울 속으로 차츰 들어가는 것을 느낀다. 가을바람을 느끼고, 가을하늘이 예쁘다고 사진을 찍을 때가 엊그제 같은데, 벌써 계절은 이렇게 변해버렸다.

올 한해가 이렇게 지나가는구나… 계절의 변화와 내 나이의 변화를 보면서… 한 해를 마무리해본다.

많은 변화가 있었던 올 한해… 내가 가장 좋았던 것은 무엇이었을까? 생각해 보니… 그건 매사 그래도 여유를 가지려고 노력했다는 것이다.

중간중간 일은 많았지만… 그래도 잘 넘어갔다. 세상 살아가는데, 풍파가 없는 사람이 어디 있겠는가… 그저 그 바람이 지나가겠지 하고… 다들 버티는 것이겠지.

나도 그랬다. 올 한해… 버티고, 이겨내고, 잠시 멈추어보는 시간을 보냈다.

몇 년의 공백 기간 동안 회사는 변해있었고, 나는 적응하기 쉽지 않았다. 재미있었던 일도 있고, 두려웠던 적도 있었다. 그래도 주변 사람들 도움으로 12월까지 지내왔다.

어제 우연히 예전 알고 지냈던 사람을 만났다. 마지막으로 본 게 10년 넘게 지났으니, 외모가 조금 변했지만… 말투나 얼굴의 미소로 단박에 알았다.

여전히, 활기차게 생활하고 있고, 자신감이 넘치는 사람이었다. 20년 전쯤 봤을 때처럼… 여전히 그랬다.

돌이켜 보니… 그때 그 시절 힘들었던 기억만 있었다고 생각했는데… 그게 아니었다.

새록새록 그 시절… 풋풋했던 내 20대가 소환된다.

그리고… 입가에 미소가 생겨난다. 그러면서 추위를 싫어했던 내 친구가 생각난다.

마무리

한해가 마무리되는 12월 31일이다.

마음이 무겁고, 힘든 일들도 많았지만… 나름 의미있는 날들도 많았다. 이렇게 한해가 금방 지나가다니… 시간의 흐름이 참 빠르다는 것을 새삼 느끼는 요즘이다.

해가 뜨고 지고 365일 동안 비슷한 일상을 보냈지만, 곰곰이 생각해보면 참 많은 일들이 있었다.

그럴 때마다 친구가 생각났다.

이렇게 답답할 때 속 시원히 이야기를 나눌 수 있는 친구가 있으면, 얼마나 좋을까… 아무런 주제가 없어도 일상적인 이야기를 나누거나, 대학 시절 추억을 되새기면서… 함께 시간여행을 떠나 볼 수 있었으면 얼마나 좋을까.

그래… 지나가 보니… 그 시절 그 시간이 정말 행복했던 시간들이었다. 지나고 보니… 더 소중한 대학 시절이 오늘따라 그리워진다.

김밥 한 줄을 서로 나눠먹으면서 교정을 산책하고, 자주 가던 커피숍에서 커피 한 잔을 나눠 마시던 친구가… 더욱 그리워진다.

지금도 잘 지내고 있겠지… 그저 하늘을 올려다본다. 그리고, 잠시 친구와의 추억을 되새겨본다.

부모님

낳아주신 부모님,
길러주신 부모님,
사회적 성장을 가르쳐 주신 부모님

자식

자식은 부모보다 얼마나 부모에게 잘할 수 있을까… 내 생각에는 없는 것 같다. 하지만, 몸이 불편하신 부모님을 위해 2~3일에 한 번씩 먼 거리를 달려서, 방문하고 찌뿌둥해지신 부모님 몸을 씻겨드리고, 부드러운 로션을 발라드리는 것만으로도, 부모님은 큰 기쁨이 되신다. 그저 얼굴을 보여드리고, 손을 잡아드렸는데 세상을 다 가진 표정으로 주변 사람들에게 자랑을 하신다.

그 넓고 깊은 사랑에 고개가 숙여진다. 며칠 전 어머니께 짜증을 내었던, 나를 반성하고 후회한다.

아주 잠깐 숨을 고르고, 하늘을 보았으면 그저 웃으셨을 텐데… 나는 왜 그랬을까.

처음 보는 사람들에게는 그렇게 세상 친절하게 대하면서, 나는 참 못난 사람이다. 다른 자식들이 부모님께 대하는 말과 행동을 보면서, 나는 나를 되돌아본다.

나는 과연 점수로 따지면 몇 점짜리일까…. 아무리 잘해도 한 번의 날 선 짜증이 부모님의 마음을 상하게 하는걸, 잘 알면서도 반복되는 잘못된 행동에 나 스스로 힘들게 한다. 나도 아이를 낳고 길러보니, 가끔 아이들 때문에 힘든 적은 있어도 아이들이 미웠던 적은 없다. 참 신기하다.

사랑해서 결혼한 남편조차도 미울 때가 있는데, 내가 낳은 자식은 뭘 해도 밉지가 않다.

    치매로 인해 정신이 온전하지 못할 때라도 자식에게는 그나마 눈을 마주치고, 반응을 보인다는 어른들의 이야기를 들을 때마다 코끝이 찡해진다. 그 무엇이 자식에게만 끌리는 회로가 있는 것일까… 과학으로는 설명이 되지 않고, 신의 영역쯤 되는 부모와 자식의 끈은… 참 경이롭다.

딸과 아들

    형제가 많은 집에는 한시도 조용할 날이 없다. 서로 싸우고, 우기고 울고불고 난리가 난다. 그러면서도 언제 그랬냐 웃으며 같이 놀고 있다. 부모님께서는 그런 우리를 지켜보시며, 이렇게 놀 때가 좋을 때라고 말씀해주셨다.

    그때는 우리가 따로 살아갈 날이 올까 싶었는데, 어느새 각자의 가정을 꾸리고 자식들을 낳아 기르고 있다.

    이제는 형제들보다는 자식들과 대화하는 시간이 길어지고, 일상을 어떻게 보내는지 세심하게 챙기지 않으면 모르는 경우도 생기게 되었다.

유년기 시절이 오래갈 줄만 알았는데, 정말 눈 깜빡할 사이에 지나가버렸다. 각자의 방도 없고, 학용품, 옷도 매번 물려받고, 물려 입었던 그 시절이 그때는 싫었는데, 지금은 추억은 방울방울이 되어버렸다. 이것도 추억이 된다니, 이제는 마냥 젊지만은 않구나 느끼고 있다.

주변에 나보다 나이가 많으신 지인분들을 보니, 부모님이 돌아가시고 형제자매끼리 자주 모인다는 분들이 많았다. 같은 배 속에서 나와 약 20년간 같은 생활을 했으니, 알게 모르게 비슷한 음식 취향, 옷 취향을 가지고 있는 것이다. 우리 부모님께서도 형제들이 모여서, 다 같이 고기를 굽고 와자지껄 놀고 있는 풍경을 아주 흐뭇하게 보신다. 부모님이 만들어 놓은 마당에서 낳은 자식들과 눈에 넣어도 아프지 않은 손자, 손녀들이 병아리처럼 이리 뛰고 저리 뛰고 놀고 있으면 얼마나 더 예쁠까. 내가 봐도 저렇게 예쁜데, 할머니 할아버지 눈에는 세상 어떤 것보다도 예쁘고, 귀할 것이다. 그래서일까.

손자, 손녀들을 부를 때 우리 강아지… 우리 복덩어리… 할매꺼. 애정이 가득한 호칭을 부르며, 세상 행복한 웃음을 보이신다. 아픈 허리도 펴게 만들고, 아픈 다리도 성큼성큼 걷게 하는 그 힘은 사랑일 것이다.

친정어머니

　남편과 함께 치매에 빠져버린 어머니를 보러 왔다. 이제 친정어머니와 함께 손녀, 손자 재롱을 보고, 육아 동지를 하면서 재미있는 시간을 보내야 할 때 캄캄한 어둠 속을 걷고 계신다. 외모만 보아서는 굉장히 젊어보이시는데, 자식을 희미하게 알아보는 그 마음이 안타깝고, 위로해주고 싶은 마음이 든다.

　우리 어머니는 30년 동안을 손자, 손녀 육아를 같이 해주셨고, 지금도 감기에 걸린 손녀, 손자를 보살펴 주신다.

　나에게 큰 복이 있다면, 부모님께서 지금까지 큰 병 없이 잘 지내주시고, 오히려 자식들의 삶을 도와주시는 부분이 많다는 것이다. 바쁘게 돌아가는 일상에서 이 부분을 잊고 있었고, 그 큰 마음을 당연한 것처럼 느끼고 지냈다. 얼마나 수많은 날을 자식 걱정을 하시며, 손녀 손자가 건강하게 잘 지내기만을 바라고 또 기도하고 계실까.

　해 질 녘 예정된 방문이 아니고 그냥 왔다고 해도 반갑게 맞아주시는 부모님의 사랑 덕분에 오늘도 조금은 지친 마음과 몸을 잠시 기대어본다. 아무리 기대어도 힘들다 하지 않으시고, 바라는 것 없이 마르지 않는 우물처럼 사랑이 끊임없이 넘쳐흐른다. 그 사랑의 깊이에 감사하고, 오늘도 그저 내 전화를 받아주시고 일상적인 대화를 할 수 있음에 그저 감사함을 느낀다. 감사의 마음을 통해 다른 사람의 아픈 마음을 위로하고, 그 위로를 통해 나도 또 위로받는다. 참 신기하다. 분명 남을 도와주었는데, 내가 더 많이 받는 것 같고, 마음이 따뜻해진다.

내가 무언가를 하지 않아도 그저 웃어주시고, 용돈까지 챙겨주시는 부모님 덕분에 오늘도 너무 행복하다.

빈손

다른 사람 집을 방문할 때는 빈손으로 가지 말라는 아버지 말씀이 떠오르는 하루다. 우리 형제들은 부모님 댁에 갈 때 빈손으로 가는 일이 거의 없다. 식구도 많아서, 먹을 음식도 많아서지만… 그냥 필요한 물품이나 음식 재료를 한가득 사가지고 가는 게 당연한 일이 되어버렸다.

다른 가족들이 살아가는 모습을 보니, 내가 어떻게 살아가고 있는지 다시 한번 생각에 잠긴다. 차가운 표정, 빈손 사정은 다르겠지만, 이왕에 부모님을 뵈러 오셨으면 환한 표정 밝은 미소가 좋지 않을까 생각한다.

백 번의 면담이 모두 다르고, 가족들의 대화도 모두 다르다. 이렇게 다를 수가 있구나 생각이 들기도 하고, 또 하나는 부모를 생각하는 마음은 다 비슷하구나 생각이 들기도 하다. 분명한 것은 부모님이 거동하실 수 있고, 이야기를 나눌 수 있을 때 더 많은 시간을 함께 보내야 한다는 것이다.

시간이라는 것이 멈출 수도 없고, 막을 수도 없기에 내가 지금 이 순간 할 수 있는 최선을 다하는 것이 중요하다.

그럼 최선을 다하는 것은 무엇일까, 아주 쉽다.

자주 찾아가서 얼굴을 뵙는 것이다. 그 아주 간단하고, 중요한 일을 우리는 잊고 있다가 부모님이 편찮으시거나, 돌아가시면 후회를 하고 지난날을 되돌아보게 된다.

그때는 이미 늦었다. 지금 이 글을 보는 이 순간 전화기를 들고 부모님께 전화드리자.

청춘

고집스럽다는 표현을 많이 한다. 누군가 나한테 그런 말을 했다. 참 고집스럽다. 그 말이 다소 나쁘게 들렸을 때가 있는데, 이제는 그렇지 않다. 고집스럽다는 것은 무슨 일이든 끈질기게 집중해서 한다는 것이고, 스스로 만족할 때까지 일을 그만두지 않고, 끝까지 마무리한다는 것이다. 요즘은 특히나, 한 가지 일에 몰두하는 게 어려운 사람들이 많고, 재미있는 것들이 너무 많다.

그래서 더욱더 장인정신을 요하는 직업들은 다음 세대에 물려줄 제자가 없어서, 고민이 많다고 한다.

옹기 제작이나, 전통음식을 만드는 것은 종이 한 장에 적힌 순서대로 한다고, 완벽하게 완성되는 것이 아니다.

그날의 날씨나 제작자의 컨디션도 굉장히 변수가 되기 때문에 매 때마다 온 힘을 기울여야 하며, 생각도 많이 해야 하는 것이다. 이런 하나하나의 케이스가 모여서 비로서 수십 년 내공의 장인이 탄생하는 것 같다.

누구나 만들 수 있는 그런 공산품이 아니고, 공장에서 기계조작만 해도 똑같은 제품을 수천 개 만들 수 있는 그런 물건이 아니라, 세상에 단 하나뿐인 물건을 만드는 고집스러움이 자랑인 장인들을 존경한다.

세상을 살아가는 데는 다양한 사람들이 필요하다.

각자 성향도 다르고, 잘하는 분야도 다르기 때문에 서로 도움을 받으며 살아가게 된다. 사람은 혼자 살아갈 수 없으며 도움을 받으며 살아갈 일이 많다.

생일

올해 부모님 생신 때 찾아뵙지를 못했다. 다른 어른들의 생신 잔치를 보니… 그저 죄송한 마음이 더 크게 다가왔다. 노인을 위해 차려진 생신상에 행복해하시는 모습을 뵈니 애잔하고 측은하였다. 생신상에는 누군지 모를 딸자식이 보내준 떡과 과일이 놓이고 예쁜 케이크도 올려졌다. 과일과 떡 대신 자식들 얼굴을 한번 더 보여드리는 것이 효도인데 라는 생각이 절로 들었다.

누구나 1년에 한 번은 생일을 맞이한다. 그 생일이 매년 활기차고, 신나게 많은 가족들의 축하를 받는 사람들도 있겠지만 혼자서 보내는 사람들도 있을 것이다.

쓸쓸히 혼자 보내는 생일이 얼마나 서글플까.

자식이 멀리 있거나, 어떠한 사정으로 찾아뵙지 못하는 일이 생기면 건강하실 때 한 번이라도 더 찾아뵙고, 안부 인사를 드리면 좋겠다고 생각했다.

행복을 느끼고, 기쁨을 느끼고, 함께 하하호호 웃으실 때가 정말 좋을 때라는 것을 생각해본다. 부모님과 함께 맛있는 거 먹고, 좋은 구경 다니는 것은 지금 당장 하기를 추천한다. 나중에 시간이 될 때 가야지… 할 때는 이미 시간이 많이 지났을 때다. 자식과 여행을 갔을 때를 기억하시고, 또 가고 싶다고 이야기하신다는 것은 그만큼 부모님께서 건강하시다는 증거이다. 젊었을 때 하루는 어제와 비슷한 하루가 될 수 있지만, 연세가 많으신 노인들의 하루는 다르기 때문에 하루하루 부모님 컨디션을 잘 살피는 것이 좋다. 무엇인가를 함께 한다는 것만으로도 행복하다는 것을 느끼는 요즘이다.

목욕

하루 일과를 끝내고, 따뜻한 물로 샤워를 하고 나면 하루를 개운하게 마무리할 수 있다. 자유롭게 몸을 움직일 수 있는 사람은 언제든지 마음먹은 그대로 몸을 움직일 수 있지만 연로하신 노인분이나, 아직 자신의 몸을 잘 살필지 모르는 아이들은 어른들의 손길이 필요하다.

어릴 때 엄마 손을 잡고 대중목욕탕을 가는 게 참 좋았다.

따뜻한 온탕에서 장난도 치고, 묵은 때를 씻어내는 것이 개운하기도 했고, 목욕이 끝난 뒤에 마시는 바나나우유가 그렇게 맛있었다. 이런 좋은 기억 덕분에 나는 지금도 사우나를 좋아하고, 거기에서 오래 두고 만나는 분들과 이야기하는 걸 좋아한다. 집안 대소사를 이것저것 이야기하다보면, 시간도 금방 가버린다. 나름 힐링의 장소가 되는 곳이다. 그런데 자주 오시던 노인분들이 연세가 드시면서, 더이상 목욕탕을 찾아오시는 것조차 힘들어 지시는 경우가 생겼다. 그렇게 좋아하시던 목욕을 못 하시니 얼마나 답답하실까 싶기도 하고, 혹시 돌아가신 건 아닐까 걱정도 되었다. 매일 보던 분들이 오시지 않으니 더 걱정이 되었다. 어느 순간부터 엄마와 목욕탕을 가면 내 등을 미시니 엄마의 손길이 참 부드러워진 걸 느꼈다.

어릴 때는 짜증 섞인 목소리로 살살 좀 하라고… 고래고래 소리를 질렀는데, 이제는 손목의 힘이 약해지신 엄마의 손길에…. 마음이 짠해진다.

손을 잡고서라도 엄마와 목욕탕을 함께 갈 수 있음을 감사하고, 그 시간이 오래도록 함께하기를 바라고 또 바라 본다. 추억은 오래오래 남을테니….

아버지

아버지는 어머니를 항상 걱정하신다. 두 분 모두 연세가 많고, 동갑이신데도 아버지는 어머니를 많이 걱정하신다.

두 분이 다 대중교통 이동을 원활하게 하시고, 의사소통도 원활하시고, 식사도 맛있게 잘 드시니… 더 이상 걱정할 것이 없다.

오늘 아버지와 통화하면서 나도 모르게 눈물이 났다. 요즘 두 분 모두 치과에 다니시는데, 이제 살만큼 살았으니, 괜찮은데 누구라도 먼저 가면 남겨진 사람을 아주 걱정하셨다. 이런 이야기를 하실 때마다 나는 안 듣는 것처럼 다른 곳을 쳐다보곤 했다. 그런데 어느 순간 조금씩 연로해지시는 부모님을 뵐 때 마다, 너무 가슴이 아파졌다. 그런데, 오늘 다른 노인을 보니 생각이 바뀌었다.

우리 부모님은 지금 아직 청춘이시다. 보고 싶은 사람들도 많고, 가고 싶은 곳도 많으시고, 먹고 싶은 음식도 있으시니까… 우리 부모님은 청춘인 것이다.

연세가 많으셔서, 여행도 조심스럽고 안 먹던 음식을 먹고 혹시 탈이 나지는 않으실까 걱정하기 전에 일단 모든 일정을 진행하고 봐야 된다. 가실 때 힘이 드시면 한번 쉴 것 두 번 쉬어가면 되고, 여행 중에 중간에 너무 힘들면 다시 돌아서 집에 왔다가 다시 여행 준비를 하고 떠나면 그만이다. 뭐 그리 급한가… 급할 것 하나도 없다.

70년 이상을 살아오신 분들에게는 세상 겪어보지 못한 풍파가 없고, 결승점에 도달하지 못했다고 낙담할 일도 없다. 그렇게 부모님과의 여행을 준비해본다.

천천히 가고 더 보고 싶은 여행지에서는 그냥 더 있으려는… 계획도 있으나, 언제든 바뀔 수 있는 여행 계획을 가지고 출발~~

효

아무리 잘하는 효자라도 본인 몸이 힘들고, 지치면 무엇인가를 더 해드리고 싶어도 하기가 힘들어진다.

그래서, 내 몸 컨디션을 잘 관리하고 건강을 잘 챙기는 것이 굉장히 중요하다. 나이가 들면서 챙겨야 할 사람들이 많아진다. 내 아이들과 부모님 건강관리를 챙기는 일도 해야 하고, 시댁 식구들도 챙겨야 한다.

결혼 전에는 혼자만 잘 지내면, 그만이었는데 결혼을 하면서 혼자 몸으로 여러 사람을 챙겨야 한다.

가끔은 부담스럽기도 하고, 힘들고 지칠 때가 있어서 그냥 혼자 살걸 그랬나 후회가 들기는 하고, 신나게 사는 싱글 친구들을 보면 부럽기도 했다.

지금은 동글동글 두 눈을 바라보는 아이들이 너무 귀엽고, 한결같이 자식을 챙겨주시는 부모님 덕분에 힘이 난다. 평생을 자식들 돌보시느라, 등골이 휜다는 어른들 말씀처럼 우리 부모님도 등이 굽고, 손에 울퉁불퉁 세월의 무게가 더해졌다. 무엇이 이렇게 온통 오로지 자식들을 위해서만 살아가는 원동력을 만드는 것일까.

참 경이롭다. 나도 자식을 낳아 기르고 있지만, 때로는 만사 귀찮아서 밥도 하기 싫고, 반복되는 집안일에 짜증도 났다. 부모의 책임이기 때문에 먹이고, 입히는… 그 책임의 무게를 지고 있다.

그 무게가 무거워지는 만큼 아이들이 커가는 모습을 보면 더 행복해지는 건 참 아이러니하다.

그런데 우리 부모님을 뵈면, 그 책임의 무게 때문이 아니고, 자식을 보시듯 손자, 손녀들을 보살펴주시는 것 같다.

아이들이 밥을 먹는 건만으로 행복해하시는 부모님을 뵈면, 나도 모르게 흐뭇해진다.

사랑은 내리사랑이라, 아무리 자식이 잘해도 부모보다 자식이 더 많은 걸 잘하지는 못한다. 하지만, 그 많은 사랑을 안다면, 조금이라도 부모님께 더 잘하려고 노력하고, 행복하게 잘 사는 모습을 보여드려야겠다.

비

비가 내리는 밤에는 특히 운전을 조심해야 된다. 반대쪽 불빛 때문에 앞이 더 보이지 않고, 도로선도 잘 보이지 않기 때문에 정신을 바짝 차리고 운전만 해야 된다.

살다보면 이렇게 예기치 못한 상황 때문에 극도의 집중이 필요할 때가 있다. 집중하지 않으면, 사고로 이어지기 때문에 눈, 귀

모든 감각을 열고 집중해야 된다.

  매일이 행복하고, 즐거운 일들만 있으면 조금은 느슨하게 하루하루 보내면 좋지만, 인생이 그렇지 않다.

  그렇기 때문에 항상 대비가 필요한 것 같다. 미리 대비하고 준비하면 큰일이 일어나도 작은 소동으로 마무리할 수 있고, 더 나아가 아무 일도 아닌 것처럼 지낼 수 있다.

  어릴 때는 집에서 일어나는 일들에 대해 관심도 없었고, 내가 해결할 수 없는 일들이 많기 때문에 크게 마음에 두지 않았다. 하지만, 지금은 집안에 모든 중요한 결정을 남편과 상의해서 결정을 내려야 한다.

  때로는 예상치 못한 결과 때문에 고민도 많아지고, 걱정도 하게 되는데, 예전 부모님 생각이 났다.

  어린아이들이 있으니, 항상 고민이 많으셨는데 어린 나는 그걸 이해하기에는 부족했었다. 다 자라 어른이 되고 보니, 그때 부모님의 고충이 느껴진다.

  살다보면 평범한 가정을 이끌어 나가는 것이 얼마나 힘겨운지를 느낄 때가 오는데, 그때마다 예전 어렴풋하게 기억나는 부모님께서 거쳐오신 고비의 순간들을 되새기며, 마음을 다잡는다. 나에게는 간접적 경험이 된 것이다. 비 오는 날 운전을 더욱 조심해야 된다는 것도 아버지께서 물로 인해 바퀴가 헛돌 수 있다는 점을 항상 이야기해주셔서 이미 알고 있었다. 인생의 축적된 경험은 돈으로 살 수 없기에, 이런 하나하나의 이야기들이 나에게는 큰 고난이 왔을 때 중요한 열쇠가 된다.

면회

 면회가 방문이 될 수 있었으면 좋겠다. 나이 드신 어르신들은 지금 당장 보이지 않는 자식을 찾는다. 딸이 4명, 며느리가 눈앞에 있는데도, 눈에 보이지 않는 아들을 찾으신다. 이렇게 자식들이 많은데도, 노인이 갈 곳은 어디에도 없단다. 각자의 가정에서 아이들이 태어나고, 돌봐야 할 식구들이 생겨나면서 엄마라는 존재는 뒤쪽으로 밀려날 수밖에 없다. 문밖에서 그냥 잠깐 보고 가는 이런 아쉬운 만남을 뒤로 하고, 노인은 또 얼마나 기약없는 기다림을 하셔야 할까 안타까운 마음이 든다.
 저렇게 잠시 왔다갈 거면 오지 않는 게 더 좋지 않을까 짧은 생각을 해본다. 오랫동안 자식만 생각하면서 짐을 싸고, 풀고 또 싸고 풀고 했던 노인의 모습이 쓸쓸해보인다.
 좋은 물건도 필요없고, 값비싼 음식도 필요없다.
 그저 딱딱해진 손을 한번 잡아드리고, 거칠어진 손등에 부드러운 로션을 발라드리며, 자식의 온기를 나눠드리면 그뿐이다. 이 작은 행동이 그렇게 어렵고, 힘든 일인가…. 생각에 잠긴다.

부모님의 그늘 아래에서 지금까지 자손들이 살았는데 그 부모님을 보살필 자식은 아무도 없다. 내 자식 기저귀는 우리 부모님이 모두 갈아주셨는데, 내 부모님을 보살필 자식은 없다는 게 서글프다. 평생을 자식을 위해 살다, 내 몸이 아픈 곳도 모르고 지내다 이제는 스스로를 보살필 힘도 없는 분들을… 어떻게 하란 말이냐.

나도 저렇게 부모님의 쓸쓸함과 외로움을 모른 척한 적이 있는지… 후회와 반성을 한다. 그저 밥 먹고 가라는 말을 바쁘다는 핑계로 손 인사만 하고, 훌쩍 떠나버린 딸자식을 어머니는 내심 아쉬워하셨을 것이다.

그 마음이 이제 꼭꼭 내 마음속에 박힌다.

봄이면 꽃구경을 가고 여름에는 냇가에 발을 담그고, 가을에는 단풍 구경을 함께 가는 그런 평범한 일상을 함께 공유할 수 있을 때 많이 같이 가자.

금요일

　길게만 느껴졌던 시간들이 끝나가고 있다. 인생에 이런 경험을 또 언제 할 수 있을까 싶다. 돈 주고는 하지 못할 경험이었다. 회사에서 받는 혜택들을 당연한 것이라고, 생각했던 적이 있었다.
　그런데, 지나고 보니 그 지난 시간들이 누군가의 노력과 정성이 뒷받침되었다는 것을 느끼게 해주었다. 지금 이 순간이 지나면 잊어버릴 수 있는 시간이 되겠지만, 다시는 오지 않을 이 시간을 꼭 기억해야겠다.
　70이 넘은 연세에도 그 누구보다 열심히 일하시는 부장님과 그 식구들을 보며 존경스러웠고, 자식보다 더 잘해주시는 종사자분들을 보면서 감사한 마음이 들었다.
　월급을 받으니 당연히 해야 하는 거 아니냐고 이야기하는 사람들도 있겠지만, 반나절만 일을 해보면 대부분은 도망갈 것이다. 고집스럽고, 의사소통이 잘 되지 않는 사람들과 하루 종일 있다보면, 체력도 마음도 두 배는 더 쉽게 지치게 된다. 이런 컨디션으로 매일을 일한다면, 옛날 어른들 말씀처럼 골병이 든다.
　직업에는 다양한 가치관이 있고, 그 속에서 내가 추구하는 가치가 있다. 월급을 받으면서 그 가치까지 존중받고, 대우를 받는 것이 당연한 것이 아니었다.
　속 좁은 생각으로 쉽게 상처받고, 원망했던 지난 나날들을 생각하면서 반성하게 되었다. 입은 닫고, 마음을 열어서 조금더 폭넓은 생각을 해보자… 그렇게 내 스스로를 자유롭게 풀어주고, 여기서 느꼈던 작은 행복들을 생각하면서 살아가자 다짐을 해본다.

아주 작은 다짐이고, 또 잊을 수도 있는 일이지만 나는 오늘,어제 그리고, 며칠 동안의 그 시간들을 소중히 기억하고, 힘든 일이 생겼을 때 조금 꺼내볼까 한다.

아들

참 효자 아들이다. 2~3일에 한 번씩 아버지를 뵈러 대중교통을 이용해서 이곳까지 오시는 것 같다. 오늘처럼 이렇게 비가 많이 내리는 날에도, 아버지를 뵈러 아들은 비를 맞고 걸어서 이곳까지 왔다. 노인이 먹기에 딱 좋은 과일과 간식을 정갈하게 챙겨서 와서, 아들은 아버지 입에 조금씩 과일을 넣어드린다. 간식을 다 드신 아버지는 배가 부르신지… 반쯤 눈을 감고 계신다.

그 사이에 아들은 로션을 꺼내 아버지 몸 이곳저곳을 발라드리고, 안마도 해드린다. 작은 면봉을 가지고는 콧구멍, 귓구멍 이곳저곳을 아주 깨끗하게 닦아드린다. 옆에서 보고 있으니, 절로 고개가 숙여진다.

　마사지를 받으신 노인은 처음보다 더 얼굴이 편안해지고, 조근조근 말씀도 이어가신다. 반대로 아버지를 보살피느라 아들의 얼굴은 땀범벅이 되었다.

　분명히 쉬는 날 아버지를 뵈러오신 것 같은데, 저렇게 온 힘을 다해서 아버지를 보살피는 아들의 손길이 참 따뜻하다. 아들의 온기가 문밖을 넘어서 나온다.

　효를 다한다는 것이 어떤 의미인지 다시 한번 생각하게 하는 장면이다. 좋은 옷, 비싼 음식보다는 저렇게 아버지의 거친 손을 잡아주고, 어루만져 주는 것이 중요하다는 것을 이제는 알 것 같다. 다른 사람이 자신의 부모를 봉양하는 모습을 보고 저절로 존경의 고개가 숙여진다.

　한눈에 보기에도 편안하고, 행복해보이는 노인의 모습에서 효의 참 의미를 깨닫고, 그 의미를 다시 되새겨본다. 짧은 기간이었지만, 내가 느낀 이 감정을 오랫동안 기억하고 생각할 것이다. 나는 내가 얼마나 성장하고, 커버렸는지 잘 모르지만 시간이 조금 더 흐르면 내 안에 축적된 인내의 시간이 빛을 발할 때가 있을 것 같다. 내 가족, 나의 부모님에 대해 마음속 깊이 새겨본다. 2년 동안의 긴 시간 동안 충분히 아파하고, 슬퍼하고, 기도하고, 애달파했다. 그리고 나는 이제 내 친구를 조금씩 보낼 수 있을 것 같다.

후회

또 한 분의 노인분이 오셨다. 딸 직장과 집이 가까워서 거주지를 옮기신 노인분은 많이 지쳐보였다.

분명 젊었을 때는 한 가정을 책임지는 가장이셨을 텐데, 지금 노인의 어깨는 한 뼘밖에 되지 않을 정도로 작아져 있고, 몸무게도 성인 여성 몸무게 정도 밖에 나가지 않았다. 짐이 한 보따리셨는데, 이것저것 필요한 물품이라서 그런지 짐이 많았다. 난청이 있으신 노인분은 큰 소리로 또박또박 말을 해야 겨우 알아듣는 것 같았다.

어떻게 하면 부모님을 부모님께서 평생 사시던 곳에서 편안하게 여생을 보내며, 끝까지 사실 수 있게 할 수 있을까… 나는 갑자기 이런 의문이 들었다.

당연히 부모님 집이니, 거기서 사시는 게 당연하다고 생각했는데 부모님의 자의보다는 자식들의 선택으로 지금 이 시대 많은 노인분들이 본인의 의지와는 상관없이 집이 아닌 곳에서 거주하게 되신다. 2주 정도의 시간 동안 참 많은 걸 깨닫고 생각하게 되었다. 삶의 그 수많은 선택의 시간에서 그때 그런 선택을 하지 말걸… 후회한 적이 많다. 그중에서 나는 내가 허비해온 3년의 시간을 되짚어 생각해보았다. 이 세상 나만 가장 큰 불행자처럼 생각했었고, 술도 많이 마셨다. 술이 깨고 나면 또다시 후회하는 걸 반복하면서, 내 스스로를 원망했다.

  왜 이렇게밖에 살아가지 못할까… 왜 쿨하게 세상에 맞서서 살아가지 못할까… 원인은 바로 나에게 있었다.
  그때도 나였고, 지금도 나인데 바뀐 것은 하나 있다.
  내가 변했다. 하늘 나라 간 내 친구의 당부처럼… 이제 행복이 아주 가까이에 있음을 알고 있다.
  그저 오늘 먹을 맛있는 저녁이 있는 삶에 만족하고, 연락드리면 언제나 환하게 전화를 받아주시는 부모님이 곁에 계신 것만으로도 행복한 사람이다. 물질적인 건 한순간, 그것보다 더 짧게 지나가버린다.
  그런데, 마음의 따뜻한 양식은 퍼도 퍼도 그대로 내 마음속에 있어서, 나를 성장시키고 보듬어 준다.

또 올게

  행복했던 그 순간은 짧고, 서로가 그리워하는 마음은 너무나 깊고, 길다. 참 애잔하다.

부모님을 뵙고 돌아서는 자식들은 언제인지 확실하지는 않지만 "또 올게."라는 한마디를 남기고 돌아선다.

집으로 들어가시는 부모님의 뒷모습도 길을 떠나는 자식들도 발걸음이 무겁기는 같다.

기다린 시간은 너무나 길었는데, 그 만남은 왜 이리 짧은지 모르겠다. 이제 만나고 헤어졌으니, 또 얼마나 많은 시간을 기다려야 할까. 젊었을 때는 시간이 그렇게도 시간이 잘 가더니, 지금은 시간이 너무너무 가지 않는다고 하신다. 늙으면 갈 때를 가야 하는데 데리고 오지도 않는다고 넋두리를 하신다.

오손도손 식구들끼리 살 때가 그립고, 자식들 때문에 살고 계신다고 하신다.

노년의 삶은 어르신마다. 너무나 다른 것 같다. 무미건조한 하루를 보내시는 어르신도 계시고, 시끌시끌 주변에 사람이 많아서 노년에도 하루하루가 바쁘게 돌아간다.

오늘이 내일 같고 어제가 오늘 같은 그런 날이 이어진다.

삶이 너무 똑같아서 더 애달픈 노년의 삶이 슬프다.

별다른 특별한 일이 없는 노년의 늦은 저녁이 그렇게 깊어진다. 지나가는 시간은 너무 아쉽지만, 행복했던 추억이 있기에 그 추억 하나하나를 꺼내보는 재미로 하루를 살아간다. 살아가는 동안 축적된 행복의 동전들을 가득 저축해두면 노년에는 그 동전 하나씩을 꺼내면서 그 추억을 되새길 수 있다. 즐겁고 행복했던 시간을 오늘부터 저축해보자.

노부부

　헬스장에서 참 아름다운 풍경을 보았다. 근육질이 있는 사람들이 아닌 어느 은발의 노부부가 내 시선을 잡았다.
　두 분 모두 은발이 참 잘 어울리고, 서로 존대를 하셨다.
　공원이나, 카페에서 노부부를 보는 일은 흔하나, 헬스장에서 부부가 함께 운동하는 모습은 참 오랜만이다.
　계속 눈길이 가서, 두 분이 서로를 챙기는 모습을 계속 보게 되었다. 물도 같이 마시고, 운동하는 방법도 알려주고
　서로 응원의 메시지도 잊지 않으시고, 열심히 운동을 하셨다. 그 어느 풍경보다 참 보기 좋고, 자꾸 보게 되었다.
　근래에 연세가 많지 않으신데, 병상에 계신 노인들을 보며 많은 생각을 했었다. 건강은 건강할 때 조금씩 저축을 해두어야 되는구나 하고 다시 한번 생각하게 되었다.
　내 발로 가고 싶은 곳에 돌아다닐 수 있고, 내가 먹고 싶은 것을 마음대로 먹을 수 있을 때 장수하는 보람이 있지 않을까 생각했다. 누워만 있으시면, 다른 사람의 도움 없이는 움직일 수 없는 상태에서 생명만 연명하는 게 무슨 의미가 있을까 하는 말도 주변 사람들과 이야기한 적이 있다. 실제로 그 상황을 가까이에서 지켜보니, 그 말이 더 가슴에 와닿았다. 손가락 하나 움직일 수 없고, 하루 중 반은 수면 상태에 있으니, 가족들이 와도 알아볼 수

가 없다. 참 슬픈 일이다. 그토록 사랑하는 가족들이 와도 반길 수 없으니… 아마 마음속에서는 반갑다고 하실 수도 있을 것이다. 이런 마음들이 오늘 그 노부부와 오버랩이 되면서 더 많은 생각을 하게 된다.

오늘 내 가족들과 행복한 하루를 시작하고, 맛있는 저녁으로 하루를 마무리할 수 있으면 그뿐이다. 더 이상의 행복이 또 있을까… 오지 않았고, 지나간 미련의 희망 때문에 자책하거나, 남을 원망하지 말고 눈앞에 있는 행복에 집중하는 오늘 하루를 잘 지내보자.

서로만 바라보고, 서로만 챙기고, 서로를 의지하는 노부부의 뒷모습에서 만감이 교차하는 아침이다.

반찬

아침 일찍부터 반찬을 하느라, 분주한 아침이었다. 오랜만에 오전, 오후 지인들을 만나러 가는 일정이 있어서, 아이들 밥과 반찬을 준비했다. 아침을 차려두고, 점심은 외식을 추천, 저녁은 아침에 해둔 반찬과 국을 먹으라고 남편에게 잘 일러준 뒤 길을 나섰다. 어디를 가도 이제는 내 얼굴 화장은 뒷전이고, 밥솥에 밥이 얼마나 있는지부터 확인하고, 반찬도 살피게 되었다.

자연스러운 일상이지만, 그렇게 잘 살피고 나오면 외부 일정이 있어도 조금 든든하다. 배달 음식을 그리 좋아하지 않은 아이들이라, 반찬 한두 가지만 있어도 밥을 매우 잘 먹는다. 그런 모습 때문인지 자꾸 반찬을 하게 되었고, 이제는 기본 반찬 이외에도 잘하는 반찬의 수가 늘어났다. 나 혼자만 챙겨서 외출을 할 때와는 두배 이상의 시간이 걸리고, 챙겨서 나가야 하는 물건들도 많지만 그것 또한 소소한 행복이다. 내가 조금 더 부지런하면 가족들이 조금 더 편안하게 일상을 보낼 수 있으니 말이다.

우리 어머니가 또 생각난다. 일도 많고, 허리도 아프신데, 아이 5명을 낳고 키우시고… 대단하시다.

그러면서도 불평이나 푸념을 자식들 앞에서 하신 적이 한 번도 없으시다. 짜증을 내지도 않으셨고, 아이들 모두 매 한번 들지 않고 키우셨다. 내가 자식을 낳고 기르다 보니, 가끔은 내 몸이 힘들고, 지칠 때 아이들이 칭얼대면 나도 모르게 짜증도 내고, 화도 낸다.

돌아서면 왜 그랬을까 후회는 하지만, 그 짧은 순간 참지를 못하는 것이다. 그런데 우리 어머니는 참으셨다.

왜 어머니라고 힘들지 않으시고, 짜증이 나지 않으셨을까… 그냥 그 긴 세월을 참으셨던 것이 새삼 존경스럽다.

어제도 부모님과의 통화 속에는 자식에 대한 걱정이 다였다. 그저 건강하게 잘 지내라는 그 말씀이 오늘도 귓가를 맴돈다.

어르신

오늘 오후에도 참 멋진 분을 만났다. 백발이 근사한 어르신이었는데, 가끔 헬스장에서 뵙는다. 천천히 한 동작 한 동작 하시는 모습이 참 아름답다고 생각이 들어서, 한참을 운동하시는 것을 지켜보았다. 20대 때 헬스장을 가면, 힘들게 뛰고, 무거운 것을 번쩍번쩍 드는 것이 진정한 운동 매니아라고 생각했던 적이 있다.

그런데 이제는 아니다. 출산을 하고 운동과 조금씩 거리두기를 하다 보니 어느새 나는 운동 매니아보다는 뚱뚱한 아줌마가 되어 있었다. 딸아이가 뱃살을 보며, 조금 빼야 되지 않을까 하는 소리에, 다이어트를 결심도 해보았으나… 20대처럼 굶는 다이어트도 소용없고, 원푸드 다이어트도 소용이 없었다. 그렇다고, 운동을 열심히 하고 싶지도 않아서… 그냥 그냥 지내다가 목욕탕에 딸린 아주 작은 헬스장과 에어로빅에 다니면서 운동의 개념이 바뀌었다. 꼭 단기간 내에 살을 빼기보다는 찌운 살들에게 미안하지 않게 천천히 시간을 주는 것이었다.

같이 다니던 어르신께서 해주셨던 말씀이 가슴이 와닿았다. 양심이 있으면 찌운 살들에게도 시간을 주어야 되지 않겠냐고… 그랬다. 하루아침에 급격하게 살이 확 찌지는 않는다. 하루 이틀 과식과 간식이 조금씩 쌓여서 살이 찌게 되는 것이다. 나도 그랬다. 달달한 빵과 과일은 끊을 수 없는 나의 힐링포인트였다.

그런 행복한 시간을 후회하기보다는 천천히 나의 신체리듬에 맞게 운동을 하니, 조금씩 변화가 보였다.

제일 중요한 것은 운동을 많이 하지 않더라도, 헬스장을 꼭 가는 것이고, 이를 꽉 물만큼 힘든 운동을 하지 않는 것이다. 하루 힘들게 운동하고 나면, 그다음 날은 운동을 가기 싫어지니… 그날그날 컨디션에 맞게 하는 것이다.

오늘 만난 그분도 그렇게 본인 컨디션에 맞게 아주 천천히 운동을 하셔서, 나중에 나도 저렇게 계속 운동을 해야지 하고 마음을 먹었다.

쉼

며칠을 아파서 누워서만 지냈다. 맑은 콧물이 나더니, 기침이 나고 두통도 생겼다. 병원에 다녀온 뒤에는 계속 침대에 누워서 쉬었다. 그나마 많이 쉬고, 누워있었더니 기력이 조금씩 돌아오는 것 같다. 이제는 영양제를 좀 챙겨먹어야 되나, 생각이 들고 운동을 하지 않아서 그런가 여러가지 생각이 든다. 머리는 까치집이 되었고, 얼굴은 통통 부었다. 지난번 몸살이 났을 때는 친정엄마가 계셔서 이것저것 잘 챙겨주셨던 게 생각이 난다. 내가 밥을 먹지 않으니 엄마도 밥을 드시지 않겠다고 하셔서, 억지로 몇 숟가락 먹었다. 속이 불편했지만, 그래도 몇 숟가락 먹으니 약 먹을 때 속이 덜 울렁거렸다. 지극정성 자식 사랑은 우리 엄마는 손자, 손녀들에게도 이어졌다. 누구 한 명이라도 감기에 걸리면, 본인이 아픈 것보다 더 많이 걱정하셨다. 가끔 이렇게 아플 때면 친정엄마가 어릴 때 나를 간호해주셨던 기억들이 떠오른다. 하얗게 죽을 쑤시고, 푹신한 이불을 꺼내서 몸을 따뜻하게 하라고 하셨다.

감기가 심했을 때는 병원에 입원한 적도 있는데, 그때도 엄마가 내 옆을 지키셨다. 다른 형제들도 많았는데, 엄마는 내 옆을 떠나지 않으셨다. 아마, 그때는 아버지께서 밥을 하시고, 형제들을 돌보아주셨다. 아주 오래전 일이지만 기억에 떠오른다. 이제는 연로해지신 부모님을 내가 병원에 모시고 가는 일정이 많아졌지만, 내가 어릴 적 받았던 간호만큼 나는 부모님을 지극정성 간호는 못하는 것 같다. 독한 감기몸살에 걸릴 때면, 엄마의 간호가 생각이 나는 거 보면, 몸은 자랐지만 마음속에는 아직 어린아이가 있는 것 같기도 하다. 엄마의 따뜻했던 손길이 그립고, 그 폭신했던 이

불의 감촉이 그리운 날이다.

발품

발품이라는 것을 오늘은 많이 해보려고 한다. 20대 때 집을 구할 때 아버지께서 부동산 여러 군데를 다녀보라고 하셨으나, 나는 회사일 핑계로 지인분이 구해주신 집으로 계약을 바로 했었다. 첫 독립이었기 때문에 나는 작은 집이었지만, 만족했고 조금 불편한 것도 참을 수 있었다. 그런데, 시간이 지나고 보니 양옥집 2층을 반으로 나누어 놓은 집은 방음이 되지 않아 옆집 생활 소음이 그대로 다 들렸고, 계단은 임시계단이라 겨울에는 난간을 꼭 잡고 이동해야 했었다. 그리고, 여름에는 찜통더위를 그대로 감수해야 했다. 그렇게 처음 독립한 집에서 나는 2년을 잘 견디며 아무 일 없이 지냈다. 그때 만약 아버지의 말씀대로 부동산도 여러 군데를 가보고, 근처 장판집도 가서 주변 상황을 조금 알고 계약했다면, 조금 더 괜찮은 집을 구하지 않았을까 생각을 많이 했었다.

이미 지나온 일을 교훈 삼아 오늘은 꼼꼼하게 주변시세도 알아보고, 직접 눈으로 보는 발품을 많이 팔아보려고 한다. 계약 전까지는 아무 일도 일어나지 않으니, 내가 조사한 것들이 아주 소중한 자료가 될 것 같다.

살아가다 보니, 모든 순간이 내 결정이었고 그 결정의 책임은 내가 지는 것이었다. 최고의 결정도 있었고, 미련이 남는 결정도 있었다. 이제는 모두 지나간 과거이기에 나는 최선의 선택을 하기 위해 노력한다. 그 노력이 바로 직접 내 손으로 만져보고, 느껴보고, 체험해서 겪는 것이고, 주변 지인들에게 자문을 많이 받는 것이다.

자료는 많으면 많을수록 좋다는 것을 나이가 들면서, 더 많이 깨닫고, 발품을 많이 팔아야 된다고 조언해주셨던 부모님이 나의 1등 지인이라고 생각되는 아침이다.

모닝 커피

오늘은 모닝 커피 한 잔이 간절히 생각나는 아침이었다. 어젯밤에 내린 눈이 내 마음을 몽글몽글하게 하였고, 잠을 푹 잤더니 따뜻한 커피가 생각났다. 모락모락 피어오르는 커피를 보고, 밖에 쌓인 눈을 바라보니 여러 생각이 든다. 하얀 눈이 어찌나 예뻐보이는지… 아직은 내 마음속에 작은 소녀가 살고있나 보다 생각이 든다. 몸은 자라고, 나이도 들어가지만 소녀 감성은 자라지도 나이를 먹지도 않나 보다. 내 마음속에 사는 이 작은 소녀가 가끔 내 마음을 이렇게 몽글몽글하게 할 때면, 나도 모르게 설렘도 생긴다. 그 설렘은 소풍가기 전에 내일 비가 오지 않았으면 하는 걱정과 보물찾기할 때 꼭 보물을 찾았으면 하는 소망을 함께 생각하다 아주 늦게 잠이 들었던 그 기억이 설렘으로 남는다. 아침 일찍부터 고슬고슬 지은 밥으로 예쁘고, 맛있게 김밥을 말아주시던 어머니의 손길이 아직도 생생히 기억에 남는다. 대가족 아침 준비에 피곤하셨을 텐데 어머니는 수십줄의 김밥을 싸고 또 싸셨다. 지금 생각하면 진짜 대단하시고, 감사한 일이었다.

사람의 감성은 다양한 물줄기로 나눠지기도 하고, 다시 모이기도 해서 오늘 아침 모닝 커피 한 잔과 눈이 내 추억 속 소풍까지 이어주고, 다시 부모님과의 추억으로 이어진다. 그러고 보니, 내 글에는 부모님 이야기가 참 많이 나온다. 그건 아마도 유년 시절부터 행복했던 추억이 많아서 그럴 것이다. 내가 기억하고 있는 추억들 속에서 나는 오늘도 행복한 기운을 얻고 있다.

그런 하루하루를 보낼 수 있는 내가 행복하다.

소중한 사람들

어젯밤 은사님께 갑자기 연락이 왔다. 늦은 시간에 문자를 보내지 않으시는 분이라, 덜컥 걱정부터 되었다.

작은아버지께서 낙상하셔서 뇌수술을 받으셔서 오늘부터 주말까지 지방에 다녀오셔야 된다고 하셨다. 아무래도 이번 주 우리 가족의 방문을 잠시 미뤄야 할 것 같다는 말씀에 걱정과 안도가 한꺼번에 몰려왔다. 부디 수술이 잘 끝나서서, 빠른 쾌유를 두 손 모아 기도한다.

낙상으로 인한 노인들의 후유증은 내가 지난해 간접적으로 경험을 많이 해봐서, 얼마나 위험한지 알고 있다.

우리 가족 걱정은 마시고, 조심히 다녀오시라고 인사를 드리고 전화를 마무리했다.

나의 은사님과 사모님도 이제 낙상을 아주 조심하셔야 되는 연세가 되셨다. 어른들은 작은 낙상에도 뼈에 금이 가기 쉽고, 회복이 더디다. 두 분 모두 평소 등산도 많이 다니시고 운동도 많이 하시지만, 이런 날씨의 빙판길은 더욱 조심하셔야 된다.

그리고 보니, 처음 뵐 때가 40대쯤이셨으니, 지금의 내 나이셨던 은사님은 이제 60이 넘으셨고 흰머리도 많이 생기셨다. 퇴임 이후 강원도에서 여가 활동을 하시며, 항상 이야기하셨던 멋진 노인의 모습으로 행복하게 살고 계신다. 늘 언제나 전화하면 반갑게 맞아주시는 은사님이셔서, 가끔 연세가 드신다는 생각을 못 했다.

그런데, 어제 전화 한 통에 덜컥 걱정이 되었고, 두분에게도 낙상은 위험한 연세셨구나 생각이 들었다.

내 나이듦을 잊고 지내며, 교수님 연세를 잊고 지냈다. 소중한 사람들에 더 신경을 쓰고, 더 자주 안부 인사를 드려야겠다고 생각했다.

동네 한 바퀴

쌀쌀한 날씨이지만 동네 한 바퀴 산책을 다녀왔다. 겨울 속 이불속에서 빠져나오는 일은 어렵지만, 막상 집 밖으로 나오면 활기가 돈다.

찬바람 덕분에 잠도 금방 깨고, 몸도 빨리 적응하려고, 에너지를 많이 발산한다. 아침은 간단히 과일, 씨리얼을 먹고 점심도 좋아하는 음식을 먹으니, 식사 준비에 대한 부담이 줄었다.

매 끼니 대식구 식사를 차려내셨던 어머니가… 또 존경스럽다는 생각을 하며, 아침을 맞이했다. 찬물에 손을 담그시고 그 많은 쌀을 씻고, 나물을 다듬고… 정말 대단하시다. 옛날 겨울은 지금보다 더 매섭고, 아팠을 텐데….

어머니께 그때 참 고생 많으셨지요. 물어보면 오히려 그때가 좋았다고 말씀하신다. 고생은 했지만, 자식들 커가는 모습과 살림이 하나둘 일어나는 것들이 보여서 행복했었다고 말이다.

오늘도 동네 산책을 하며, 작은 야채 가게 앞에서 발길이 멈추었다. 우리 어머니처럼 이 추위에 하루도 빠지지 않으시고, 장사를 하신다.

바로 옆에 깨끗하게 진열된 상품들도 있지만, 꼭 필요한 것들은 여기서 사려고 노력한다. 덤도 많이 주시고, 인상도 참 좋으시다.

고된 삶을 살아오신 지금 이 시대 어르신들 모두 참 존경하고, 본받고 싶은 부분이 정말 많다.

특히, 강한 생활력으로 살림을 살아오신 어르신들의 삶의 지혜를 배우고 살고 싶다.

약속

살면서 많은 약속을 하면서 살아가게 된다. 친구와의 약속, 가족의 약속, 부부 사이의 약속 등… 수많은 약속을 하고, 그중에서는 개인 사정으로 지키지 못하는 약속이 생기거나, 연기되는 약속들도 생긴다.

그런데 가끔 거절을 잘하지 못해 약속을 하고, 그 약속을 지키지 못해… 서로 서운하거나 섭섭한 일들이 생겨나게 되는 경우도 있다.

어떻게 하면 깔끔하고, 서로 서운하지 않게 거절할 수 있을까 고민이 되었다. 주말 일정이 괜찮아서 어렵게 잡은 약속이지만… 가족들 간의 갑작스러운 일 때문에 내 개인적인 일정을 취소하는 경우가 생겼다.

결혼하기 전에는 그런 일들이 많지 않았지만… 결혼하고 나니 그런 일들이 종종 생겨났다. 아이들이 가장 큰 일인데… 아픈 아이를 두고 내 볼일을 보러 집 밖으로 나갈 수가 없었다.

지인분들에게는 정말 미안하지만… 나는 그랬다.

내 개인적인 일 때문에 아이들을 모른 척하고 집 밖으로 나갈 수가 없다. 내 삶에 가장 큰 부분이 되어버린 내 가족들… 그랬다.

엄마라는 존재는 한 번에 만들어지지 않는 것 같다.
차츰 엄마도 만들어지고, 다듬어지는 것 같다는 생각이 든다.
예전에 내 개인 스케줄이 가장 중요했다면.
이제는 내 아이들 시간이 가장 소중해졌다.

그렇게 나는 엄마가 되어간다.

엄마와 모닝 커피

아침에 그렇게 춥지 않아 오늘은 아침에 엄마와 함께 동네 커피숍에 와서 모닝 커피와 빵을 먹었다.
갓 구운 식빵은 그냥 먹어도 맛있기 때문에 아침 식사로는 그만이다.

우리 엄마는 딸이 사주는 음식은 모두 맛있다며 잘 드시는 편이었는데, 연세가 드시면서 양도 줄고 예전처럼 맛있게 음식을 드시는 경우가 많지는 않으시다.

아침에 가볍게 산책을 함께하고 마시는 유자차는 몸을 따뜻하게 하고, 살짝 추운 날씨는 상쾌한 기분이 들어서 집에만 계실 때보다는 컨디션이 좋아 보이셨다.

허리가 좋지 못하셔서 아이들이 사용하는 유모차를 살짝 의지해서 걸으시는데… 그래도 저렇게 잘 걸어다니시는 게 얼마나 다행인지 모른다. 엄마 연세에 고관절이나, 다리가 좋지 못하신 분들은 정말 하루하루 빠르게 연세 드시는 게 느껴진다.

내 두 발로 걸어다닐 때가 좋고, 내 두 손으로 음식을 내 의지대로 먹을 수 있음에 감사한다. 편찮으신 어르신들을 보면서, 부모님께 말 한마디로 따뜻하게 해야지 그렇게 다짐했었는데, 얼마 전에도 짜증을 내며 엄마에게 말했다.

세월이 가서 연로해진 엄마의 모습을 보며, 정다운 말을 하기에도 시간이 아까운데… 나는 왜 그랬을까 후회를 했다. 이번주말에는 지난주말에 못난 딸은 장농속 깊은곳에 넣어두고, 즐겁고 편안한 시간을 보내야겠다.

연세 드신 부모님 모습이 싫은 아직 작은 아이 같은 내가 마음속에서 불쑥 나올 때마다… 후회와 또 다른 다짐을 해본다.

짜파게티

딸아이가 짜파게티가 먹고 싶다고 해서, 매점에 판매하는 작은 짜파게티를 하나 사주었다. 오랜만에 나들이를 나온 오늘은 아침밥 대신 본인이 원하는 것으로 아침밥을 대신하였다.

오물조물 참 맛있게도 먹는데, 먹는 모습이 참 귀엽고 예쁘다. 밥을 먹여야 되나… 고민했는데 사주기를 잘한 것 같다. 한 끼 정도는 라면, 빵 다른 것으로 먹어도 괜찮은 것 같다.

친구 엄마를 보면 문구점에서 판매하는 불량식품으로 생각되는 간식이나 탕ㅇ루 같은 간식은 절대 사주지 않는다는데 나는 내가 불량식품을 좋아해서… 아이들에게도 간식 선택권을 주는 것으로 불량 엄마 이미지를 잠시 내려놓았다.

지나고보면 어릴 때 먹었던 달콤한 사탕이나 간식들이 맛보다는 추억을 회상할 때 좋은 것 같다.

친구들과 함께 나누어 먹었던 불량식품 속에서 우정은 싹트고, 까르르~~웃음도 더 해졌던 지난날 유년 시절이 떠오른다. 별일 아닌 일에도 울고, 웃고 했던 작았던 내 모습도 아른거린다.

오늘 아침 딸아이가 짜파게티 먹는 모습에서 내 어린 시절 추억 여행까지 다녀온 거 보면, 나도 정말 이제는 어른이 된 것 같은 기분이 든다. 어른들이 매번 내가 어릴 적에는 말이야~~라고 시작하는데… 내가 오늘 아침 딸아이에게 엄마 때는 말이야~~라고 했었다.

행복했던 유년 시절을 회상하며, 오늘은 나의 40대의 추억을 쌓아보려고 한다.

어머니

아버지 진료가 있어서, 부모님 두 분 모두 서울에 오셨다. 아침은 어제 내가 끓여둔 된장찌개와 방풍나물무침, 시금치로 맛있게 먹고, 아이들을 등교시키고… 집 근처 커피숍에서 차 한 잔을 했다.

부모님 두 분은 평생 동안 아파도 아프다는 이야기를 하지 않으셨다. 그저 괜찮다. 조금 쉬면 괜찮아진다는 말로 자식들의 걱정을 덜어주시려고 했다.

그런 반면, 나는 자랄 때 병치레가 많았다. 툭하면 감기에 걸려서 입원까지 할 정도로 상태가 나빠졌다.

소화기 계통에도 문제가 있었는지… 잘 토하고, 장염도 잘 걸렸다. 일이 많으셨던 어머니는 그런 나 때문에 잠도 잘 못 주무셨다.

지금 생각해보면, 진짜 힘드셨을 것이다. 새벽부터 일하시고, 그 사이 7식구 식사까지 챙기셨으니… 어머니의 손에서는 일이 떠나 있는 시간이 없었다.

그래도 그때가 좋았다고… 한 번씩 가장 혈기왕성했던 그 시절을 떠올리시는 어머니 입가에는 행복이 가득했다. 오늘 하루 너무 길었던 어머니의 하루에… 그저 별일없이 잘 지나간 게 감사할 뿐이다.

건강하세요. 라는 인사가 꼭 필요한 하루였다.

미용실

어머니와 우리 동네 미용실을 찾았다. 오랫동안 고향 미용실에서만 머리를 하셨던 어머니는 다른 미용사에게 이런저런 말씀을 나누신다.

머리 염색과 파마를 수시로 하시는 어머니에게 미용실은 아주 잠깐 누릴 수 있는 여유셨을 것이다. 5남매 어머니로 지내오신 어머니에게 읍내미용실을 간다는 것만으로도 잠깐은 설레셨을 것 같다.

생각해 보니, 어머니는 몇십 년 동안 뽀글뽀글 머리셨다. 아마, 관리하기 제일 편한 뽀글이 머리를 하신 것은 될 수 있으면, 미용실을 찾지 않으시려고 그냥 편하게 하셨던 스타일이셨을 것이다.

그럼에도 어머니에게 미용실은 잠깐의 자유시간을 누릴 수 있는 귀한 시간이셨고, 친구들의 안부를 물어볼 수 있는 시간이었을 것이다.

아버지도 동네 이발소를 다녀오시면, 기분이 좋다고 하셨다. 이발과 면도를 같이 해주시는 이발소와 동네 미용실은… 동네 사랑방이다.

그동안 자주 만나지 못했던 친구 어르신들의 안부를 여쭈어보고, 도란도란 이야기도 나누면서… 고단했던 농사일에서 잠시 벗어나셨다.

두 분에게 나를 위한 시간이 이렇게 없으셨겠구나… 생각하니 가슴이 저려온다. 나는 영화도 보고, 여행도 가고… 내 생활을 즐기고 있는데…. 파마를 하시는 모습이 참 예뻐보인다.

도너츠

　부모님께서 집으로 다시 내려가셨다. 며칠 동안, 우리 집에서 같이 지내시면서, 병원 진료도 다니시고 꽃구경도 하시면서 아이들과 즐겁게 지내다가 가셨다.

　검사 결과를 들으시러, 다시 오셔야 되지만 그 길에 두 분이 손을 꼭 잡고 함께 오시니… 그나마 다행이다. 어머니만 오시기에는 아버지가 걱정되시고, 아버지도 혼자 가시는 어머니가 걱정되시나 보다.

　체력이 좋은 나도, 집이 아닌 다른 곳에 지내면 불편한 것도 많고, 쉽게 지친다. 연로하신 부모님은 더 힘드실 것이다. 드넓은 농촌과는 다른 꽉 막힌 아파트 안에서만 지내시면, 답답하셨을 것이다.

　참새 같은 아이들이 있어서, 그 답답함을 조금은 참으셨을 것이다. 재잘재잘 웃는 아이들만 봐도 그저 좋으신 것 같았다.

　부모님을 정류장에 모셔다드리고, 나도 휴~~ 하고 한시름 놓았다. 아무래도 식사부터, 주무시는 것까지 챙기다 보니… 나도 나름 신경이 많이 쓰였나 보다.

  오랜만에 아이와 달달구리 도너츠를 먹으면서… 잠시 휴식을 취했다. 나를 위한 시간이 꼭 필요한 순간이다.
  주말 동안 아이들과 다시 신나게 지내려면, 체력 보충이 필요하다.

여행

  오랜만에 가족여행이 계획되어 있다. 가끔 가는 곳이라서 그런지… 편안한 마음으로 갈 수 있다.

  짐도 최소화하다 보니… 발걸음도 가볍다. 여행 준비는 하기 전부터 챙겨야 할 것들이 많아서, 이것저것 신경이 많이 쓰이는데… 이번 여행은 몸도 마음도 가볍다.

  아이들 옷만 챙기고, 간식은 그곳 무인 매점을 이용하기로 했다. 산 속에 위치한 숙소는 아침에 일어나면, 아침 공기가 참 좋아서 기분이 참 좋다.

아주 잠시지만, 숲속 집에서 사는 느낌이 든다. 도시 속 생활 소음 없이 오로지 우리 가족의 움직임 소리만 들리는 곳은… 내가 은퇴 후에 꿈꾸는 삶이다.

누구나 한 번쯤 생각하는 전원생활~쉽지는 않지만 어릴 때 보고 배운 것들이 있어서 그런지… 걱정은 없다.

나는 직접 몸으로 경험한 것은 잘 잊지 않는 장점이 있어서, 전기선 피복 벗기는 일이나 도끼질?을 할 수 있다. 그저 놀이 삼아 아버지가 하시는 것을 본 것뿐인데….

우리 아버지는 대부분의 집안일을 혼자 하는 편이셨다. 보일러 수리, 전기 수리, 용접, 집수리… 나는 세상에 아빠들은 다 그렇게 척척 잘 고치는 줄 알았다.

그런데, 어른이 되고 보니 당연히 할 줄 아는 게 아니고, 우리 아버지가 대단한 기술자셨다.

오늘처럼 여행을 가는 날에도 미리 차량 상태를 확인하고, 타이어를 한번 휙 보는 것도 아버지가 어디 멀리 가시기 전 세차를 하시고, 차량 점검을 하던 모습을 기억하는 것이다.

부모는 참 많은 영향력을 주는 사람이라서… 자식 앞에서도 뒤에서도 잘 지내야 하는 것 같다.

그런 부모가 되기 위해 나 또한 노력하고는 있지만, 쉽지는 않다. 그래도 노력해 보자. 기억에 남는 부모가 되기 위해…

결혼기념일

10년 전 어제, 아주 착하고 선한 남자와 결혼했다. 벚꽃이 날리고, 날씨가 화창해서 너무 행복했던 하루였다.

신혼여행을 제주도 한라산 트래킹으로 잡았기 때문에, 결혼식을 충분히 즐길 수 있었다. 지방에서 오셨던 어르신들과 지인들은 결혼식장 안에 있던 조경들이 멋지다며 참 좋아하셨다.

어제 일 같은 10년이 훅~~ 하고 지나버렸다. 아이들 아빠가 된 남편은 처음처럼 나랑 잘 지내주었다. 내가 힘든 시간을 보낼 때

말없이 아이들을 잘 돌보아주었고, 서툰 집안 살림이었지만… 열심히 해주었다.

크리스마스 때 창밖에서 보면, 모든 가정이 행복해보이지만… 대문을 열고 그 속에 들어가보면 가정마다 걱정과 고민이 있다. 그런 일들을 하나하나 함께 이겨내면서 가족은 단단해지는 것 같다.

벚꽃이 날리는 오늘도 10년 뒤에 생각해보면, 기억에 남는 하루가 될 것 같다. 특별한 이벤트는 없지만, 지금 이 순간 함께 먹는 순두부 한 상이, 평화롭다.

평범한 하루하루가 모여서, 1년, 10년 우리 가족의 히스토리가 완성될 것 같다. 행복은 이런 것이 아닐까….

가족들과 함께한 1박 2일 오늘을 기억하며….

운전

장거리 운전을 했더니, 온몸이 천근만근이다. 목욕탕에 가서 깨끗하게 씻고, 따뜻한 밥까지 먹으니… 잠이 솔솔 쏟아진다.

비가 오는 날 운전을 하면, 평소보다 2배는 더 힘들다. 그래도 보고 싶은 사람들을 만나고 오니, 피곤은 하지만 기분은 좋다.

짐 정리 끝내고 보니, 드린 선물보다 가져온 선물이 더 많았다. 차곡차곡 정리를 하고, 가져온 김밥을 점심으로 먹었다.

어른들이 주시는 것들은, 단순한 물건을 넘어서 더 챙겨서 보내주고 싶은 마음이 더 크다는 것을 알기에… 주신다고 하면, 고맙습니다. 하고 잘 챙겨서 가지고 왔다.

한동안은 곡식 걱정이 없을 만큼 많이 주셔서, 저장창고가 가득 찼다. 주신 정성과 사랑 덕분에, 빡빡한 서울 생활이 그나마 정스럽게 지낼 수 있는 힘이 되는 것 같다.

직장생활을 하면, 가끔은 숨이 턱하고 막히는 스트레스 상황이 온다. 그때마다, 부모님을 생각하면서~그래 이쯤이야 하면서 가볍게 넘기려고 한다.

처음부터 이렇게 되기는 힘들지만, 그렇게 연습을 하다 보니, 이제는 조금 알 것도 같다.
끝없는 스트레스 상황은 없다는 것을… 이 또한 지나가리라는 것을 알기에 오늘을 즐겁게 보내본다.

등교

매일 아침 비슷한 일들을 반복한다. 이불을 정리하고, 아침 식사를 간단히 준비하고, 아이들 등교 준비를 돕는다. 평일 아침은 5분 5분이 매우 중요해서, 나도 모르게 빨리 빨리를 달고 사는 것 같다.

내가 학교 다닐 때를 떠올려보니, 우리 엄마는 더 바쁘셨다. 아침 일도 더 많고, 옛날에는 도시락까지 가지고 가야 했으니, 정말 아침 시간은 전쟁이셨을 것이다.

도시락 반찬 투정을 하던 내 모습이 떠오른다. 그 시절 엄마는 무슨 정신으로 하루하루를 살아가셨을까…. 나는 아이들만 학교에 보내면, 그나마 자유시간인데 우리 엄마는 그 뒤에 일이 더 많으셨다.

식구들은 많아서, 반찬 두 배를 해야 하고 매일 매 끼니 많은 밥과 반찬을 혼자서 하셔야 했던 엄마는 정말 힘드셨을 것이다.

그럼에도 우리 어머니는 항상 웃으셨고, 아이들을 다그치거나 야단치는 법이 없으셨다. 지금도 손녀, 손자들에게 화를 내지 않으시고, 아이들 학교갈 때 웃는 얼굴로 보내라고 당부하신다.

오늘 아침에도 피곤한 마음도 들고, 귀찮은 마음에 등교를 혼자서 하라고 했더니, 뾰로통한 딸아이를 보았다.
잠시 모른 척하다가… 따라나섰더니 금세 환한 얼굴이다.

아이는 10분 남짓한 엄마와의 등교 시간이 참 좋은가보다. 그 시절 엄마가 부엌에서 요리하던 모습, 과자를 사오시던 모습들이 나에게 행복의 시간이었듯….

우리 아이들도 나랑 함께하는 등교 발걸음 수 만큼 행복한 기억이 쌓이길… 기도한다.

발목

　아침 일찍 집을 나서는 남편이 오늘따라, 늦은 출근 준비를 하길래… 봤더니 발목이 아파서 걷지는 못하겠다고 한다.

　지각이나 조퇴를 잘 하지 않은 남편 성격상 많이 아픈 것 같다. 걱정이 슬슬 된다. 며칠 전부터 발목이 좀 아프다고 했는데, 아이들 감기로 남편 발목은 챙기지 못했다.

　병원에 한번 가보라고… 말이라도 해 둘걸… 뒤늦은 후회를 해 본다. 성격상 살뜰하게 챙기는 걸 잘못하는 남편인데… 내가 말 한마디를 너무 아낀듯하다.

　병원에 데리고 가서 엑스레이를 찍어보고, 좀 쉴 수 있으면 좀 쉬는 게 답인 것 같기는 한데 직장 일 때문에 자유롭게 쉴 수 없는 남편이 또 안쓰럽다.

　새벽부터 많이 아파서 잠을 잘 못 잤다고 하니… 혼자서 끙끙 많이 아팠나 보다. 절뚝거리는 발을 하고, 정형외과에 왔다.

　온 김에 수액도 한 대 맞고, 오늘 하루 연차를 알차게 본인의 몸을 쉬게 하는 데 다 사용했으면 좋겠다.

일하느라 정작 본인의 몸은 잘 살피지 못한 남편이 오늘 따라 더 안쓰럽다.

엄마, 아빠는 아파도 무턱대고 아플 수가 없다. 꼭 내가 챙겨야 하는 아이들이 있고, 연로하신 부모님이 계시기 때문이다.

오늘 아침에도 내 손을 꼭 잡고 학교에 가는 아이의 모습에 기쁨을 받고, 행복을 느낀다.

남편의 발목이 별일 없기를 바라 보면서, 나는 오늘 더 힘을 내 본다. 아이들도 챙기고, 남편도 챙기려면 내가 활기차게 하루를 시작해야 된다.

우리 가정에 평온한 하루를 위해, 오늘도 화이팅!!!

은사님

어제 어버이날 나는 또 다른 나의 어버이에게 전화 한 통을 드렸다. 부모님과 시부모님… 그리고, 내 스승님이자 인생의 멘토이신 대학 지도 교수님이시다.

벌써 20년 넘게 인연을 이어오고 있으니, 내 인생의 큰 흐름을 함께 웃고, 울어주셨다. 큰 결정이 있을 때마다 고민해주셨고, 올바른 판단을 할 수 있도록 가이드해 주셨다.

그런 교수님이 계셔서 나는 지금까지 사회생활에 큰 어려움 없이 잘 지낼 수 있었다. 삶은 어디로 튈지 모르는 탁구공 같아서, 항상 신중한 결정이 필요하다.

그런데, 처음 당해보는 일들은 사실 어떤 것이 올바른 선택의 길인지 잘 모를 때가 많았다. 그럴 때마다 나는 늘 교수님께 연락을 드렸다.

내 성격, 내가 자라온 환경, 나의 강/약점을 잘 아시기에, 교수님은 항상 가장 최선의 선택이자, 내가 즐겁게 살아갈 수 있는 방향성을 제시해주셨다.

모리와 함께한 화요일에 나오는 스승과 제자처럼 나는 인생에 많은 경험들을 교수님과의 대화 속에서 사전에 습득할 수 있었다.

직업, 친구 관계, 진로, 노인관, 결혼관 여러가지 주제를 교수님은 참 친절하게, 내 눈높이에 맞추어서 말씀해주셨다.

20년이 지났지만, 나는 아직도 또렷하게 기억이 난다.
앞으로 살아갈 인생의 중반부도 나는 내가 가장 좋아하고, 의미 있고, 함께 할 수 있는 일을 향해 걸어갈 것이다.

미역국

아침 일찍 일어나서 우유가 절반인 라떼를 마셨다. 몇 달 전부터 진한 커피는 마시지 않고, 차 종류를 마셔서 그런지… 커피향이 더 진하게 다가온다.

커피 없이 시작하는 아침이 여러 날이 될수록 내 몸은 더 가벼워지고, 두통도 없어졌다.

그리고, 날카롭던 신경도 조금은 좋아진 것 같다. 피곤하고, 잠이 깨지 않는다고 마셨던 수많은 잔의 커피들이 오히려 내 몸을 더 피곤하게 하고, 더 잠들게 했던 것이다.

상쾌한 공기와 함께 부드러운 밀크티 한 잔이 오히려, 더 활기찬 하루를 시작할 수 있는 아침 루틴이 되었다.
습관처럼 마셨던 쓰디쓴 커피 대신 달콤한 차 한 잔이 나에게 또 다른 좋은 아침을 선사하고 있다.

오늘은 지인분이 해주시는 미역국으로 하루를 시작한다. 내가 한 음식보다 다른 사람의 손맛이 들어간 음식은 더 맛이 있다.

고소한 참기름 냄새가 온 집안에 진동한다. 참기름 냄새가 어머니를 생각나게 한다. 이른 아침 자식들을 위해 아침을 준비하시던 어머니는… 새벽 일을 하시고 바쁜 걸음으로 늘 아침 준비를 하셨다.

당연히 밥은 어머니가 하는 것으로 알고 지냈던, 내가 결혼을 하고 보니 그 밥을 매일 하는 것이 얼마나 힘든 일인지 알았다.

그래서, 어른이 되면서 식당에서든… 다른 집에서든 밥을 감사한 마음으로 먹게 된다.

부모님 같은 은사님

오늘은 스승의 날이다. 나의 스승님은 대학 시절부터 지금까지 내가 깜깜한 길을 갈 때면 길의 방향을 알려주셨다. 덕분에 나는 최선의 선택을 할 수 있었고, 지금까지 회사를 잘 다닐 수 있었다.

사회 초년생일 때 나는 모든 것이 힘들고, 서툴렀다. 그때마다 북극성처럼 반짝반짝 빛을 보여주신 교수님 덕분에 그 힘든 길을 뚜벅뚜벅 잘 걸어올 수 있었다.

그런 나는 벌써 20년 직장생활을 앞둔 사회인이 되었다. 월급을 받으면서 가장 좋았던 것은 가족들에게 내 돈으로 무엇인가를 살 수 있고, 매년 스승의 날에 교수님께 와이셔츠를 선물 할 수 있는 일이었다.

이제 퇴임하셔서 학교에서 와이셔츠를 입으실 일은 없지만, 와이셔츠 대신 좋아하시는 꿀과 예쁜 티를 사두었다. 교수님 댁에 사정이 생겨서 당분간은 찾아뵙지 못하지만, 내 마음은 항상 늘 감사하다.

그 마음을 아마 교수님, 사모님도 아실 것 같다. 마음은 한없이 어디든 갈 수 있어서, 오늘 스승의 날 직접 뵙지는 못하지만 제자가 스승을 존경하는 마음은 닿았을 것이다.

처음 전공수업을 들었을 때, 공부가 재미있었다. 교수님이 하시는 농담이 그렇게 재미있었다.
그때 전공책 귀퉁이에 농담들을 메모해두었다. 그 농담 덕분에 시험공부도 쉬웠다. 농담 부분이 생각나서, 답안지를 더 적을 수 있었다. 나는 그렇게 모범생처럼 학교를 열심히 다녔다.

고등학교 다닐 때도 학교가 재미있었는데, 대학도 너무 재미있었다. 기숙사에서 친구들과 밤새 수다를 하고, 학교에서는 조교 생활을 하면서 교수님과 수많은 인생 수업을 들었다.

해외연수도 아마 교수님 추천이 아니었으면, 생각도 못 했을 것이다. 더 넓은 곳에 가서 직접 보고 느끼고 오라고 하셨던 교수님 말씀 덕분에, 나는 미국으로 떠났다.

아직도 너무 생생한 나의 대학 생활… 행복한 기억이 너무 많다. 그 속에 교수님이 활짝 웃고 계신다.

과자

어릴 때 엄마가 장바구니 안에 가득 사오시던 과자가 참 반갑고, 좋았다. 지금은 과자를 잘 먹지 않은 나이가 되었지만… 그 시절 바삭바삭 과자는 너무 맛있었다.

아이들에게 과자를 사줄 때면 내 어린 시절이 떠오르고, 가끔은 그립기도 했다. 다시 돌아갈 수 없는 시간들이다.

학교를 마치고 알사탕을 입안 가득 물고 친구들과 하교할 때면 그렇게 좋았다. 핸드폰도 티브이 채널도 많지 않던 그 시절에는 친구들과 운동장에서 참 많이 놀았다.

엄마가 사먹지 말라고 했던 불량식품도 친구들과 같이 먹으면 꿀맛이었다. 걱정거리가 없었던 그 시절… 지금은 삶이라는 큰 터널을 통과 중이라… 가끔 걱정이 있지만, 그때는 내일은 뭐 하고 놀까가 가장 큰 고민이었다.

노는 게 고민이었던 그 시절… 땀을 흘리면서 운동장을 참 많이도 뛰어다녔다. 그리고, 과자 한 봉지도 친구들과 형제들과 같이 먹으면서 참 즐거웠다.

모든 것이 풍족한 이 시대지만, 그때 그 따뜻한 감성은 돌아오지 못할 것 같다. 오늘 이 아침 과자봉지를 보면서, 그 옛날 그 감성에 잠겨본다.

손

사람의 손은 많은 일들을 한다. 글을 쓰고, 요리를 하고, 사람들과 악수를 한다.

내가 적은 글은 사람들에게 위로를 주기도 하고, 잠시나마 행복을 주기도 한다. 손은 하는 일이 너무 많아서, 주름도 많이 생기고, 때로는 다치기도 한다.

우리 어머니 손도 상처가 많으시다. 자식들을 입히고, 먹이느라 정작 본인의 손은 돌보지 못하셨다.

바짝 마른 나뭇가지처럼 거친 손을 볼 때마다 마음이 아프다. 어머니의 손은 한순간도 쉬지 못하셨다. 항상 부엌에서 무엇인가를 만들고 계셨다.

50년 넘게 집안일을 하셨으니, 이제는 쉴 만도 하시지만 때마다 자식들에게 줄 김치와 반찬을 만드신다. 손에 물기가 마르는 일이 없으셨다.

내가 결혼을 하고 반찬을 해보니, 얼마나 힘든 일인가를 알게 되었다. 장을 보고 무겁게 집까지 들고 오고, 재료를 다듬고 씻기를 반복하는 일을… 매일 매 끼니 하는 것은 쉽지 않았다.

식구들이 잘 먹으면 다행인데, 반찬 투정이라도 하면 힘들게 만든 음식들을 보며, 힘도 빠지고 짜증도 날 때가 있었다.

내 손으로 만들고, 씻기고 치운 집안도 하루만 손이 가지 않으면, 금방 지저분해진다. 남편의 손도 도와주지만, 내 손을 꼭 거치는 일들이 많다.

식구가 많지 않은 우리 집도 이렇게 손 가는 일들이 많은데, 대식구였던 엄마 살림은… 너무 힘드셨을 것 같다.

그 긴 시간 동안 고생하신 어머니 손에 큰 박수와 감사를 보낸다. 손아… 고마워….

주말 아침

아침 준비를 하면서, 한두 가지 반찬을 후다닥 만들었다. 간단한 아침 준비지만, 가끔은 매일 반복되는 일이 하기 싫을 때가 있다.

친정엄마가 매일 해주시던 밥이 그립기도 하다. 반찬 투정을 하던 어린 딸이 어른이 되어 보니, 그 투정이 얼마나 엄마를 힘들게 했는지 알 것 같다.

매일 다른 반찬을 하는 것은 생각보다 쉽지 않았다. 그 전에 만든 반찬이 남아 있으면, 더욱 새로운 반찬을 많이 만들기가 망설여졌다.

아이들이 먹는 반찬량은 많지 않고, 남편이 야근이라도 하면 반찬이 많이 남았다. 내가 많이 먹어도 남으면, 아깝지만 버렸다.

반찬을 하다보면, 더욱 친정엄마 생각이 많이 난다. 나는 이정도 양도 힘들다고 투정부리는데, 우리 엄마는 한 끼니에 이보다 더 많은 밥과 반찬을 매일 매 끼니 하셨다.

어떨 때는 밥솥을 두 밥솥을 하셨다. 어묵 반찬도 기본이 두세

봉지를 뜯어서 요리하셨던 기억이 있다. 금방 무친 오이도 몇 개를 손질하셨는데, 한 끼에 모든 반찬이 동났다.

한창 자라나는 우리 오형제들이 한 끼에 먹는 양은 엄청났다. 그때는 다른 집도 이렇게 먹는 줄 알았다.
응답하라 1988에 나오는 덕선이 어머니께서 반찬 산을 쌓는 것처럼 우리 집도 접시마다 가득 반찬 산을 쌓았다.

지금 생각해 보니, 참 좋은 추억이 된다. 매일 저녁은 가족들끼리 둘러앉아 저녁밥을 같이 먹었다.

좋은 추억이 많이 생각나는 주말 아침이다.

컨디션

오늘 새벽에 일찍 일어났더니, 컨디션이 매우 좋지 못했다. 어제 오후에도 조금 무리한 일정을 했더니, 역시나 몸에 무리가 왔다.

온몸이 쑤시고, 머리가 지끈거린다. 어제 오후에는 조금 쉬었어야 했는데, 또 몸이 보내는 신호를 무시했다.

어제 저녁을 먹지 않았는데도, 배도 고프지 않고 머리만 띵하다. 오늘 해야 할 일이 있으니, 무턱대고 쉴 수도 없으니… 더 힘들어진다.

내 몸이 축 늘어질 때 그냥 푹 쉴 수 있으면 얼마나 좋을까 생각해본다. 아침에 해야 할 일을 억지로 한 뒤, 잠시 자리에 앉았다가, 잠시 누워있었다.

아침에 일어나면 다시 눕지는 않는데, 오늘은 몸이 천근만근이었다. 내가 돌봐야 하는 아이들이 있으니… 아파도 완전히 아플 수가 없다.

일찍 출근하는 남편이 오늘따라 밉기까지 하다. 오로지 이 일들은 내가 다 해야 된다는 생각에… 더 힘이 든다.
이럴 때 친정엄마가 가까이 계시면, 애들이라도 잠시 봐달라고… 부탁드려볼 수 있는데, 하는 아쉬움이 있다.

몸도 마음도 추스리고, 출근 준비를 해도 기분이 좋아지지가 않는다. 몸이 힘드니, 얼굴이 펴지지 않고 내 마음도 펴지지 않는다.

아프기 전에 내 몸을 제일 먼저 돌봐야 된다는 것을 또 잠시 잊었던 내가 싫다. 그렇게 다짐하고 또 다짐했는데….

오늘 하루는 다소 힘없는 하루가 예상된다.

생각

사람들마다 생각의 차이가 있다. 사회라는 공간에 살기 위해서는 이 생각의 차이를 잘 조율하고, 때로는 한 발짝 물러서는 법도 있어야 된다.

20대 때는 나는 한 발짝 물러서는 일이, 다소 비겁해보이고 경기에서 지는 것처럼 패배감이 들어서 싫었다.

어제 힘든 몸을 이끌고, 일을 하고 있는데 또 하나의 펀치가 날라왔다. 생각지도 못한 일이라 어이가 없었다.
내가 선의로 했던 일이 오히려, 나에게 독이 되어 돌아왔다.

괜히 도와줬다는 생각이 순간 들었다. 그리고, 혼자 쏙 빠져나가는 당사자가 참 얄미웠다. 일단, 알겠다는 말로 마무리는 지었지만… 집에 와서도 기분이 좋지는 않았다.

내 시간과 인맥으로 겨우 성사된 일을 다른 사람의 컴플레인 전화 한 마디로, 일을 번복시키는 모습이 참… 황당했다.

아마 내가 20대였으면, 그 자리에서 소리를 높이고 그렇게 일을 내버려두지 않았을 것이다. 그건, 내 이익 때문이 아니라, 나를 보고 부탁을 들어준 지인분의 마음 때문에 그대로 두고보지는 않았을 것이다.

그런데, 이제는 두고본다. 그래도 되더라…. 굳이 잘잘못을 따지는 일이 큰 에너지가 들어가고, 내가 더 고민이 많아진다는 것을 알기에 이제는 죽고 사는 문제가 아니면, 그냥 넘어간다.

시간이 지나면 굳이 따지지 않고 넘어갔던 일들이 제자리로 돌아오는 일들이 많았다. 그리고, 사람도 그렇다.
나랑 결이 다른 사람을 굳이 친해지지 않고, 또 굳이 적을 만들지는 않는다.

그냥 그냥 살다보면 이 또한 지나가더라

내가 40이 되면서, 조금씩 느끼는 감정이다.

소시지

현충일이라 오늘은 대부분의 학원은 쉰다. 딸아이 영어학원만 빼고 말이다. 공휴일 때마다 수업을 하시는 선생님을 보면서, 하루쯤은 쉬셔도 될 텐데… 하는 마음이 들었다.

오늘은 나도 쉬는 날이라, 어제 사둔 수제 소시지어묵을 꼬치에 끼워서 정성스럽게 후라이팬에 구웠다.

같이 수업을 듣는 친구들 소시지까지 굽다 보니, 아침 시간이 훅~ 지나가버렸다. 토마토 케찹과 요구르트, 커피를 챙겨서 후다닥 집을 나섰다.

10분 전 도착했는데, 이미 수업을 하고 계셨다. 그것도 9시부터… 보충이 필요한 친구들을 위해 한 시간 먼저 수업을 시작하셨다고 한다.

학원비를 내고 학원을 다니고 있지만, 이렇게 아이들 한명 한명을 지도하시는 선생님은 많지는 않을 것 같다.

아이가 어린이집 다닐 때부터 다녔으니, 몇년을 봐도 항상 아이들에 대한 열정이 넘치신다. 가끔 복도에서 숙제를 하지 않거나, 이유 없이 결석하는 아이와 부모님을 대하는 모습만 봐도… 영어 선생님의 진심이 느껴진다.

다소 심하다 싶을 정도로 아이를 혼내신다. 조목조목 다그치는 모습처럼 보이지만, 잘 들어보면 아이가 영어를 잘했으면 하는 선생님의 모습이 담겨있다.

나도 처음 면담을 할 때는 조금 당황했었다. 여느 학원 선생님 같은 편안한 대화는 보여지지 않았다. 아이에게 필요한 부분을 상세히 말씀해주셨고, 무엇보다 가르치는 선생님 스스로 아이들을 가르치는 자존감이 높으셨다.

높은 프라이드는 그 영향력이 멀리까지 간다. 그래서, 그 진심이 마음속까지 와닿는다.

아침 시간 조금 바빴지만, 선생님과 아이들을 위한 간식을 만들어드려야지 했던 생각은 정말 잘한 것 같다.

열정이 넘치는 선생님 덕분에 딸아이도 나도 좋은 기운을 나누어 받았다.

성경에 어느 말씀처럼 나도 선한 영향력을 멀리 흘려보낼 수 있는 삶을 살아야겠다. 부모가 되어보니, 학원 앞에서 일어나는 모습들이 그냥 스쳐 지나가지지 않는다. 우리 부모님도 그러셨겠지….

놀이터

요즘 아이들이 무섭다는 말이 무슨 말인지 알 것 같다. 남을 배려하는 모습이 없는 놀이터에서는 대꾸를 제대로 하지 않으면, 속상한 일이 생길 수 있다.

부모가 함께 있었으니, 큰일 없이 지나갔지만 우르르~ 몰려 다니는 고학년 아이들에게 아직 어린 초딩은 무서운 형아들일 뿐이다.

대부분의 아이들은 배려가 넘쳐나지만, 가끔 오늘처럼 배려가 부족한 아이들을 보고 있으면 만감이 교차한다.

　심한 말과 행동을 하는 아이에게 한마디 하고 싶은 마음이 크지만, 요즘 시대에 다른 집 아이에게 훈육하는 게 일반적이지는 않아서 망설여진다.

　심한 욕설을 하는 아이들에게는 아직 어린 동생들이 있으니, 예쁜 말을 하자고 좋은 말로 주의를 주지만 대놓고 양보와 배려가 없는 친구들은 어째야 되나 싶다.

　내가 자랄 때는 동네 어른들에게 공손히 인사하지 않았다고 부모님께 혼났고, 친구랑 싸워도 상대방 친구 부모님께 컴플레인을 하지 않았다.

　동네에서 심한 말과 행동을 어른들 앞에서 하는 친구들은 보기 힘들었다.

　아이들은 아이답게 밝고, 올바르게 자라나길 주변 어른들의 관심이 많이 필요할 것 같다. 내가 부모가 되어보니 보이는 것들이 많아졌다.

반찬

아침 일찍 엄마에게 전화가 왔다. 우리 집에 올 때 반찬을 무엇을 해갈지… 물어보신다. 2일이나 남았는데, 벌써부터 반찬을 준비하신다.

어제 저녁에 어느 산골에서 부모님을 모시고, 건강교육원을 운영하는 여사장님을 보았다.
평생 부모님께서 운영하시던 교육원이었는데, 어머니께서 편찮으시면서 딸이 그 일을 대신 하고 있었다.

평생을 산골에서 이웃도 없는 곳에서 지내셨던 두 분에게 그 교육원은 인생에 전부였을 것이다. 그런 곳을 점점 기억 못하시는 어머니를 바라보는 딸….

이제는 기억 저편에 어딘가에 있는 어머니와 나이가 들어가시는 아버지… 갑자기 그 딸의 입장이 되어보았다.

아직 학교에 들어가지 않은 손이 많이 가는 자녀가 두 명이나 있고, 10일 동안 교육원에 오시는 50여 명의 사람들 하루 3끼 식사 준비를 해야 된다.

도망가고 싶다.

그런 마음이 들었다. 모든 곳에 내 손, 내 힘이 들어가야 하는 곳… 매일매일 마음이 아프지만… 달리 내가 할 수 있는 일이 제한적인 곳….

어떡하지…라는 생각이 하루에도 수십 번 들 것 같았다.

어제 티브이 프로그램을 봐서일까… 오늘 아침 어머니의 반찬 전화가 이렇게 고마울 수가 없다. 무겁고, 힘드니까 하지마라는 말대신 구체적으로 먹고 싶은 반찬을 이야기했더니, 오히려 좋아하신다.

그렇게 오늘 아침을 어머니의 고마움으로 시작한다.

내 영원한 구세주

목에 이물감이 있더니, 나도 감기에 걸리고 말았다.
아이들이 감기에 걸리면, 나도 피로가 누적되어서 그런지 감기에 걸렸다.

눈에도 눈곱이 끼고, 몸도 욱씬욱씬 쑤신다. 심한 감기가 오기 전에 병원에 왔다.

오픈전부터 감기 환자들이 줄 서서 기다리고 있다. 열이 나는 환자들도 많고, 기침을 많이 하는 환자도 많다.

대기 53명… 요즘 어디를 가나 소아과는 대기가 길다.

아프지 않고 지내는 게 가장 큰 복이 된 것 같다. 약을 먹고 푹 자면 괜찮아지겠지만… 당장 해야 할 일이 있으니… 무턱대고 쉴 수만은 없다.

밥은 배달 음식을 먹더라도… 청소와 빨래….
오늘은 남편의 도움이 많이 필요한 순간이다.
친정 부모님도 진료 때문에 오전에 집으로 오시니… 몇 가지 반찬도 준비해본다.

나이가 들어갈수록 챙겨야 될 일들이 너무 많다. 20대 때는 내 한 몸만 잘 챙기면 되었는데… 이제는 내 손으로 해야 하는 일들이 많다.

오늘 하루는 내 손도 조금은 쉬게 하고, 남편 손과 친정어머니 손을 빌려본다.

어머니와 커피

어머니와 이른 아침 모닝 커피를 마시러 나왔다. 아침부터 햇살이 너무 뜨거웠다. 이런저런 이야기도 하고, 지나가는 사람들 옷차림을 이야기하다 보니 벌써 1시간이 지났다.

뜨거운 아침 시간을 보내고 나니, 살랑 불어오는 바람이 그렇게 반가울 수 없다.
차가운 커피 한 잔으로 시작하는 아침이 즐거웠다.

일할 때는 힘들지만, 가끔 이런 여유 덕분에 일할 때 에너지를 받는다. 고갈된 체력이 될 때에도 그래… 조금만 참아보자… 이번 고비만 넘겨보자… 스스로를 다잡아본다.

그럼 그 시간이 그렇게 지나간다.
참고 견디는 시간을 통해 사람은 성장해 간다.
그리고, 다음에 일어날 일을 예측하고, 대비해 나간다.

차가운 커피를 매일 그냥 마시면… 그 시원함과 고마움이 덜하겠지만… 지치고 힘들 때 마시는 커피 한 잔의 여유는 정말 고맙다.

그 고마움 덕분에 오늘을 보낼 수 있는 에너지를 받는다.

새벽 1시

새벽 1시 알람이 울리기 전부터 깨어있었다. 오늘 새벽 2시에 아버지 검사가 있어서, 어제부터 긴장하고 있었다.

혹시나 알람을 못 들어서… 검사에 차질이 생길까 봐 시간마다 깨고 확인했다. 어제 늦게까지 회사 일이 있어서 좀 힘들었는데, 오늘 새벽까지 내가 해야 될 일이 있다고 생각하니 별로 피곤하지 않았다.

조금 일찍 병원으로 가서 검사를 잘 받고 집으로 왔다. 컨디션 괜찮네~~ 속으로 생각했다. 그런데, 주차를 하고 집에 딱 들어오니, 그동안 쌓인 피로가 몰려온다. 많이 피곤하지만, 금방 잠이 오지 않을 것 같아서 빨래를 개고 캔맥주 하나를 오픈했다.

이 새벽 시간 정적을 깨는 소리… 48시간을 바쁘고, 긴장감 속에 보낸 나에게 그냥 시원한 맥주 한 캔 선물하고 싶었다.

냉장고에 딱 하나 있는 맥주… 마시든 마시지 않든…. 그냥 기분이 뿌듯하다. 일도 잘 되었고, 아버지 검사도 우여곡절이 있었지만 무사히 잘끝내서 다행이다.

아버지께 푹 주무시라는 인사로 어제 병원 검사를 가기 전 병원을 가니 마네… 아버지와 실랑이했던 일을 사과드렸다. 어른들은 병원을 참 가기 싫어하신다.

그저, 오늘 하루 모든 일과가 잘 끝난 걸 감사한다.

쪽잠

주말 아침 아이들을 데리고 소아과에 왔다. 집 근처에 소아과는 이미 접수 마감이라서, 거리는 있지만 오늘 진료가 가능한 곳으로 왔다.

기침을 하더니, 이제는 노란 콧물 상태가 심해지는 것 같아서 약을 더 처방받았다. 이제 아이들이 많이 자라서 그렇게 걱정이 되지는 않지만, 아이들이 아기였을 때는 열만 조금만 나도 걱정이 많이 되었다.

밥을 먹이고, 약을 먹으면 토하기가 일쑤였고 항생제로 인한 부작용도 있어서 아이들이 감기에 걸리면 며칠은 잠을 거의 못잤다.

그때는 힘들다… 는 생각이 절로 났다. 회사 업무도 해야 하는데, 아이들을 남편과 밤새 간호하다보면 서로 동지 의식을 느끼기도 했다.

시간을 정해서 쪽잠을 자면서 교대근무를 했던 그 시절… 오늘 그때가 생각났다.

우리 아이들보다 어린 아이들을 품속에 안고 오시는 부모님들을 보면서 우리도 저런 시절이 있었지 생각했다.

시간은 참 빨리도 간다.
하루는 그렇게 짧은 것 같았는데, 벌써 이렇게 많은 시간이 지났다.

얼마 지나지 않으면 또 이 시절을 그리워하고, 추억하겠지 생각했더니… 오늘이 하루가 감사하다.

지나가는 세월의 추억 속으로 오늘도 들어가보자.

부모는 다 해주고 싶다.

두바이 초콜릿이 인기라고, 마트마다 품절이라고 한다. 아이가 두바이 초콜릿 모형을 클레이로 만들어 보여준다. 이거 먹어보고 싶어 엄마….

혹시 몰라 편의점에 갔다가 두바이 초콜릿이 있는지 물어본다. 있다고, 하시면서 하나 꺼내주신다.
이렇게 반가울 수가….

재작년쯤에는 꼬부기 빵이 유행이더니… 올해는 한 번도 가보지 못한 두바이 초콜릿….

하교 후 집에 두바이 초콜릿이 있는 걸 보고 환하게 웃을 아이의 얼굴을 기대해본다.

아이들에게 반짝반짝 얼굴이 빛이 나는 순간들이 이런 순간들인 것 같다.

본인이 해보고 싶은 거, 먹고 싶은 것을 해보고 먹을 수 있는 기회를 많이 주어지게 하는 것이… 부모의 역할이지 않을까….

많은 시간을 들이지 않고, 큰 손이 들지 않으면 나는 대부분 아이들이 하고자하는 일들을 허용해준다. 중간에 하기 싫다고 하면 중단해도 된다고 한다.

그래서인지… 지금까지 무슨 일이든 스스르 알아서 잘하는 편이다. 학업뿐만이 아니라, 집안일 중 밥솥에 밥 푸기, 간단한 설거지도 할 줄 안다.

아직 어린아이들이니… 하고 싶은 것, 가고 싶은 것, 하나씩 이루는 작은 성공들이 많아졌으면 좋겠다.

고추장

　드디어 방학이다. 아침 일찍 아이들 등교 준비가 없으니 아침이 조금 여유가 있다. 사실상 딸만 방학인데 오늘은 아들의 방학식이다.

　커피 한 잔과 샌드위치로 아침을 대신했다. 남이 차려주는 밥이 제일 맛있다고 하는데, 정말 맞는 말이다.
　아무리 맛있는 반찬도 내가 직접 하면 냄새와 조리과정에서 입맛이 없어진다.

　오늘은 친정어머니가 오시는 날이다. 반찬을 무엇을 준비할까 고민이 된다. 콩나물무침은 어제 해두었고, 두부조림을 해볼까 생각해본다. 두부조림을 좋아하신다.

　들기름에 살짝 구워서, 고춧가루와 간장, 마늘을 넣어 양념을 만들어서 살짝 졸이면, 하루 이틀 반찬으로 그만이다. 여름에는 입맛이 없으니, 맛있는 반찬 하나를 잘 만들어두면 든든하다.

　또 다른 반찬은 새송이 버섯을 살짝 볶아서 간장을 조금 넣어 볶으면, 감칠맛이 좋아진다. 반찬들을 생각하다 보니, 비빔밥이 생각났다. 어머니가 보내주신 고추장에 비벼 먹으면 꿀맛일 것 같다.

야채 가게에 가서 비빔밥 재료를 사서 비벼 먹어야겠다. 계란후라이를 하고, 그 위에 참기름을 살짝 뿌려서 쓱쓱 비벼먹으면, 꿀맛이다.

옆에서 재잘재잘거리는 딸 덕분에 오늘은 이만 글을 적어야겠다.

소소한 일상

아침 바람이 더위를 잠시 주춤하게 해주었다. 어젯밤에도 많은 비가 내렸다. 창문을 닫지 않았으면, 비소리때문에 잠을 못 잘 정도였다.

밤새 내린 비 덕분인지… 오늘 아침 살짝 불어오는 바람이 조금은 시원한 것 같다.

엄마와 밀크티와 부드러운 빵을 먹고, 출근을 했다.
오늘 소소한 아침 일정이 엄마와 함께 차 한 잔 마시는 거였다.

매번 회사 업무 핑계를 대고, 출근하기 바빴는데… 오늘은 20분 남짓이었지만 엄마와 아이들을 데리고 차 한 잔 마시고 출근했다.

매일 반복되는 일상이지만, 이런 소소한 일상 덕분에 잠시 하늘도 보게 되고, 음악도 듣는 것 같다.
106.9 라디오에서 흘러나오는 대화 소리도 귀 기울이게 된다.

벌써 금요일… 이제 다음 주가 7월의 마지막 주다.
이렇게 24년 하반기가 훅~~ 지나가겠지 생각하니 아쉬워진다.
이렇게 덥다가도… 금방 찬바람이 불겠지….

우산

올해는 유난히 비가 많이 내리는 것 같다. 오후에도 양동이로 쏟는 것처럼 비가 많이 내려서, 우산을 가지고 가지 않은 큰아이에게 전화했다.

엄마가 갈 테니 학원에 그대로 있으라고 했다. 쏟아지는 비는 대책이 없다. 그저 잠시 지나가게 두는 것밖에….

금방 그치는 비는 아니지만, 계속 내릴 비는 아니라는 걸 알기에… 잠시 여유를 가지고 기다렸다.

삶에도 이런 순간들이 있다. 몰아치듯 나쁜 일들이 오지만, 계속 나쁜 일들이 일어나지는 않는다.

언젠가는 그칠 비처럼… 나쁜 일 다음에는 좋은 일들이 온다. 그래서 삶을 계속 살아가는 것 같다.
행복한 삶이란, 이런 오르막 내리막을 잘 관리하면서 살아가는 것이 아닐까…

쉼 없이 이어지는 삶 속에서 예기치 못한 시련 때문에 힘들어 하기보다는… 잠시 쉬어가라는 거구나… 하고 생각해본다. 그래 좀 쉬자… 생각을 한 뒤 바로 행동으로 방바닥에 대자로 누워본다.

잠시 방바닥에 모든 내 신경을 쉬게 하면, 10분만 쉬어도 금방 컨디션이 회복되는 걸 느낀다.

그럼 그 다음 일정을 더 잘 보낼 수 있다.

그래… 잠시 쉬어가는 거야, 다시 일어나기 위해서….

오락가락 내리는 비 덕분에 잠시 쉬면서, 그 옛날 우리 어머니께서 우산을 가지고 학교로 오셨던 추억을 떠올려 본다.

병

엄마는 아파도 푹 쉴 수가 없다. 꼭 해야 하는 집안일이 많고, 아이들을 보살펴야 된다. 본인의 식사는 잘 못 챙기지만, 아이들 밥은 꼭 해야 된다.

잠깐 쉬면 될 텐데, 그 잠깐의 시간을 갖는 게 쉽지는 않다. 혼자서 조용히 쉬면, 금방 괜찮아질 컨디션인데도 잠시 쉰다는 게 쉽지가 않다.

가끔은 엄마도 쉬고 싶다.

그리고 혼자 있고 싶다.

우리 엄마도 그랬겠지… 새삼 한평생 가족을 위해 살아오신 어머니의 헌신이 얼마나 힘드셨을지… 깨닫게 된다.

지금보다 더 열악한 환경에서 살림과 육아를 했으니… 그 고생은 보지 않아도 느껴진다.

청춘이 가정과 함께 흘러가고 있다.

분명 그 시간들 사이에 혼자만의 시간의 시간이 필요했을 텐데… 지나간 시간들이 아쉽고, 또 아쉬웠을 것이다.

40대가 되고 보니… 지나가는 시간이 조금씩 아쉬워진다. 시간이 더 지나면… 더 아쉬워질 시간들….

장례식

삶은 시작과 끝이 있는 것 같다. 얼마 전 친척분이 하늘나라로 가셨다. 조문을 하고, 다음날 발인과 추모공원을 다녀오면서 많은 생각을 했다.

커다란 버스에 가족들과 친지들을 태우고, 고인은 운구차에 타서 추모공원까지 이동했다. 뒤를 따르면서… 참 많은 생각을 했다.

태어나는 순간부터 죽는 그 순간까지… 삶은 참 과정이 많다. 아기가 태어나면, 검사를 진행하고 퇴원해서 집에 가는 순간까지 많은 절차들이 있다.

죽음의 순간에도 많은 절차들이 있었다. 그사이에 고인의 가족들의 슬픔도 함께 있다.

나도 모르게 눈시울이 붉어졌다. 고인과 자주 뵙던 사이는 아니였지만… 그 가족들의 눈물에 나도 눈물이 났다.

평생 어떻게 살아오셨는지… 자손들은 어찌 지내는지… 3일 장례 기간 동안 참 많은 이야기들이 오고 갔다.

　삶은 매일 많은 것이 바뀌고 힘든 순간들도 많다. 때로는 화나는 일들도 많고, 슬픈 일들도 많다. 이런 순간을 함께 하던 가족이 하루 아침에 하늘나라로 간다면… 너무 허망하고 슬프다.

　조잘조잘 이야기도 나눌 수 있고, 때로는 의견이 나눠지더라도… 삶은 함께할 때 소중하다.
　하루하루 행복한 추억을 소소하게 만들어 나갈 수 있는 추억들을 만들어보자.

우리 엄마

　우리 엄마는 낙천적인 성격이시다. 평생 화를 내보신 적이 손에 꼽을 정도이다. 아이 5명을 키우면서도 큰 소리 한 번 내시지않고, 매도 들지 않으셨다.

　내가 아이를 낳고, 키우다 보니 아이에게 큰소리 내지 않는 건

불가능한 일이었다. 하지 말라는 행동을 두세 번 했는데도 듣는 둥 마는 둥 하거나, 계속해서 같은 행동을 하는 것을 보면 나도 모르게 큰소리가 나온다.

엄마가 손자, 손녀들에게 하시는 걸 보면, 내가 자랄 때 어떻게 자라왔는지 알 수 있을 것 같다.
일도 많고, 살림도 해야 하는 상황에서 몸까지 힘들면 만사가 귀찮은 날들도 많았을 것이다.

나도 그런 날들이 많았다. 몸살이라도 나면, 그냥 조용히 방에서 하루 푹 쉬고 싶었는데… 그러지 못했다.

챙겨야 하는 아이들과 집안일들이 있으니… 마음 놓고 쉬지 못했다. 쉬지 못하니 금방 낳을 몸살도 며칠을 아팠다.

오늘 아침에도 피곤한 몸을 이끄시고, 손자 손녀들을 챙기시는 어머니를 보면서… 많은 생각이 들었다.
아침 식사를 하실 때도 아이들을 입에 밥을 먼저 먹이고, 식사를 하셨다. 아무리 먼저 식사를 하라고 하셔도… 아이들 식사가 끝나기 전까지는 식사를 하지 않으셨다.

아마 평생 자식 5명을 먹이고, 기르고 하셨던 습관이 있으시니… 본인의 안위보다는 자식들 배부름을 먼저 챙기셨다.

그런 어머니 모습에 오늘도 마음이 짠해진다.

약

일요일 오후… 병원에 왔다. 아이들이 장염과 기관지염이 있다고 한다. 둘째는 벌써 감기약을 먹은지… 조금 오래되었는데도 증상이 완전히 없어지지 않는다.

감기 환자가 많아서, 병원에는 사람이 너무 많았다. 아픈 아이가 기다리기에 더 힘이 들었다. 아픈 아이들과 부모들로 병원 의자가 부족했다.

기침하는 아이들, 열이 나는 아이들, 우리 아이처럼 배가 아파오는 아이들… 그 사이로 아이들 병간호에 지쳐보이는 아이들 부모들이 눈에 들어온다.

이제 우리 아이들은 열이 나도 내가 그렇게 당황하지는 않는다. 토하거나, 설사증세가 있어도 어떻게 대처해야 하는지 방법을 알기에… 당황하거나 큰 걱정이 없다.

나도 초보 엄마일 때는 아이가 미열만 나도 온 신경을 곤두세우고, 신경이 날카로웠다. 그리고, 어쩔 줄 몰라 할 때도 있었다.

둘째가 토한다는 연락을 받고, 어린이집에 갔을 때의 일이다. 허둥지둥대는 나를 보고… 4살도 안 된 큰 아이가… 말했다.

엄마~~~ 나는 괜찮으니, 천천히 해… 동생 병원부터 가고 약 먹으면 괜찮아질 거라고… 오히려 나를 진정시키고, 위로해주었다.

지금 생각해보아도… 그 작은 아이가 어찌 그런 생각을 하고, 그런 말을 했는지… 신기하다.

요즘도 큰아이는 내가 생각지도 못한 말과 행동으로 부모인 나를 위로할 때가 있다. 친구처럼 말이다.

친구 같은 모녀 사이… 맞는 말이다. 투닥거릴 때도 있지만, 내 좋은 친구가 내 딸이다. 어느새 커서 이제는 더 뚜렷한 자기 의견을 설득하는 아이로 성장했다. 나도 어릴 때 엄마 손을 잡고 병원을 가고, 주사를 맞던 기억이 난다. 빨리 장염 괜찮아져서… 우리

투덜거리자.

어머니 손

한숨이 나온다. 날씨도 덥지만… 어제 오늘 집에 일이 너무 많다. 내가 해야 하는 일들도 많고, 아이들도 감기와 장염으로 아프다.

괜찮겠지… 금방 좋아질 거라고 생각했는데, 큰아이는 잘 먹지도 못하고, 물도 겨우 마신다. 활달하기 그지없는 아이인데, 하루 만에… 볼살이 쏙 빠져버렸다.

곧 개학인데, 이렇게 아프면 학교는 갈 수 있을지… 벌써부터 걱정이 된다. 장염 증세가 심해, 아무것도 먹지 못하고 누워만 있는 아이를 보고 있으니… 미안해진다.

집에서 집밥을 먹었으면, 괜찮았을 텐데… 무더위에 개학 전 아이들을 위한 짧은 계곡 여행이 이렇게 될 줄 몰랐다.

아직 면역력이 약한 아이일 텐데… 많이 신경 써주지 못한 것에 너무 미안하다.

 방학 동안 많이 못 놀아주었는데, 아프기까지 하니… 더 미안하고, 또 미안하다.

 아이들이 아프거나 다치면, 내가 잘못해서 그런 것 같아… 마음이 아프다. 아이들이 태어나면서, 수없이 많이 겪어온 일인 데도… 가끔은 나도 적응이 되지 않는다.

 어떻게 해야 할지… 나도 가끔 방향을 잃는다. 잠을 자는 둥 마는 둥 하니… 나도 체력적으로 힘이 든다.
 이럴 때 친정어머니가 생각난다.
 엄마가 계시면… 아이들을 두고 회사 일을 해도 마음이 좀 놓인다.

 연로하신 어머니 손이 그리운 오늘이다.

칼국수

　엄마랑 칼국수를 먹으러 갔었다. 맛집답게 메뉴는 2개밖에 없는 아주 소박한 식당이었다. 칼국수 하나, 콩국수 하나를 시켜서 아주 맛있게 먹었다.

　열무김치가 아주 맛있어서, 판매용 김치 한 통을 사서 집으로 왔다. 날씨도 덥고, 피곤했는데 시원한 콩국수 한 그릇에 피로가 조금 없어졌다.

　시원하게 콩국수 한 그릇을 먹었더니… 그동안 쌓였던 피로가 한꺼번에 밀려왔다. 몸이 천근만근이다.
　눈꺼풀이 무겁다는 말이 무슨 말인지 알 것 같다.

　하루하루 조금씩 쌓인 피로를 금방 없앨 수는 없지만, 이렇게 작은 휴식으로 잠시 여유를 가져본다.
　친정어머니 덕분에 아이들 식사가 풍족해졌다.

　다른 것보다 내 마음이 편해졌다.

　큰아이도 오늘은 학교를 조퇴하지 않고 끝까지 수업을 듣나 보다. 어제처럼 조퇴하겠다는 연락이 없다.

평범한 일상이 이렇게 좋은 거구나… 다시 한번 생각하게 된다.

학교 갈 시간에 학교를 가고, 차려진 밥을 잘 먹는 것이 얼마나 감사한 일인가… 다시 한번 느낀다.

오후에는 바람이 많이 불어서, 그나마 덜 더운 것 같다. 나무가 흔들릴 정도로 바람이 불고 있다. 이 바람에 올해 더위도 지나갔으면 좋겠다.

온기

아침에 이불속에서 10분 정도 아이와 뒹굴뒹굴거렸다. 잠은 깨었으나… 아주 잠시 부드러운 이불 촉감과 따뜻한 아이의 체온에 아침이 더 행복해졌다.

이불을 박차고, 바로 일어났으면 아마 딸아이와의 이런 소소한 행복을 지나쳤을 것이다. 아침 시간 아주 잠깐의 시간이 하루를 행복하게 보낼 수 있는 원동력을 만들어준다.

그 힘은 아이들이 학교 생활, 친구 사이에서 힘들 때 큰 힘을 발휘할 것이다. 나 또한 그런 경험이 있다.

우리 어머니는 손 잡는 것을 좋아하신다. 아마 많은 자식들을 낳고 기르시고, 손녀, 손자들도 양육을 하시면서 자연스럽게 생기신 습관이신 듯하다.

지금도 내 손을 꼭 잡으시고, 주무실 때도 무의식에 아이들 손을 꼭 잡고 주무신다.

이렇게 비가 내리는 날에도 어머니는 손을 꼭 잡고 우산 쓰고 나가시는 것을 좋아하신다. 또닥또닥 빗소리가 자장가처럼 들리신다고… 아마 비가 내리는 날은 집안일도 잠시 쉴 수 있으시니… 비 오는 걸 좋아하실 수도 있겠다 싶었다.

나도 비오는 걸 참 좋아한다.
잠도 푹 자고, 아이들과 좋은 아침을 시작한 오늘….
행복한 하루를 잘 만들어보자.

나도 아기였지

　오늘보다 내일이 더 기대되는 하루하루를 살고 있는가… 몇 달 체력적으로 힘이 들어서 그런지… 날씨 때문인지… 아님 일 때문인지… 자꾸 무기력해지고, 힘이 많이 들었다.

　오늘 아침 잠깐 밖으로 나와 정말 가을바람 같은 가을 바람을 맞으며… 아 ~~너무 시원하고 좋다.

　바람 덕분에 아침이 너무 상쾌하다고 생각되었다. 어제는 잠을 푹 잤다. 아이들과 함께 자다보면… 이리저리 치이다 보니… 숙면을 못 잘 때가 많았다.

　특히, 아이들이 아프기라도 하면 며칠은 밤을 꼬박 지새운다. 그럴 때면… 많은 생각이 든다.

　오늘보다 내일이 더 예쁜 아이들 모습이지만… 아기였을 때 아이들 모습이 그리울 때도 있다.
　작은 몸에서 어떻게 그런 큰소리가 나오는지… 꺄꺄~~~ 말을 배울 때 내는 목소리가 너무 귀엽다.

지금은 말을 너무 잘해서, 가끔 내가 당황할 때도 있고 어떤 대답을 해줘야 되나… 망설일 때도 있다.

그리고, 아이들이 말하는 내용을 곰곰 생각하면, 내가 고칠 점도, 배울 점도 많다. 어느새 저렇게 자랐는지 신기하다.

아이들이 쑥쑥 잘 자라길 바라지만… 이 모습이 또 그리울 때가 올까 봐 벌써부터 섭섭해진다. 지금 이 순간 아이들의 모습을 잘 기억하는 수밖에… 항상 우리 어머니께서 추억을 이야기하시는 것처럼 나도 그럴 것 같다.

어제보다 더 행복한 오늘을 위해…;

은사님은 사회 속 부모

즐거운 금요일 아침이다. 선선한 바람까지 불어오니, 더 기분이 상쾌해진다. 어제 근처 빵집 외부 테이블에 식탁보가 깔린 것을 보고, 집에도 식탁보를 깔려고 준비해두었다.

여름에는 시원한 식탁보가 좋지만, 선선해지는 이 가을, 가을 느낌 나는 식탁보 하나만으로 집안 분위기가 달라질 것이다.

나의 은사님 댁에도 예쁜 식탁보가 반듯하게 세팅되어 있었다. 너무 예쁜 식탁보라고 말씀드렸더니, 몇십 년 전 미국 유학 시절 딸이 덮었던 이불을 수선해서 직접 만드셨다고 한다.

솜씨도 대단하시지만… 나처럼 물건을 험하게 사용하는 사람에게 몇십 년을 가지고 있을 물건이 있다는 것도 존경스러웠다.

평생을 절약과 겸손… 차분함으로 살아오신 두 은사님을 존경한다. 매번 뵐 때마다, 나도 저렇게 나이 들어 가야지… 다짐을 다짐을 하지만 쉽지 않다.

문득, 식탁보를 보니 예전 생각이 잠긴다.
이런 가을날… 교정 산책을 참 좋아했던 나였다.
바스락거리는 낙엽을 지나치고, 친구들과 진로 이야기를 하면서 교정 의자에 한참을 앉아 있었다.

이제는 너무 멀리 지나버린 시간들이지만… 기억은 많이 난다. 그리고, 가끔 그 시간들이 그립다.

다시는 돌아오질 않을 내 청춘의 20대….
아마 먼 훗날… 지금의 40대인 나를 그리워하는 것처럼….

사람들은 눈에 보이는 것보다 눈에 보이지 않는 것에 가끔 큰 가치를 부여하고, 전전긍긍할 때가 있다.

나 또한… 세상 쓸데없는 걱정을 할 때가 있다.

눈앞에 보이는 작고 소중한 일상의 기쁨… 오늘처럼 예쁜 식탁보를 보면서 행복을 만끽해본다.

동물원

아이들과 실내동물원에 다녀왔다. 주말에는 집에만 있기보다는 밖으로 나들이를 많이 다닌다. 선선해진 날씨 덕분에 나들이 다니기가 편해졌다.

더운 날씨 때문에 조금만 움직여도 주룩주룩 땀이 흘러서… 많이 활동하기가 힘들었었다.

  이제는 아침저녁으로 선선해진 바람 덕분에 어디든… 외출하기가 좋아졌다.

  추운 겨울이 오기 전까지는 부지런히 아이들과 외부 활동을 많이 할 생각이다. 집에만 있으면, 아이들도 어른들도 심심할 때가 있는데, 집 밖은 놀이터도 있고, 마트 구경도 가고… 돌아다닐 때가 참 많다.

  요즘 지어진 놀이터는 놀이기구도 다양해서 1~2시간은 금방 지나갈 정도로, 재미있는 놀이기구들이 많다.
  아이들이 많은 동네라서, 놀이터 어디를 가든… 아이들 웃음소리가 끊이지 않는다.

  한바탕 신나게 놀고 집으로 돌아오면, 아이들은 밥도 잘 먹고, 저녁에 잠도 푹 잔다.
  컨디션이 좋으니… 투정도 줄어들게 되니, 덩달아 숙제도 알아서 잘 하게 된다.

  결국은 아이들은 신나게 하고 싶은 놀이를 할 때 가장 행복하고, 먹는 것부터 취침까지 순조로워진다.

내가 어릴 때를 생각해보아도 그렇다.

어머니가 밥 먹어라… 자야지… 하지 않아도 배가 고파서, 저녁밥을 신나게 먹고, 초저녁이 지나면 이불속에 들어가서 어느 순간 잠들어버렸다.

그 많은 시간들을 핸드폰도, 게임기도 없이 참 즐겁게 보냈다. 자연 속에서 보냈던 내 유년 시절을 생각하니… 웃음이 나온다.

오늘처럼 식물원, 동물원에 가지 않아도, 동물들을 흔히 볼 수 있었고, 수많은 식물들이 나와 친구가 되었다.

우리 아이들에게도 그런 환경을 마련해주고 싶은데… 쉽지는 않다. 자주자주 오늘처럼 이렇게 나들이를 많이 다녀야겠다. 다음에는 부모님과 함께 와야겠다.

목욕탕

어릴 적 어머니 손에 이끌려, 동네 목욕탕에 갔었다. 뜨거운 물에 들어가서, 몸을 담그고 있으면… 어릴적이었지만… 참 좋다는 생각이 들었다.

동네 친구들이라도 만나면, 그곳은 목욕탕이 아니라 워터파크가 되었다. 참 좋은 기억이 많은 목욕탕 풍경이다.

박박 미는 때는 너무 아팠지만… 목욕 후 바르는 로션은 참 부드럽고 냄새가 좋았다.

그리고, 목욕탕을 나오면서 마시는 바나나 우유는 세상 제일 맛있는 우유였다. 노오란 바나나 우유는 그 달콤함 덕분에… 목욕하면서 떨어진 체력을 한 번에 올려주었다.

지금은 목욕탕 안에서 여러가지 음료들을 많이 팔지만… 그 시절에는 바나나 우유가 독보적이었다.

어머니 손을 잡고 목욕탕을 가던 나는 어느새 딸아이 손을 꼭 잡고 목욕탕을 다니고 있다.
고사리손으로 내 등도 열심히 밀어주는 딸을 보면서… 언제 이렇게 자랐지… 다시 한번 놀라게 된다.

참 예쁘다. 뽀송뽀송 씻은 딸의 얼굴은 한여름 복숭아처럼 솜털이 보송보송 있는 것 같다.

티 하나 없이 맑은 얼굴과 똘망똘망 눈을 바라보니… 절로 웃음이 난다.

목욕하는 걸 좋아하는 나는… 자주 딸이랑 목욕탕에 간다. 냉탕에서 서로를 꼭 안고 있으면… 냉탕 물이 조금은 덜 차가운 느낌을 받는다.

다음 주 어머니가 진료로 집에 오신다. 어머니와도 목욕탕을 와야겠다. 두 손 꼭 잡고….

가족여행

가족여행 계획을 세우고 있다. 인원이 많아서, 숙소와 이동편을 잘 생각해야 된다. 아이들과 부모님은 이동 거리와 동선, 식사가 중요해서… 이번에는 미리미리 여러가지로 계획을 세워보았다.

밖에서 먹는 음식이 맛있고, 편하기는 하지만… 매 끼니 밥을 사먹을 수는 없어서… 밥을 해먹는 방향으로 언니들과 의견을 조율했다.

몇 년 전에 여행갔을 때는 모두가 편한 것이 외식이 아닌가 생각했었다. 그런데, 식구가 많아지고… 아이들이 외부 음식을 먹고, 탈이 나는 것을 보고… 아차 싶었다.

얼마 전 딸아이도 외부 음식을 먹고, 크게 아팠던 것을 보고… 이번 여행은 될 수 있으면 밥은 해먹고… 놀이 시설을 많이 가야겠다고 생각했다.

부모님과 아이들… 어른들… 각자 취향이 다르니… 다같이 꼭 움직이기 보다는 각자, 또 같이 움직이는 방향을 선택했다.

부모님은 하루 1~2개 일정을 소요하고, 온천탕으로 마무리하는 일정이고, 아이들은 체험과 관람 위주로 일정을 하고… 물놀이로 하루를 마무리하는 것으로 계획을 잡았다.

나머지 어른들은 본인하고 싶은 것들 일정에 맞게… 각자 구경하는 자유여행을 선택했다.

체력도 모두 다르고, 흥미도 다 다르니… 모든 사람들을 한 번에 충족할 수 없으니… 이번 여행은 각자 재미있고, 즐겁게 쉬다 오는 것이다.

나도… 노을이 지는 바다를 바라보면서… 커피 한잔하고 싶다.

결국

결국 버럭 하고 말았다. 오늘 아침은 비가 와서 그런 건지… 어제 조금 늦게 잠들어서 그런 건지… 아이들이 아침부터 컨디션이 좋지 못했다.

툴툴대는 아침 등교 준비를 잘 타일렀는데, 결국 등굣길에… 버럭하고 말았다. 하루 중 아침 기분이 하루를 좌우한다는 것은 어른이나, 아이나 비슷할 것이다.

매일 참새 방앗간처럼 가는 문방구 방문도 오늘만큼은 시큰둥하다. 간식을 몇 개 사고, 등굣길을 함께 한다.

출근하기 전에 아이들 등교는 될 수 있으면 함께 동행해주려고 노력 중이다.

무거운 가방도 들어주고, 이런저런 이야기도 하면서… 신나게 학교에 간다. 내가 학교 다닐 때 늘 바쁘신 부모님은 등굣길을 함께 하실 수 없었다.

엄마 손을 잡고 등교하던 아이들이 조금 부럽기도 했다. 아이들 보드라운 손을 잡고… 학교를 가다보면 나도 학교를 가는 것 같아서, 가끔 설렐 때도 있다

즐거웠던 등굣길이 오늘은 눈이 찍 올라간 아이 모습에 나도 화를 냈지만… 그래도… 교문 앞에서 극적으로 차가운 물을 나눠마시면서 화해했다.

화를 낸 내가 먼저 사과했다. 그랬더니 아이도 손을 흔들며… 화답한다. 그래 아침 등교 전쟁이라고 하는 말이 그냥 나왔겠는가… 오늘도 그래도 잘 해결되었다.

부모 자식 사이에도 미안하다. 내가 잘못한 것 같아… 이런 말들이 굉장히 중요한 것 같다. 아이한테 내 잘못을 인정하고, 최대한 빨리 미안하다고… 이야기하는 것…. 연습이 필요하다.

비오는 목요일… 아침부터 작은 이슈가 있었지만 서로 조금씩

양보해서 잘 해결되었다.

병원 진료

어머니를 모시고 아산병원 진료를 받으러 왔다. 명절 전이지만, 병원에는 사람들이 많았다. 아픈 사람들이 이렇게 많을까… 싶을 정도로 각 진료과마다 사람들이 진료대기를 하고 있었다.

몇 주 전 검사받은 결과를 들으러 온 오늘은 조금 일찍 병원에 도착해서, 혈압을 재고 몸무게도 측정하였다.

먼 거리를 서울까지 오는 것도 힘들어하시고, 아침 일찍 진료로 인해 챙겨야 될 것도 많지만… 어머니는 한 번도 불평하신 적이 없으셨다.

주사 치료는 조금 아플 수도 있다는 아픈 것보다, 주사 비용이 더 걱정이셨다. 자식 5명을 낳고 기르시면서, 정작 본인의 몸은 잘 돌보지 못하셨을 테니… 몸이 편찮으신 게 그리 이상한 일도 아닐

것이다.

100세 시대를 살고 있는 이 시대… 치료를 잘 받아서서 올해는 경복궁 야간 개장에 모시고 가고 싶다.

아기

가끔 출출할 때 소시지를 편의점에서 사서 먹었다.
내가 맛있게 먹으니, 아이도 한 입 먹고 싶다고 한다.
조잘조잘 맛 평가를 하는 아이를 보니, 절로 웃음이 난다.

매운 것, 뜨거운 것도 잘 먹는 아이들을 보면서 이제는 아기가 아니라는 것을 느낀다. 언제 저렇게 자랐지… 발도 커지고, 손도 자란 것을 보면서… 가끔 깜짝 놀란다.

어느새 훌쩍 자라있다는 말이 정말 맞는 말이다.
정말 콩나물 시루에서 자라는 콩나물처럼 쑥쑥 자라있다.
내가 마시는 커피도 마셔보고 싶다고 해서 한 모금 준다. 쓴 커피가 맛있지 않으니… 인상을 팍 쓴다. 그 모습도 귀엽다. 하루하루 아기에서 어린이, 청소년으로 성장하는 모습이 기특하고, 지나가는 시간이 아쉽다고 생각될 때도 있다.

내 나이듦보다 아이들의 귀여운 모습이 금방 지나가는 것 같아, 아쉽다. 하루하루 이 모습을 잘 기억하고, 많이 뽀뽀해주고, 안아주어야겠다. 금방 자라서, 독립한다고 하면 얼마나 아쉬울까….

사실 고등학교 때까지 부모의 손이 많이 가고, 그 뒤로는 아이가 스스로 결정해야 하는 부분이 많다. 그 꿈에 부모는 응원과 격려의 박수만으로 충분한 듯하다.

대학생부터는 진로와 앞으로의 꿈에 대해 많은 고민이 필요할 것 같다.

나 또한 그랬다. 오늘처럼 새로운 것을 접하고 싶어 할 때, 되도록 시도해보게 하는 것… 그게 아이의 성장을 도울 것이다. 내 부모님이 내 뒤에서 항상 응원하셨던 것처럼… 나도 열심히 응원할 것이다.

부모님

부모님 진료가 이번 주에 있다. 매달 진료와 검사가 있다 보니, 부모님도 많이 피곤하실 것 같다.
서울에서 병원 가는 것도 힘이 드는데, 먼 길을 기차를 타고 와야 되니, 출발하기 전부터 걱정도 되시고 힘이 드실 것이다.

추석 연휴에 내가 우리 집이 아닌 곳에서, 잠을 청하다 보니⋯ 새삼 편안한 우리 집에서 자는 것과 시댁과 친정에 자는 게⋯ 조금 불편했다.

서울에 오시는 부모님이 매번 이렇게 불편하셨겠구나 싶었다. 아무리 잘해드려도⋯ 내 집이 제일 편하셨을 것이다.

친정은 원래 오랫동안 내가 지낸 곳이었지만⋯ 독립을 하고 20년이 지났으니⋯ 우리 집이라는 것이⋯ 내가 늘 있는 곳⋯ 서울 집이 되어버렸다.

암튼 시댁도 친정 집도⋯ 꿀잠을 잘 수 없었다.
익숙한 베개와 침구가 없어서⋯ 아이들도 뒤척거렸다. 남편은 어디서든 잘 자는 스타일이라서⋯ 눕자마자 잠이 들었다. 잠을 참 잘 자는 남편을 보면서… 큰 복이라고 말해주었다.

　내일 서울에 또 오시는 부모님을 위해… 잘해드리고 싶었다. 며칠 서울에 계시는 동안 아파트라는 답답한 주거환경에 계셔야 되지만… 최대한 아파트 산책도 같이 하고, 음식도 배달 음식 대신 못하는 음식이지만, 직접 요리를 해볼 계획이다. 된장찌개와 계란말이~~ 쉬운 반찬부터 고민해본다.

친정엄마 찬스

　어제 늦게 퇴근해서인지… 잠을 제대로 못 자서인지… 몸이 천근만근이다. 아침 일찍 일정이 있어서, 떨어지지 않는 눈을 간신히 찬물로 세수를 하고 나왔다.

　이런 날은 정말 늦잠을 자고 싶다는 생각이 절로 든다. 아이들 등교 준비를 해두고, 나도 출근 준비를 간단히 하고 나왔다. 오늘은 친정엄마가 계셔서… 아이들 아침 식사 걱정은 하지 않아도 된다. 엄마가 집에 계시니 내 마음이 든든하다.

이렇게 가끔 바쁜 일과를 보낼 때 누군가 내 일을 함께 해주고, 공감해주고, 나를 걱정해주는 엄마 덕분에 출근길이 오늘따라 힘이 난다.

가을바람이 살랑이는 오늘 아침… 서둘러 일을 마무리하고, 엄마와 차 한잔하고 싶다. 외부에 테이블이 있는 곳에서 나는 커피를 마시고, 엄마는 밀크티를 마시면서… 이런저런 이야기를 나누는 것이 소소한 행복이다.

서울 생활을 시작하면서… 이런저런 어려운 일들이 많았지만 그래도 버틸 수 있었던 것은 내가 힘들 때 언제든 기댈 수 있는 부모님이 계셨기 때문이었을 것이다.

한해 한해 연세가 드시는 부모님을 뵈면서… 부모님께 필요한 것은 자식들과 보내는 행복한 시간인 것 같다는 생각이 들었다. 짧은 여행이지만, 자주 가까운 곳을 여행하는 것은… 나도, 아이들도, 부모님도 행복해하신다.

다음 주 예정되어 있는 여행도 즐겁게 보내다 와야겠다.

엄마와 아침 산책

아이들이 과일을 좋아해서, 우리 집에는 4계절 과일이 많다. 겨울에 조금만 추워도 감기에 자주 걸리는 아이들을 보면서, 비타민보다 제철 과일이 면역력에 좋을 것 같아서, 과일을 많이 먹였더니… 자라면서도 과일을 좋아한다.

방울토마토는 과일은 아니지만, 우리 집 냉장고에 사계절 한 칸을 차지하고 있다. 밥 먹으면서, 밥 먹고 난 뒤… 간식으로 식탁 위에 올려두면 수시로 집어 먹는다.

방울토마토를 유독 좋아하는 둘째는 그래서인지… 소화기능이 우리 집에서 가장 좋다. 몸에 좋은 것은 알고 있지만… 나는 아이들만큼 과일을 좋아하는 편은 아닌 것 같다.

40대가 되면서 이곳저곳 고장이 나는 걸 보면서… 요즘은 꼭 비타민을 챙겨먹고 있다. 비타민보다는 제철 과일을 먹는 게 좋겠지만… 아이들처럼 수시로 먹는 건 좀 힘들 것 같다. 식습관도 훈련이 필요하구나… 다시 한번 느끼게 된다.

오늘 아침 엄마와 아이들 등교 후 동네 산책을 하면서, 야채 과일가게를 다녀왔다. 아침 일찍 가게에 가면 가장 싱싱한 과일을 사올 수 있어서… 참 좋다.

깨끗하게 씻어두면… 식탁을 오가면서 한 개씩 오물오물 먹는 아이들 모습이 참 예쁘다.

아이들도 맛있게 먹으니, 방울토마토 자주 먹기를 실천해보려고 한다.

주말

이번 주 주말에는 회사 업무가 있어서, 출근을 했다. 어제도 개인적인 모임이 있어서 늦게 집에 갔는데, 오늘 아침에도 일찍 출근하는 바람에 아이들 얼굴을 제대로 보지 못하고 나왔다.

자고 있는 아이들을 모습을 보고, 출근을 했다. 어머니와 남편이 집에 있으니, 아이들 아침 식사는 걱정 없이 나왔다. 주말만큼은 온종일 아이들과 보내려고 노력하는데, 가끔은 일정이 있어서 그러지 못하는 날들도 많다.

 가을바람이 살랑이는 9월의 끝자락… 오늘 일과가 끝나고 나면 조금 늦더라도 가을 여행을 가려고 한다. 집에서 가깝고, 자주 여행을 간 곳이라서… 부담 없이 다녀올 수 있다.

 지난 주에 검사를 하시고, 아이들을 봐주시느라… 제대로 된 가을바람을 함께 하지 못하신… 어머니에게도 가을을 많이 느끼게 해드리고 싶다.

 단풍이 조금씩 물들어가는 요즘… 시원한 강바람을 맞으면서 따뜻한 커피 한 잔을 하면 참 좋을 것 같다.
 여행 장소에 큰 강이 있어서, 가을에 드라이브로 그냥 지나가기만 해도 참 좋은 곳이다.

 단골 맛집에서 저녁을 먹고, 근처에 있는 디저트 가게에서 달콤한 빵을 먹으면… 금상첨화이다. 일이 많으서서, 평생 단풍구경을 많이 가시지 못하신… 부모님을 위해, 아이들의 체험을 늘려주기 위해서 이 짧은 가을에 부지런히 여행을 다녀올 예정이다.

 10월, 11월 초까지… 즐거운 여행을 떠나보자.

작은 사고

단풍이 물들고 있다. 계획된 주말여행에서 생각지도 못한 작은 사고가 있었다. 주차된 차를 아이가 문을 열다가 백미러를 치고 말았다.

한 눈으로 보기에도 비싼 차여서, 순간 아이고… 한숨이 나왔다. 그리고, 아이 손을 놓은 남편을 원망했다. 내가 운전석으로 갔으니, 아이들은 아빠가 잘 봤어야 하는 거 아닌가….

그런데, 그 생각도 잠시… 내가 주차를 한 칸 더 옆으로 했으면 옆 차는 주차하지 않았을 것이다. 그리고, 아이들이 타고 내리기도 편했을 것이다.

아침에 사고차 운전자분이 내일 정비소에 가서 견적을 받아보겠다는 문자가 왔다. 어두운 곳에서 문콕을 해서, 날이 밝은 오늘 아침 다시 보니, 백미러에 홈이 파였다는 것이다.

그래… 그나마 다행이다. 문짝에 스크래치가 났으면 더 크게 배상해야 했을테니… 백미러는 그나마… 작은 위로를 해본다.

아이들만 아침을 조금 먹이고, 어머니를 모시고 브런치 가게 왔다. 이럴 때는 빨리 그 속에서 나와 다른 일을 해야 된다.

갓 구운 빵은 어머니가 참 좋아하신다. 예전에는 커피를 많이 못 드셨는데, 이제는 익숙해지셨는지… 참 잘 드신다.

어제는 사위가 마실 아이스아메리카노도 직접 사서 가져다주었다고 한다. 내가 살고 있는 동네에 많이 익숙해지신 듯하다.

병원 진료 때문에 서울 오시는 게 힘드실 테지만… 나는 자주 얼굴 보고, 이렇게 주말에 시간을 보낼 수 있으니… 참 좋다.

어제 작은 사고는 이 가을바람에 날려버리고, 오늘 하루 즐겁게 하루를 보내야겠다.

가을바람아… 내 짜증을 바람에 싣고 가져가버리렴.

좋은 사람

어제 작은 사고가 무사히 잘 넘어갔다. 피해를 입은 분이 별일 아니라면서, 부품 수리비 정도만 부탁하셨다.
기분 좋은 통화를 끝내고, 수리비와 음료 정도 비용을 더해서 계좌이체를 해드렸다.

내일부터 멀리 가족여행을 가는데, 어른들 말로 액땜을 한 것 같다. 본인도 아이를 키우고 있다면서… 아이를 너무 나무라지 말라고 당부까지 하시고 전화를 마무리했다.

어제 옆에 계셨던 어머니는 본인 잘못이라고 계속 자책하셔서, 수리 비용보다 어머니의 걱정이 더 신경이 쓰였다. 통화를 끝내자마자 자동차 수리에 대해 말씀드렸더니, 그제서야 환하게 웃으시면서… 아이고 잘되었다. 안심을 하시는 얼굴을 보니, 나도 한시름 놓았다.

세상에는 돈으로 해결할 수 없는 일들이 있다.
어제처럼 이런 사소한 일이다. 차 사고는 보험으로 해결해도 되지만, 어머니의 근심은 해결할 방법이 쉽지 않다. 돈이 많이 들어가지 않는다고, 여러 번 이야기를 드려도 쉽사리 걱정은 없어지지 않으셨다. 피해 차량 운전자분과 문자내용을 보여드렸더니… 그래… 잘되었다. 하셨다.

아주 작은 에피소드였지만, 아이들도 나도 어머니도 많은 것을 알았다. 특히, 나는 주차의 중요성을 다시 한번 깨달았다. 자리가 없어서, 조금 경사진 곳에 주차했는데, 오히려 조금 걷더라도 평지에 주차하고, 될 수 있으면 넓은 곳에 주차한다.

사전에 조심하고, 조금 더 신경 쓰면… 어제 같은 일은 일어나지 않았을 것이다.

조금 더 조심하자… 그리고, 어제처럼 좋은 분을 만나 다행히 잘 지나갔다. 나도 비슷한 일이 생겼을 때, 좋은 사람이 되자.

실수

어머니 진료가 있는 날이다. 아침 일찍 아이들을 챙기고, 병원에 서둘러왔다. 진료 전에 어머니 커피를 사러 잠시 자리를 비운 사이, 조금 빨리 진료를 보셨다고 한다.

검사 결과가 좋다는 이야기를 듣고 나서부터 시작이었던 것 같다. 다소 불친절한 간호사 선생님 설명부터… 다음 외래 일정… 조금씩 꼬인다는 느낌이 들었다.

역시… 실수를 해버렸다. 꼭 맞고 가야 할 주사를 맞지 않고, 집으로 가시는 기차를 타셨다.

떠난 기차도… 다음 외래 일정도… 갑자기 머릿속이 하얗게 변했다. 나는 1박 2일동안 무엇을 했는가

진료 잘 받으시고, 식사 잘 하시고… 배웅까지 잘하고 돌아오는 길에 병원에서 전화가 왔다. 왜 수납하시고, 주사는 맞지 않으셨냐고… 아차… 정신을 차리고 우선 제일 빠른 기차표부터 예약을 했다. 아버지께서 다시 오시는 건 무리가 있으니, 큰언니한테 전화를 했다.

기차역에서 20분 시간이 있으니, 같이 서울로 오는 기차를 타야 된다고 말했다.

내가 생각해도 황당하고, 한심하다…. 한숨이 절로 후~~~ 하고 나온다. 5시쯤 병원에 다시 도착하실 테니… 그때까지 조용히 기다려본다. 주사를 잘 맞으신 어머니는 화도 한번 안 내시고, 한번 더 손자손녀랑 잘 수 있다고 웃으셨다.

우리 엄마는 천사였을까….

기차

내 실수로 어머니가 병원을 두 번 방문하고, 우리 집에서 하룻밤을 자고 집으로 가셨다.

나도 아이들을 데리고, 집에 다녀오는 길이다. 결론적으로 친정집에도 다녀오고, 어머니께서 아이들이랑 같이 가는 것 자체를 좋아하셨다.

어제 자는 둥 마는 둥 해서… 몸이 천근만근이다.
한 시간 기차 안에서 쪽잠을 자고 일어났다.

내일 출근이지만… 그래도 하루 더 엄마랑 가족들이랑 즐거운 가을밤을 함께하고, 서울로 돌아가는 길이다.

다음 달에 또 진료가 있으니… 곧 만나자는 인사와 함께~~엄마와 아버지는 우리를 터미널에 내려주시고, 집으로 가셨다.

다음부터는 꼭 병원에서 같은 실수를 하지 않기를….

나에게 사회를 가르치신 부모님

　교수님은 몇 년 전 대학에서 정년을 하시고, 강원도 원주로 아주 긴 여행을 떠나셨다.

　한동안의 근황을 여쭈니… 박경리 선생님 토지를 다시 읽으셨고, 설악산 등반과 음악을 배우러 다니시고… 아주 바쁜 일정을 보내고 계셨다.

　학교에서 하시지 못했던 일들을 계획적으로 하나씩 하고 계신 것 같았다. 평생을 학문을 연구하시고, 학생들 가르치는 일들을 하셨으니… 퇴임 이후에는 그동안 깊게 파고들지 못했던 책들을 읽을 때가 가장 행복하다고 하셨다.

　교수님 댁에는 티브이 대신 큰 책장에 책이 가득 있었다. 그 책은 몇십 년 전 미국에서 유학하실 때부터 가지고 계셨던 책들이 많아서, 책 표지가 세월의 향기가 많이 묻어있다.

　20살에 처음 뵈었으니, 이제 20년이 넘는 시간 동안 은사님을 뵈었으니… 조금은 교수님께서 학교에서 어떤 추억들이 많으신지… 알고 있다.

지금 내 나이쯤 교수님은 우리 학교에서 처음 강의를 시작하셨다. 미국에서 박사학위를 받으시고, 주정부에도 근무하시고… 고국으로 돌아와서 강의를 시작하셨다.

이미, 미국 유학 전부터 고국으로 돌아와 강의를 하겠다는 다짐을 하셨다고 한다. 나는 가끔 물어본 적이 있다.
미국에서 사시는 것이 더 좋지 않으셨냐고….

그럴 때마다, 교수님은 한 치의 망설임도 없이… 우리나라에서 꼭 강의를 하고 싶으셨다고 한다. 그 시대, 그 시절은 유학 후 고국으로 돌아오는 게 조금은 당연한 시절이었던 것 같다.
미국에서 가족 모두가 고생하셨던 이야기도… 추억으로 남았다는 말씀도 기억에 남는다.

퇴임 이후 교수님은… 어떤 삶을 살고 싶으실까?

자식 걱정

가을바람이 조금씩 차가워지고 있다. 가을이 이렇게 갑자기 겨울로 가버리는 것 같아서… 아쉬워진다.
아침, 저녁 찬공기를 맞으면서, 어머니와 잠깐 산책을 했다.

연세가 드시면서, 갈수록 산책하기를 싫어하시는 어머니를 설득하는 것은… 다른 것보다… 아이들을 위한 반찬이나 간식을 사러 가자고 말하는 것이다.

오늘은 큰아이 등굣길을 함께하면서, 편의점에서 간식을 사고, 어머니는 따뜻한 음료를 하나 드셨다. 이렇게 소소한 일상이 참 고맙다.
특별한 일은 없었지만, 소소한 행복이 함께 하는 하루하루가 참 고맙다. 예전에는 뭔가… 어제와 다른 이벤트가 있어야, 좋은 하루라고 생각했던 적이 있었는데… 요즘은 별다른 걱정 없이 보낸 하루가 좋은 하루인 것 같다.

오늘처럼 이렇게 어머니와 함께 걷는 가을 길에도 소소한 행복이 있었다. 가을바람에 은행나무가 노란 잎을 떨어뜨리니… 마치 노랑 나비가 날아다니는 것 같았다. 참 예쁜 가을이다.
가을바람에 노랑 은행잎이 참 예쁘다.

아버지와 담배

우리는 일상생활에서 평소에는 잘 모르고 생활하다가… 몸이 불편해지면… 느끼게 되는 고마움들이 있다.

그중 하나가 공기이다. 감기로 인해 조금만, 코가 막혀도 숨쉬기가 힘들어지고, 수면에도 방해가 된다.
공기는 평소에는 그저… 내 옆에 항상 있는 친구이다.

좋은 친구는 서로가 서로에게 잘 대해준다. 서로를 배려하고, 존중해준다.

항상 함께하는 좋은 친구도 관심을 가져주지 않거나, 친구에게 나쁘게 행동하면… 친구도 나를 힘들게 한다.

서로가 좋은 마음으로 대해주고, 함께 격려해주는 것이 함께 오래오래 함께 생활할 수 있는 방법이다.

주변에 흡연을 오랫동안 하신 분들을 보면, 숨쉬기가 불편하신 분들이 많다. 우리 아버지도 그중 한 분이시다. 오랫동안 흡연을 하셔서, 큰 병원에서 진료도 보고 계신다.

공기라는 좋은 친구와 친하게 잘 못 지내셨다. 자식들이 잔소리를 하고, 여러 번 금연 프로그램 권유드렸지만… 듣지를 않으셨다.

한번 나빠진 폐는 돌아오기 힘들지만… 이렇게 시원한 가을 공기가 아버지와 지금이라도 친하게 지내길… 바랄 뿐이다.

기침이 심해지시는 아버지의 모습이… 애달픈 아침이다.

어머니도 커피를 좋아하셨다

지난주부터 주말 교육이 있어서, 아침 일찍 집을 나섰다. 아이들이 기침을 해서, 조금 걱정은 되지만… 든든한 친정어머니가 계셔서, 안심이 되었다.

이번 주에 여행계획이 있어서, 오늘 진료를 잘 보고… 오늘 잘 먹고, 잘 쉬어야 될 것 같다. 나도 오늘은 체력을 잘 저축해두어야겠다.

교육 입실 전에 5분 정도 시간이 남아서, 따뜻한 아메라카노를 구입해서 교육장에 들어왔다. 바쁘다고 교육장으로 바로 입실했다면… 이렇게 맛있는 커피 한 잔은 못마셨겠구나… 생각했다.

옆자리 짝꿍에게 커피를 나눠드리고, 따스한 온기가 있는 커피를 한 모금했다.

아침 일찍부터 바쁘게 집안일과 아침 식사 준비, 아이들 진료 예약를 잘 끝내서… 다행이다. 아침을 일찍 시작해서, 오늘 아침은 참 편안하게 시작했다.

어제 사둔 떡국에 만두를 넣고, 파를 쫑쫑 썰어서 넣고, 굵은 소금과 국간장으로 간을 맞추었다.

어머니와 아이들, 남편 모두 아침을 잘 먹는걸 보고, 집을 나서니… 마음이 편했다.

지금 마시고 있는 이 커피가 맛있는 이유도 아마… 내가 해야 할 일을 다했고, 친정어머니께서 집에 계셔서… 내 마음이 편해서 일 것이다.

내일 아침은 엄마와 또 모닝 커피 한 잔을 마시러 가야겠다.

여행

　이번 주 금요일 부모님을 모시고 일본 여행을 다녀올 계획이다. 어제 아이들 옷을 먼저 싸두고, 챙겨야 될 물품들을 종이에 적어보았다.

　아버지께서 안 가신다고… 하셨지만… 여행사에 취소는 하지 않았다. 취소 수수료도 많아서 환불받는 금액도 적지만, 혹시나 아버지 마음이 바뀌셔서 오실 수도 있으니… 서울 오는 기차표도 그대로 두었다.

　먼저 와 계신 엄마가, 오늘 아침 산책할 때보니… 아버지랑 같이 못 가시는 것도 그렇지만… 며칠 집을 비웠으니 아버지 식사와 집 안일이 걱정되시는 눈치였다.

　연세가 드시니… 얼굴 빛만 봐도 지금 하고 계신 걱정이 한눈에 보였다. 집을 나서기 전까지는 그냥 서울에 있다가 여행 가자고 말씀드렸지만… 얼른 집으로 가는 버스 시간표를 알아보고, 최대한 빠른 버스표도 예약해두었다.

　내일 병원 진료가 끝나면… 이틀 집에 다녀오신 뒤 일본 여행 가시는 것도… 좋을 것 같다.

집에 가시면 이런저런 일이 많으셔서, 몸은 힘드시겠지만… 여행가기 전 마음은 편하실 것이다.

그래… 마음 편한 게 최고지… 하시고 싶은 대로 하시게 옆에서 도와드리자 마음먹으니… 내 마음도 편해진다.

천천히 걸어도 좋아

단풍잎이 바스락거리는 길거리를 아침 산책 삼아 걸어보았다. 어머니와 함께 발걸음을 맞추어… 천천히 걷다 보니… 가을이 정말 좋구나 다시 한번 느껴본다.

작년 가을부터 가을을 참 많이 내 마음속에 담고 있다.
일에 바쁠 때는 가을인지… 봄인지… 계절의 변화를 잘 느끼지 못하고 지낸 것 같다.

발걸음을 천천히 하고, 발밑에 떨어진 단풍잎을 줍느라고… 잠시 걸음을 멈추니 보이는 것들이 참 많았다.

그래… 이렇게 쉬면서 가도 되는 것을. 난 참 바쁜 일상을 보냈다. 주변도 돌아보고, 뒤도 돌아보고 하늘도 쳐다보면서 그렇게 삶을 살아가도 특별한 문제가 없었다.

그런 마음이 든 적이 있었다. 그냥 조용히 있으면, 안될 것 같은 조바심… 그 조바심을 젊음의 열정이라고 생각하고… 열정을 태운 적이 많았다.

그럴 때마다 가족들은 내 바쁜 걸음을 맞추느라… 힘들어 했었다. 내 시간… 내 속도가 제일 중요하고, 내 상황에 모든 것을 맞추다 보니… 나도 가족들도 몸도 마음도 버거웠다.

2년의 휴직은 나에게 그 조바심과 버거움을 내려놓는 좋은 계기가 되었다.

그래 이렇게 쉬면 되는구나… 그래, 쉴 때는 쉬자.
그리고 주변의 시간과 발걸음 맞추어보자….

출국

비행기 이륙 직전… 설레는 마음, 날씨가 참 좋다. 어머니를 모시고, 떠나는 여행~~ 좋은 추억 많이 많이 만들어오고 싶다.

아침에 어머니 컨디션이 좋지 못하신 것 같아 걱정했는데, 다행히 점심도 잘 드시고… 얼굴도 좋아보이신다.

오락가락 내리던 비도 그치고… 맑은 가을 하늘 위로 이제 비행기가 떠오르기 직전이다.

잘 드시고, 잘 주무시고~~ 아이들과 많이많이 웃으시다가 한국으로 돌아오셨으면 좋겠다.

오랜만에 떠나는 어머니 여행이 편안하고, 즐거우시기 위해 나도 컨디션 조절을 잘해야겠다. 내 컨디션이 좋아야, 어머니도 잘 살피고, 아이들도 잘 돌볼수 있다.

곧 이륙하는 비행기 안… 좋은 추억만 가득하길 바라 본다.

단풍

단풍이 참 예쁘다. 올해 단풍이 예쁘지 않다고 사람들이 말하지만… 이 가을 이 시기에만 볼 수 있는 이 단풍이 너무 예쁘다.

살랑이는 바람결에 단풍이 이리저리 휘날리는 풍경이 꽃잎이 날리는 것처럼 너무 예쁘다.

바람이 불어올 때마다, 이마에 맺힌 땀이 조금씩 식어간다. 너무 춥지 않는 이 시기에… 살살 산책을 다니다보면… 기분이 상쾌해진다.

따뜻한 커피 한 잔을 외부 탁자에서 마시면… 조금씩 식어가는 커피가 더 맛있어진다. 향긋한 커피는 조금 피곤했던, 몸과 마음이 편안해진다.

계획했던 여행이 반 이상이 지나 고있다. 어머니는 그래도 살살 잘 다니시고, 식사도 잘 드시고… 컨디션도 좋아보여서 정말 다행이다.

아이들도 잘 먹고, 잘 자고… 여행을 잘 보내고 있어서, 너무 다행이다.

검사

　병원 검사를 잘 하시고, 부모님이 집으로 가셨다. 아침 식사는 어제 불려둔 떡국을 만두랑 넣고 떡만두국을 끓여드렸다.

　맛있게 한 그릇 잘 드시고, 차 한 잔 드신 뒤 천천히 짐 정리를 했다. 며칠 서울에 계시면서, 짐이 많아져서… 차곡차곡 정리가 필요했다.

　다음 주 결과를 들으시러 다시 서울에 오셔야 되니… 힘드실 것이다. 젊은 나도 집을 떠나 며칠 있으니… 잠도 숙면을 하지 못하고… 식사도 그랬다.

　한끼 두끼는 어찌어찌 먹지만, 내 집이 아닌 곳에서 며칠 지낸다는 건 쉬운 일이 아니다. 그렇기에… 더 많이 살펴드리고, 맛있는 음식을 해드리고 싶다.

　어머니는 며칠 우리 집에 계시는 동안, 잠시 집안 살림 걱정을 놓으셨다고 좋아하셨지만… 한편으로는 아버지 식사를 걱정하셨다. 언니들이 번갈아 식사 준비를 도와드렸지만… 엄마만큼 아버지 식사를 챙겨드리기에는 무리였을 것이다.

며칠 아이들과 같이 있다 보니, 정이 더 들어서 어머니는 아이들과 헤어지는 것을 아쉬워하셨다. 다음 주에 다시 만나자고, 기차 창문으로 연신 손을 흔드셨다.

아이들과 함께 청량리역에 모셔다드리고, 야외 산책을 나왔다. 코끝을 스치는 바람이 청량하다.

며칠 두통이 있어서… 힘들었는데… 시원한 바람과 흐르는 강물을 보니… 두통이 없어지는 것 같다.

런닝화

런닝화를 하나 구입했다. 지난 주말 나들이 때 지인분이 요즘 달리기를 수시로 한다고 했다. 그러면서, 운동화 대신 런닝화를 신었는데… 너무 좋다.

추천하는 데는 이유가 있다. 신어보고, 뛰어보니 기존 운동화랑은 차별점이 있는 것이다.

아침에 배송된 런닝화를 바로 꺼내서 신어보았더니, 왜 추천했는지 단박에 알 수 있었다.

신자마자 너무 가볍다. 가볍구나… 뛰고 싶다는 생각이 바로 들었다.

오늘 출근길은 가벼운 운동화 덕분에 더 가벼운 마음으로 출근했다.

그러다 문득 부모님께 옷을 사드리면, 옷이나 신발이 무겁다고… 하셨던 말씀이 떠올랐다.

아무리 비싼 옷이라도 입었을때 무겁다고 생각되면, 잘 입지 않게 된다. 새옷이 있는데, 항상 입던 옷을 입고, 신발을 신으셨던 것이… 아마 아끼는 것도 있지만… 편해서 더 입고, 신으셨겠구나… 생각했다.

그래… 편하다는 건 이런 것인데…. 새 옷, 새 신발보다… 내가 편한 것… 그게 제일 좋은 옷과 신발이다. 부모님이 몸과 마음이 편한 것이 제일이다

잘 주무세요

　아버지 진료가 있다. 지난번 받은 약을 복용하지 못해서, 며칠을 고생하셨다고 한다.

　병원은 이런저런 검사도 많고, 시스템도 복잡해서 어르신들이 진료를 받기에는 여러가지로 어려움이 많다.
　젊은 나도 지난번 검사하는 걸 깜박해서, 어머니가 두 번 병원에 오시는 경우도 있었다.

　휠체어에 의지해서 두 분 모두 병원을 모시고 왔다. 예전에는 허리가 아프신 어머니만 휠체어를 타셨는데, 요즘은 다리가 아픈 아버지도 휠체어를 가끔 타신다.

　예전에는 분명히 손사래를 치시면서, 휠체어 타는 걸 싫어했는데, 이제는 휠체어 타는 걸 꺼리지 않으신다.
　또 한 번 연세 드신 부모님이 모습이 애달프다.

　잘 드시고, 잠은 잘 주무시는지… 집에 오시면, 한 번씩 방으로 가보게 된다. 애들이 어렸을 때는 솔직히 부모님보다는 애기들이 우선이었다.

소화가 어려워지고, 숙면을 어려워하시는 모습을 보면서… 배달 음식 대신 집밥을 하게 되고… 영양제를 챙겨드리게 되었다.

잠시나마 집안일을 놓아두시고, 편히 계셨으면 하는 마음이다. 화를 버럭 내시는 모습에서도 힘이 있으시니… 화도 내시는구나… 생각하게 되었다.

80을 바라보시는 부모님이 하루하루 야위어 가시고, 다리에 힘이 약해지는 모습을 보게 된다.
자식된 도리로 잘하고 싶은 마음이 있지만… 가끔 나도 힘에 부칠 때가 있다. 힘들 때가 있다.

그래도 나는 젊지 않은가… 할 수 있다.

김장

시댁에 왔다. 93세 왕할머니께서 오셨는데, 말씀도 조근조근 잘하시고 큰 딸이 어머님과 집안일도 함께 하신다.

함께 계신 모습을 보니, 나도 모르게 입가에 미소가 가득하다. 70이 넘으신 어머님도 90이 넘으신 할머니께는 그저 어린 딸이다.

도란도란 옛날이야기에 시간 가는 줄 모르고, 하루가 지났다. 우리 할머니께서는 내가 초등학교 1학년 때 돌아가셔서, 더 많이 보고 싶다.

항상 마루에 앉아서, 아버지와 나와 동생을 기다리시고 사탕과 과자가 있으면 서랍에 두셨다가 우리에게 다 주셨다.

기억에 참 오래 남는다. 그 추억이

김장도 즐겁고, 할머니와의 이야기도 즐겁다.

어머니와 과일

어머님이 보내신 과일이 많아서, 지인분들에게 나눠드리고 있다. 아이들도 과일을 좋아하지만, 한 박스를 다 먹지는 못한다.

과일과 채소는 가장 신선하고, 맛있을 때 나눔을 하는 것이 제일 좋다. 어머님의 사랑이 가득 담긴 과일을 나눠드리는 것만으로도 좋다.

겨울이 깊어지는 오늘은… 조금 따뜻했다.
아버지 진료를 잘 받고 왔으며, 점심은 뜨끈한 알탕을 먹었다.

입맛이 없다고 하셨던 부모님께서도 한 그릇 맛있게 잘 드셨다. 어제는 마음이 조금 편하지 못한 일들이 있었는데, 오늘은 마음을 조금 내려놓으니… 편하다.

어머니의 시간

오늘은 회사 일이 있어서, 아침 일찍 출근을 했다. 아이들은 아빠에게 잠시 맡겼다.
밥과 국을 확인하고, 어제 건조시켜둔 빨래를 정리했다.

출근 준비보다는 아침에 해야 할 집안일을 서둘러했다.

아침에 15분을 알차게 쓰면, 하루 집안일 반 이상이 줄어드는 것 같다. 아이들이 있을 때는 여러가지 챙겨야 할 일들이 많으니, 분주해진다.

때문에 미리 할 수 있는 일들은 그때그때 해두는 게 좋다. 오늘 아침에도 빨래, 설거지, 쓰레기와 재활용정리를 모두 다 해두었다.

매일 버릴 수 있는 재활용은 집안에 쌓아두지 않는 게 습관처럼 되어버렸다. 요즘처럼 추운 겨울에는 잠시 재활용품 버리러 가는 길에… 조금 있었던 아침잠까지 없어져버린다.

반복되는 일상에 가끔은 힘들 때도 있고, 잔꾀가 나는 경우도 있다. 그런데, 내가 꼭 해야 하는 일들이 있어서, 그만 할 수는 없다.

엄마라는 역할은 내 컨디션과 내 일정에 따라… 그만할 수가 없다. 잘하는 건 어렵지만 그래도 최선을 다한다.

나도 엄마는 처음이라… 가끔 어떻게 해야 할지 모를 때가 있다. 그럴 때마다… 우왕좌왕했다.
그런데 이제 그렇지 않다. 찬송가를 듣고, 성경책을 읽는다.

그럼 마음이 편해진다. 아주 간단하지만, 매일 실천하기 위해서는 애를 써야 된다.

 매일 하는 일도 애를 쓰지 않으면, 반복해서 이룰 수 없다. 그래… 매일 내가 하는 반복되는 일들도… 내 작은 애가 담겨있다.
 우리 어머니의 시간도 24시간이었을 텐데…. 아이들 5명, 일, 가사일 언제 다 하시고 쉬셨을까?

식사

 주부라면 제일 고민되는 것이… 오늘 저녁을 무엇을 먹을까 일 것 같다. 나도… 자주 장을 보고, 반찬을 만들지만… 그래도 고민이 된다.

 밑반찬을 많이 만들어도… 아이들이 먹는 양이 많지 않으니… 반찬이 남는 경우가 많다. 소량으로 자주 만들면 되지만, 직장 다닌다는 핑계로… 그러지도 못한다.

 반찬 가게에서 반찬을 사더라도… 하루이틀 지나면 이상하게도 반찬 가게 반찬은 손이 잘 가지 않는다.

우리 어머니는 그 많은 식사 준비를 어떻게 하셨을까… 지금 생각해도 신기하다. 지금처럼 배달 음식이 자유로웠던 시절도 아니고, 반찬 가게가 많지도 않았으니 우리 식구 3끼를 모두 어머니 손으로 하셨다.

언니들의 도시락 반찬까지… 싸서 보내셨으니… 하루에 밥 양만 하더라도… 엄청나다.

매일 많은 반찬을 만들고, 또 만들고 힘드셨을 것이다. 형제들이 밥도 잘 먹었으니, 밥과 반찬은 매 끼니 새로 만드셨다.

지금 생각해보면, 손이 많이 가는 밑반찬을 냉장고 가득 만들어 두셨던 것 같다. 혼자서, 일도 하시면서 도와주는 사람 없이 그 시간을 어떻게 보내셨을까….

몸이 힘드신 날에도 자식 5명 밥은 매일 하셨으니… 자식 사랑 없이는 못 하는 일인 것 같다. 나도 아이들을 낳고 기다리다 보니, 요즘처럼 방학에는 아이들 식사 준비가 늘 고민이 된다.

몸이 아픈 날에는 배달 음식도 시킬 수 있는 요즘이 얼마나 감사한 일인가… 문득, 저녁 식사를 차리면서, 어머니 밥상이 생각이 났다.

자라면서 반찬 투정도 하고, 떼쓴 적도 있었는데… 그러면 안 되는 것이었다는 걸… 어른이 되고 나니 느낀다.

어머니 감사합니다. 잘 먹겠습니다.

어머니와 짜장면

오랜만에 엄마와 점심을 먹었다.
제일 좋아하시는 중식 요리를 드셨는데, 다른 건 별로 드시지 않으시고… 짜장면만 잘 드셨다.

역시 짜장면이 중국요리 최고다. 내일 진료가 있으시니 푹 쉬시고… 아침 일찍 병원에 모셔다드리기로 했다.

어머니 가방 속에는 반찬만 가득했다. 하나하나 풀면서… 울컥

했다. 나도 모르게.

예전에는 당연한 것들이 이제 당연하지 않구나… 싶은 생각이 들었다.

어제 수요 예배 중에서도 나랑 비슷한 나이에 암 투병 중이신 집사님들을 위해서 빨리 낫으시라고 기도를 드렸다.

처음 뵙는 이름들이었지만 진심을 다해 기도했다.

평범한 일상은 그냥 이어지는 것이 아니었다. 내가 조금 아파보니…. 그랬다. 매일 노력하고 기도하고 힘든 일들을 해야 하는 것이었다.

아버지가 사주신 잠바

몇 년을 사용한 핸드폰을 바꾸었다.
화면이 왔다갔다… 꺼졌던 켜졌던 하는 걸 보고 이제는 이 애를 보내주어야겠구나… 생각했다.

어떤 물건이든 오래 사용하는 나는 핸드폰은 특히 내 손에서 오래 있어서 그런지… 보내기가 아쉽다.

오래 사용한 물건일수록… 이렇게 마음이 간다.

생활하면서 유독 오래 가지고 있는 것이 있다. 22년 전에 아버지가 사주신 나이키 점퍼. 그냥 나중에 버려야지 했었는데… 운동을 한참 할 때 계속 착용했던 것이라서 더 애착이 갔다.

이사를 몇 번이나 다녔지만… 그 점퍼는 항상 따라다녔다. 지금도 옷장에 걸려있다. 그때 아버지는 젊으셨다.

20대처럼 뛸 수는 없지만… 그래도 그때의 추억은 남았다.

돌아갈 수 없지만… 그립기는 하다.

추억이라는 것이 그런 것이겠지.

낳아주신 아버지 장복구 베트남 참전 용사님,

사랑으로 길러주신 어머니 문영순 여사님.

사랑하고, 존경합니다.

평생의 동반자로 성심이 착하고,

존경할 수 있는 남편을 낳아주신 경주의 구본숙 여사님…

나의 시부모님께도 감사드립니다.

그리고, 삶의 북극성이 되어주신 은사님…

김신호 교수님과 사모님께도 감사드립니다.

이 모든 것을 허락해주시고,

이끌어주신 하나님께 감사드립니다.